독자의 1초를
아껴주는 정성을
만나보세요!

세상이 아무리 바쁘게 돌아가더라도 책까지 아무렇게나 빨리 만들 수는 없습니다.
인스턴트 식품 같은 책보다 오래 익힌 술이나 장맛이 밴 책을 만들고 싶습니다.
땀 흘리며 일하는 당신을 위해 한 권 한 권 마음을 다해 만들겠습니다.
마지막 페이지에서 만날 새로운 당신을 위해 더 나은 길을 준비하겠습니다.

KB108972

모두의 R 데이터 분석

R Data Analysis for Everyone

초판 발행 · 2020년 9월 30일
초판 3쇄 발행 · 2023년 5월 4일

지은이 · 김도연
발행인 · 이종원
발행처 · (주)도서출판 길벗
출판사 등록일 · 1990년 12월 24일
주소 · 서울시 마포구 월드컵로 10길 56(서교동)
대표전화 · 02)332-0931 | **팩스** · 02)323-0586
홈페이지 · www.gilbut.co.kr | **이메일** · gilbut@gilbut.co.kr

기획 및 책임편집 · 안윤경(yk78@gilbut.co.kr) | **디자인** · 여동일 | **제작** · 이준호, 손일순, 이진혁
영업마케팅 · 임태호, 전선하, 차명환, 박민영, 지운집, 박성용 | **영업관리** · 김명자 | **독자지원** · 윤정아, 최희창

교정교열 · 김윤지 | **전산편집** · 여동일 | **출력 및 인쇄** · 북토리 | **제본** · 신정문화사

ISBN 979-11-6521-296-4 93000   (길벗 도서번호 080217)

정가 20,000원

....

독자의 1초를 아껴주는 정성 길벗출판사

길벗 | IT실용서, IT/일반 수험서, IT전문서, 경제실용서, 취미실용서, 건강실용서, 자녀교육서
더퀘스트 | 인문교양서, 비즈니스서
길벗이지톡 | 어학단행본, 어학수험서
길벗스쿨 | 국어학습서, 수학학습서, 유아학습서, 어학학습서, 어린이교양서, 교과서

페이스북 · www.facebook.com/gbitbook

즐 거 운
프로그래밍
경   험

요리 ≒ 데이터 분석

모두의
R
데이터 분석

누구나 쉽게 배우는 데이터 분석과 시각화 기초

김도연 지음

길벗

'데이터 분석 = 맛있는 요리하기'로 설명하는 저자의 기술 방식에 칭찬을 아끼고 싶지 않습니다. 전문적일수록 쉽게, 그리고 실용적이게 설명해야 하는 것은 모든 전문가의 의무라고 생각합니다. 그런 의미에서 이 책은 그 뜻을 충실히 구현했습니다. 특히 간단명료한 설명 방식과 매 장마다 등장하는 직관성 높은 예시들은 R을 좀 더 친숙하게 느끼게 합니다. 또 전체 구성이 데이터를 준비하고 분석하고 표현하는 데이터 분석 실무 흐름을 충실히 따르고 있으며, 마지막 실제 프로젝트 사례로 앞선 제반 내용을 한꺼번에 엮어서 이해할 수 있게 한 점이 눈에 띕니다. 이 책이 데이터 분석 하드 스킬(hard skill)을 접하려는 모든 이에게 멋진 입문서가 되길 바랍니다.

강양석 님 | 〈데이터로 말하라〉 저자, 띵킹파트너 대표, 전) 셀바스 AI 최고운영책임자

R 데이터 분석에 대해 정말 알기 쉽게 설명합니다. 데이터를 다루는 과정을 요리에 비유하여 설명하는 구성과 디테일은 사랑하는 이의 손을 잡고 목적지로 안내하듯이 친절하고 섬세하며 흥미롭습니다. 모두가 데이터의 중요성을 인식하는 지금 시대에 데이터로 가치를 찾아내고자 하는 우리를 '시티즌 데이터 사이언티스트'로 이끌어 주는 훌륭한 안내서라고 생각합니다.

김성국 님 | 현대트랜시스 ICT추진 팀 책임매니저

오랜 기간 데이터를 다룬 제 경험에 비춰 보면 처음 배울 때가 가장 힘듭니다. 특히 비전공자라면 데이터 분석과 마주했을 때 굉장히 어렵게 느껴지고 누군가 알려 주지 않으면 다가가기 힘듭니다. R을 사용하면서 많은 책을 읽었지만, 어려운 내용을 요리에 빗대어 이렇게 쉽게 풀어내는 책은 처음입니다. 데이터 수집, 전처리, 분석, 시각화까지 어려울 수 있는 일련의 과정들을 저자의 경험을 살려 잘 풀어내고 있습니다. 어디서부터 데이터 분석을 시작해야 할지 모르는 이들에게 적극 추천합니다.

이두희 님 | 한컴아카데미

그동안 구멍 났던 R 기초를 이 책으로 실습하며 탄탄하게 메꾸어 넣은 기분입니다. 특히 R 데이터 분석을 요리 과정에 빗대어 설명하는데, 이 점이 매우 흥미롭습니다. 다른 입문서에서는 많이 다루지 않는 데이터 테이블 핸들링과 9장 '멤버십 기획 프로젝트'가 실무자에게 매우 유용할 것 같습니다. 이 책으로 어렵다고 생각되는 데이터 분석 작업에 훨씬 쉽게 다가설 수 있을 것입니다.

김경숙 님 | 호남지방통계청 제주사무소 주무관(R 4.0.2, RStudio 1.3, 윈도 10(64비트))

데이터 셰프가 파스타를 요리하는 과정과 비교하여 각 장을 진행하는데, 이 부분이 정말 마음에 들었습니다. 특히 9장 '멤버십 기획 프로젝트'를 먼저 읽어 보길 추천합니다. 세부 내용은 당장 이해하기 어렵지만, 이 책이 추구하는 방향성을 이해하고 처음부터 끝까지 완독할 수 있는 동기 부여가 될 것입니다.

강경목 님 | 하림그룹 한국썸벧(주) 영업전략팀장(경영학 박사)(R 4.0.2, RStudio 1.3, 윈도 10(64비트))

프로젝트를 기획하는 시점에 서비스를 이용하는 사용자 분석은 필수입니다. 책에서는 R 개요와 환경 설정부터 실무에 직접 사용되는 통계 지식 및 그래프를 읽는 법까지 여러 요소를 종합적으로 설명합니다. 또 다양한 가설 및 검증 예제들과 분석 결과를 실무진에 공유하는 가상 시나리오까지 다루고 있습니다. R 분석에 입문하려는 기획자에게 훌륭한 참고서이자 길잡이가 되어 줄 것입니다.

김윤이 님 | 서비스 기획자(R 4.0.2, RStudio 1.3.1073, macOS(64비트))

R을 배우는 이유는 비즈니스에 어떻게 써 볼지, 업무를 쉽게 할 수 있을지 등이 목적일 것입니다. 그 점에서 이 책은 가상이지만 비즈니스 데이터를 사용하는 점이 좋습니다. 특히 9장에서는 가상의 비즈니스 데이터셋으로 실무와 유사한 데이터 분석을 합니다. 덧붙여 데이터 분석을 위해서는 RDB를 이해하는 것이 필수라고 느꼈습니다. 코딩을 처음 접한다면 저자의 이전 책 〈모두의 SQL〉을 읽어 RDB를 먼저 이해하길 추천합니다.

송진영 님 | 인사이트마이닝 데이터 분석가(R 4.0.2, RStudio 1.3)

마케팅에서 데이터 분석은 필수이지만 비전공자라 선뜻 도전하기 어려웠습니다. 이 책은 데이터 분석 개념을 요리에 빗대어 매우 쉽게 설명합니다. 하나씩 따라 하다 보면 '나도 할 수 있다'는 자신감이 생깁니다. R 데이터 분석이 두렵다는 벽을 깰 입문서로 자신 있게 추천합니다.

이민규 님 | 교보라이프플래닛생명 디지털마케팅 팀 마케팅 기획(R 4.0.2, RStudio 1.3, macOS 10.15)

데이터 분석을 시작했을 무렵 "데이터 분석의 결과는 알겠어. 하지만 어떤 과정을 거쳐야 이런 결과를 얻을 수 있는 거지?"가 항상 궁금했습니다. 안타깝게도 대부분의 책은 필자의 물음에 답을 주지 못했습니다. 실무 환경과 거리가 먼 데이터를 사용하거나 짜 맞춘 듯 결과를 먼저 내놓고 설명하는 경우가 많았기 때문입니다. 아니면 이론적으로 너무 장황하게 설명해서 이해하기 어려웠습니다. 그 후로 시간이 많이 흘렀습니다. 하지만 지금도 상황이 별반 다르지 않음에 깜짝 놀랐습니다. 이 책은 과거 필자가 지녔던 의문에 대해 스스로 답을 하는 것을 목표로 집필했습니다. 그러면서 데이터 분석의 주요한 과정을 담으려고 노력했습니다.

"입문자에게 데이터 분석은 생소할 텐데, 어떻게 설명하면 쉽게 이해할수 있을까?"라는 고민 끝에 떠오른 것이 요리하는 과정에 빗댄 데이터 분석 과정입니다. 그렇기 때문에 이 책의 데이터 분석을 위한 주요 도구는 R 프로그램이지만, 책의 내용을 R이 아닌 다른 프로그램에 적용하더라도 동일한 결과를 도출할 수 있습니다. 이 책의 지향점은 이전에 집필했던 〈모두의 SQL〉과 마찬가지로, 이론만이 아닌 '실무에서 가장 많이 활용하는 핵심 내용을 중심으로, 쉽게'입니다. 필자의 의도가 이 책을 선택한 모든 사람에게 잘 전달되었으면 좋겠습니다.

최근 데이터 활용에 대한 관심이 뜨겁습니다. 이런 경향은 앞으로 점차 더해 갈 것입니다. 하지만 데이터에 대한 특성과 데이터 분석 과정의 이해 없이, 제대로 된 데이터 분석이나 머신 러닝 등의 고급 기술을 잘 해내기란 매우 어려운 일입니다. 그래서 필자는 데이터에 대한 기본부터 착실히 다져 놓은 후에 경험하고, 학습하고, 분석하길 제안합니다. 단번에 목적지에 다다르는 길은 없겠지만 바르게 효율적으로 가는 길은 있을 것입니다. 이 책이 그런 과정에 길잡이가 되길 바랍니다.

머리말을 쓰다 보니 마무리되었다는 시원함과 왠지 모를 아쉬움이 교차하는 미묘한 감정이 드네요. 본업 외의 시간을 활용하여 집필하다 보니 마음과 달리 결과물이 빨리 나오지 못했습니다. 그럼에도 이 책을 출간하기까지 믿고 응원하며 기다려 주신 모든 분께 감사의 마음을 전합니다.

여름, 푸른 하늘이 보이는, 매바위골에서

김도연

이 책은 R을 모르는 데이터 분석 입문자와 통계 비전공자가 주요 독자라 가정하고, 데이터 분석 과정을 요리하는 과정에 빗대어 설명합니다. 비전공자가 데이터를 분석할 때 가장 궁금해 할 만한 것과 중요하다고 생각되는 것에 초점을 맞추어 크게 세 부분으로 구성했습니다.

1 **준비하기**
(1~3장)
데이터 분석이 무엇인지 알아보고, 학습에 필요한 R과 RStudio를 준비합니다.

2 **R 기초와**
데이터 분석 과정
익히기
(4~8장)
책 전체에서 데이터 분석 과정을 요리하는 과정에 빗대어 설명합니다. 먼저 R의 기본 문법과 조작 방법 등 데이터 분석을 위한 기본 사항들을 확인합니다. 그러고 나서 데이터 분석 과정에 맞추어 기본 연산자와 함수, dplyr 패키지를 이용한 데이터 처리 방법, ggplot2 패키지를 이용한 데이터 시각화 방법을 배우면서 실무 데이터 분석 과정의 감을 잡습니다.

3 **실무 프로젝트**
경험하기
(9장)
지금까지 배운 내용들을 활용하여 멤버십 기획 프로젝트를 진행합니다. 실제 업무 환경과 상황을 설정하고 실무 비즈니스 데이터를 사용해서 데이터 분석과 데이터 마이닝을 진행합니다. 이 프로젝트로 데이터 분석의 모든 과정을 경험할 수 있습니다.

효과적인
R 데이터 분석
학습 방법

R과 데이터 분석에 관련된 각종 이론과 기술을 한 번에 모두 익히기는 대단히 어렵습니다. 그래서 필자는 T자 학습법을 제안합니다.

T자 학습법은 가장 중요한 것을 순서대로 익히고, 이후에 확장 지식을 더 깊게 익혀 나가는 방식입니다. 그 모양이 알파벳 T자와 비슷해서 T자 학습법이라고 정했습니다. 다음 그림과 같이 R과 데이터 분석에서 필수로 여기는 요소를 먼저 익히고, 어느 정도 수준이 되었을 때 확장 지식을 익혀 나가는 방식입니다. 이 책은 T자 학습법에 따라 R과 데이터 분석의 핵심 지식 위주로 구성했습니다.

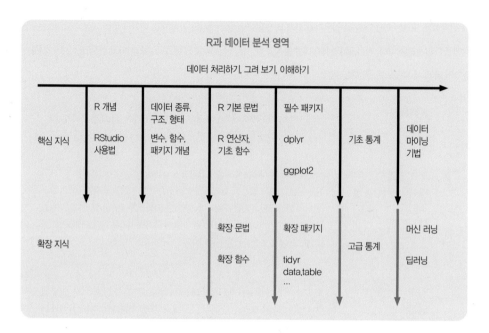

예제 소스
내려받기 &
활용법

이 책을 실습하는 데 필요한 R과 RStudio는 3장에서 안내하는 대로 내려받아 설치합니다.

장별 실습에 사용하는 비즈니스 데이터와 코드 파일을 제공합니다.

① 길벗출판사 웹 사이트(http://www.gilbut.co.kr)에 접속합니다.

② 도서 이름으로 검색하여 예제 파일을 내려받습니다.

③ 3장을 참고하여 R과 RStudio를 준비합니다.

④ RStudio를 실행해서 장별로 책을 따라 하며 실습합니다.

- r_practice.zip 파일은 비즈니스 데이터 파일입니다.
- r_script.zip 파일은 스크립트 파일입니다. '스크립트모음.txt'나 'script.R' 파일을 열어 복사해서 사용
  합니다.
- 7~9장은 실습 전 준비 사항을 꼭 확인합니다.
- R 4.0.2 버전에서 모두 테스트했습니다.

목차

7장 재료 다루는 법 익히기:
데이터 처리를 위한 dplyr 패키지
231

8장 데커레이션 익히기:
데이터 그리기, ggplot2 패키지
287

9장

더 맛있는 요리하기:
멤버십 기획 프로젝트

355

1장

데이터 분석과 요리

데이터 분석의 범위와 깊이는 매우 넓습니다.
또 개념과 이론이 다소 딱딱하기까지 합니다. 그렇다면 데이터
분석의 기초 개념을 쉽게 익힐 수 있는 방법은 없을까요?
우리에게 익숙한 것에 데이터 분석을 비유하면 어떨까요?
앞으로 이 책의 모든 내용은 "데이터 분석은 '요리하기'와 같다."
라고 가정한 채 설명합니다.

UNIT 01 처리하고 그려 보며 이해하기

R DATA ANALYSIS FOR EVERYONE

현대는 데이터 홍수의 시대입니다. 다양한 분야에서 수많은 데이터가 만들어지며, 이 데이터를 분석해서 의미 있는 것을 찾으려는 시도가 다양하게 일어납니다. 물론 과거에도 다양한 데이터가 있었지만, 데이터 가치를 이해하지 못하거나 저장·수집·분석 기술의 한계로 제대로 활용하지 못했습니다.

하지만 현재는 다릅니다. 환경적으로는 온라인 커머스, 소셜 미디어, 스마트폰 등 미디어와 기기가 일상 속에 깊숙하게 파고들었고, 이에 따라 생겨나는 데이터가 과거와는 비교할 수 없을 정도로 많아졌습니다. 기술적으로는 초고속 통신 기술, 대용량 데이터 처리와 저장 기술이 발전하여 수십 또는 수백 기가바이트의 데이터도 처리하고 분석할 수 있는 시대가 되었습니다. 각 산업 분야에서도 이런 데이터들의 가치가 높다는 것을 인지하여 적극 활용하는 추세입니다.

ANALYSIS

그림 1-1 | 현대는 데이터 홍수 시대

데이터는 어떻게 활용하면 좋을까요? 먼저 문제를 인식하거나 목표를 설정하여 분석 주제를 선정합니다. 그리고 데이터를 수집 · 가공 · 분석합니다. 마지막으로 도출된 결과를 실행합니다. 데이터를 활용하여 문제를 해결하는 과정을 그림으로 표현하면 다음과 같습니다.

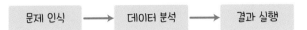

그림 1-2 | 데이터를 활용한 문제 해결 과정

데이터의 종류와 목적에 따라 매우 다양한 데이터 분석 절차와 방법이 존재합니다. 다만 필자가 경험한 바로는 다음 그림과 같이 데이터를 '처리하고 그려 보며 이해하는' 핵심적이고 일관된 절차를 따르는 것이 좋습니다.

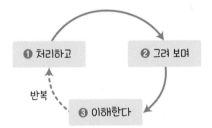

그림 1-3 | 데이터 분석 과정: 데이터를 처리하고 그려 보며 이해하기

'처리하고 그려 보며 이해하는' 과정은 데이터 분석 과정을 단순하지만 잘 표현하는 말이라고 생각합니다. 다른 말로 하면 **데이터 처리 → 시각화 → 이해** 과정이라고도 할 수 있습니다. ❸ 이해 과정에서 ❶ 처리 과정으로 화살표를 점선으로 표현한 것은 의미 있는 결과를 도출할 때까지 이 과정을 계속 반복할 수 있기 때문입니다.

좀 더 자세히 살펴보면 다음 작업을 수행하게 됩니다.

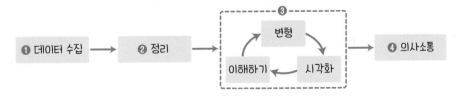

그림 1-4 | 데이터 수집 가공. 분석 과정 상세

❶ 데이터 수집: 데이터베이스, 웹, 문서 파일 등에서 데이터를 가져오는 과정입니다.

❷ 데이터 정리: 분석하기 쉽게 정돈된 데이터(tidy data)로 만드는 과정입니다. 데이터를 분석하기 전에 미리 정리한다고 하여 전처리(pre-processing)라고도 합니다.

❸ 데이터 변형, 시각화, 이해하기: 이 책에서 가장 많이 다룰 내용입니다. 데이터를 분석 주제에 맞게 사용할 수 있도록 정리하는 작업(변형)을 포함하여, 데이터가 무엇을 말하는지 그래프로 그리고 확인하며(시각화) 결과를 해석합니다(이해하기). 이 과정에서 데이터를 분석에 적합하게 만들어 분석 기법을 적용하는 모델링을 진행할 수도 있습니다. 또 최종적으로 의미를 도출할 때까지 이 과정을 반복할 수 있습니다.

❹ 의사소통: 도출된 결과를 다른 사람에게 전달하고 공유합니다.

앞서 상세한 데이터 분석 과정은 '데이터 과학 프로젝트' 과정이기도 합니다. 데이터 분석의 각 과정에는 매우 많은 이론과 기법이 있습니다. 이런 이론과 기법을 단기간에 모두 익히는 것은 굉장히 어려운 일입니다. 머리말에서도 밝혔듯이 이 책이 의도한 바는 이런 내용들을 처음부터 끝까지 모두 익히려는 것이 아닙니다. 그렇기에 이 책에서는 제시한 '데이터 처리하기 → 그려 보기 → 이해하기' 과정으로 데이터 분석을 진행하겠습니다. 간략하지만 주요 분석 과정이 포함되도록 진행할 것입니다.

그렇다면 데이터를 분석할 때 왜 이런 과정을 거쳐야 할까요? 답은 이 책에 있습니다. 지금까지 언급한 내용이 무슨 말인지 감이 오지 않는 독자도 있을 것입니다. 하지만 너무 걱정할 것은 없습니다. 이 책은 앞서 언급한 데이터 분석 과정을 자세하고 쉽게 설명할 것이기 때문입니다. 책 내용을 하나씩 따라 하다 보면 지금까지 한 말이 무슨 의미인지 알게 될 것입니다.

UNIT 02

데이터 분석 = 맛있는 요리하기

R DATA ANALYSIS FOR EVERYONE

모르는 상태에서 무턱 대고 데이터 분석을 시작하기는 쉽지 않습니다. 사전에 알아야 하는 개념이 워낙 많고, 그것에 익숙해지기까지 오랜 시간이 걸리기 때문입니다. 그렇다면 데이터 분석의 개념과 과정을 쉽게 이해하려면 어떻게 해야 할까요? 우리가 잘 아는 과정 중에 데이터 분석 과정과 유사한 것을 떠올려서 비교해 보면 어떨까요?

그래서 생각한 것이 요리 과정에 빗댄 데이터 분석 과정입니다. 다음 그림과 같이 말입니다.

그림 1-5 | 요리 과정과 데이터 분석 과정

여러분은 지금부터 초보 요리사가 되어 어떤 요리 재료들이 있는지 확인하고, 요리 도구들을 준비하고, 기초 요리법인 썰기, 굽기, 삶기, 볶기 등을 익힐 것입니다. 또 재료를 다루는 방법과 데커레이션을 하는 방법도 익힐 것입니다. 그리고 직접 맛있는 요리도 만들어 볼 것입니다. 이 책에서는 R의 기본 개념과 데이터 분석 과정을 최대한 왜곡하지 않는 선에서 요리 과정에 빗대려고 합니다. 이제부터 여러분은 작은 이탈리안 레스토랑의 초보 요리사가 되어 '미트볼 파스타'를 함께 만들어 볼 것입니다.

그림 1-6 | 우리가 만들 미트볼 파스타

요리 과정과 흡사한 데이터 분석 과정이라니 어때요? 기대되지 않나요?

UNIT 03 정리

R DATA ANALYSIS FOR EVERYONE

* 데이터를 활용한 문제 해결 과정은 '문제 인식 → 분석 → 결과 실행'이라고 할 수 있습니다.

* 이 중 분석 단계에서는 '처리하기 → 그려 보기 → 이해하기' 과정을 거치면 좋습니다.

* 데이터 분석 과정은 다르게 표현하면 '데이터 수집 → 정리 → (변형 → 시각화 → 이해하기(모델링)) → 의사소통' 단계를 거칩니다.

* 이 책에서는 데이터 분석 내용을 왜곡하지 않는 선에서 '요리하기'에 빗대어 설명합니다.

2장

R 알아보기

이 장에서는 R을 알아봅니다. R의 개념과 주요 특징을
설명하고, R과 유사한 프로그램인 엑셀, 파이썬, SQL과 비슷한
점 및 다른 점을 살펴봅니다. R을 주로 활용하는 분야와
R로 할 수 있는 일도 알아보겠습니다.

UNIT 01 R이란

R은 데이터를 처리하고 통계를 분석하고자 만든 프로그램입니다. R은 벨(Bell)연구소에서 만든 통계 프로그램인 S가 전신이며, 사용자에게 무료로 공개합니다. 초창기에는 일부 통계학자만 사용하는 프로그램이었으나 현재는 구글, 마이크로소프트, 아마존 등 거대 기업뿐만 아니라 많은 기업과 연구 기관에서도 사용하고 있습니다. 데이터 분석과 관련한 매우 다양한 추가 기능과 패키지[1]를 제공하기 때문에 근래 더욱 각광받았습니다.

그림 2-1 | R 로고

1 R의 특징

R의 주요 특징은 다음과 같습니다.

▪ 무료

R은 무료입니다. 이전에는 상업용인 SPSS나 SAS 같은 통계 분석 프로그램을 사용하려면 비싼 비용을 지불해야 했지만, R은 누구나 무료로 사용할 수 있습니다.

---

1 특정 용도를 위해 정의된 명령어 세트를 담은 꾸러미라고 생각하면 됩니다. 5장에서 자세히 설명합니다.

■ 오픈 소스 + 지속적인 기능 개선

R은 오픈 소스(open source)입니다. 오픈 소스란 영문 그대로 소스를 오픈했다는 의미로, R의 설계 원본 코드를 모두 공개했다는 말입니다. 따라서 누구나 R 프로그램을 수정하고 바꾸어서 다른 사람과 공유할 수 있습니다. 예를 들어 누군가 데이터 분석에 필요한 기능을 개발했다면 바로 공개 및 배포합니다. 그러면 다른 사용자는 개발된 기능을 공유받아 사용할 수 있습니다. 또 R의 기능을 개선하고 지식을 공유하는 전 세계적인 커뮤니티도 있습니다. 다양한 커뮤니티에서 질문을 하거나 지식을 얻고 공유할 수 있습니다.

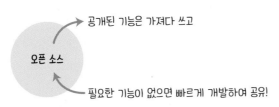

그림 2-2 | 오픈 소스이며 지속적으로 기능 개선

그림 2-3 | 대표적인 R 커뮤니티인 R-bloggers(https://www.r-bloggers.com)

■ 프로그래밍 언어

R은 컴퓨터에 어떤 일을 시키려고 컴퓨터와 의사소통을 할 수 있게 만든 프로그래밍 언어입니다. 프로그래밍 언어는 문법과 체계가 있으며, 코드를 작성하고 실행하면 결과가 나오는 프로그램을 의미합니다. R 역시 문법에 맞추어 코드를 작성하고 실행하면 결과가 나옵니다. 코드를 기본으로 프로그래밍을 하면 어떤 것을 신규로 만들거나 수정하거나 삭제하거나 공유할 때 매우 편리하며, 작업할 때도 생산성이 좋습니다. 예를 들어 코드를 한 줄 추가해서 완전히 다른 결괏값을 출력할 수도 있고, 이 내용을 다른 사용자와도 공유할 수 있습니다.

R은 인터프리터 언어(interpretive language)라고도 합니다. 인터프리터 언어란 사용자가 코드를 입력하면 컴퓨터가 대기하고 있다, 코드 내용을 번역해서 사용자가 결괏값을 바로 확인할 수 있게 출력하는 프로그래밍 언어입니다. 사용자는 코드를 작성하여 실행 버튼만 누르면 바로 실행 결과를 확인할 수 있습니다. 데이터 분석처럼 즉각적으로 결과 확인이 필요한 작업에 적합한 언어입니다.[2] R은 다음 그림과 같이 코드를 작성한 후 실행하면 바로 계산 결과를 보여 줍니다.

실제 인터프리터 언어 처리 과정   사용자가 인식하는 처리 과정

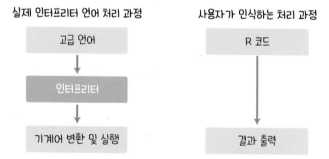

그림 2-4 | 인터프리터 언어 처리 과정

---

2 인터프리터 언어와 다른 개념으로 컴파일(compile) 언어가 있는데, 컴파일 언어는 사람이 작성한 코드를 기계어로 번역하는 과정(compile)을 거쳐야 결과를 볼 수 있습니다.

R은 함수를 적극적으로 사용하기 때문에 함수형 언어(functional language)라고도 합니다. 여기에서 함수란 '데이터를 다루려고 미리 만들어 놓은 명령어'로 생각하면 됩니다. 그만큼 R에서 함수는 매우 중요하며, R 프로그래밍의 근간을 이룬다고 해도 과언이 아닙니다.

■ 데이터 처리와 그래프 그리기, 통계 분석에 특화

R은 통계학자들이 개발했습니다. 그래서 통계학자의 아이디어와 개념이 R에 고스란히 녹아 있습니다. 이것은 R을 활용한다면 데이터 분석을 위한 기초 체계와 이론을 자연스럽게 습득할 수 있다는 의미입니다. 또 R에는 데이터를 그리기(시각화) 위한 다양한 기능, 통계와 데이터 분석을 위한 효율적인 체계와 기능이 구현되어 있습니다. R은 어떤 종류의 데이터라도 빠르고 정확한 결과를 얻을 수 있도록 가장 효율적이고 안정적인 체계를 제공합니다. 대용량 데이터도 처리할 수 있게 설계되어 빅데이터 시대인 현대에 더욱 각광받고 있습니다.

보통은 데이터를 본격적으로 처리해서 결과를 얻는 작업을 하기 전에 어떤 의미 있는 데이터가 있을지 확인하는 탐색적 데이터 분석(Exploratory Data Analysis, EDA)[3]을 진행하는데, R은 이런 작업을 하기에 편리한 환경을 제공합니다.

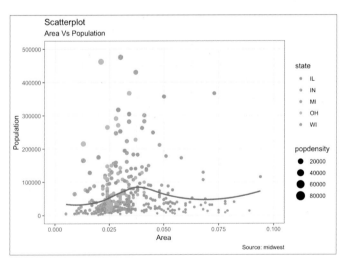

그림 2-5 | R을 이용하여 그린 그래프 1
(출처: http://r-statistics.co/Complete-Ggplot2-Tutorial-Part2-Customizing-Theme-With-R-Code.html)

---

3 데이터의 기본 구조와 기초 통계 데이터를 확인함으로써 전체 데이터 분석 방향을 잡아 가는 과정을 의미합니다.

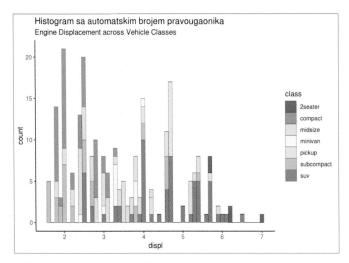

그림 2-6 | R을 이용하여 그린 그래프 2(출처: https://rpubs.com/fernote7/449330)

이런 특징 외에 다음과 같이 몇 가지 단점도 있습니다.

- **범용 프로그래밍 언어[4]가 아니기에 프로그램 개발에 사용하기 힘듦**: 통계와 데이터 분석에 초점을 맞춘 언어이다 보니 웹 서비스 프로그램 같은 프로그램을 개발하는 데 한계가 있습니다.
- **메모리를 기반으로 함**: 데이터 분석용 데이터를 메모리에 올려놓고 처리하기 때문에 메모리 용량이 작은 컴퓨터는 실행하는 데 한계가 있을 수 있습니다.

몇 가지 단점에도 앞서 소개했듯이 R은 오픈 소스 프로그램이기 때문에 신규 기능을 추가하거나 클라우드 스토리지[5]를 사용할 수 있는 등 기존 단점을 지속적으로 개선합니다.

2 R의 활용 분야

R은 데이터 처리와 통계 분석에 특화된 프로그램이기 때문에 활용할 수 있는 분야가 굉장히 다양합니다. 비즈니스 분야에서는 금융, 유통, 제조, 게임, 커뮤니케이션 등 데이터를 다루

---

4 특정 분야에서나 특정 용도로만 사용하지 않고 다양하게 응용할 수 있는 프로그래밍 언어를 의미합니다.

5 인터넷상의 '어딘가'에 위치하는 저장 공간에 내 정보를 보관해 두고, 필요할 때마다 이것을 내가 가지고 있는 각종 단말기에서 불러올 수 있는 기술입니다. 예를 들어 구글 드라이브, OneDrive 등이 있습니다.

는 수많은 부문에서 사용합니다. 이외에도 의학, 사회 조사, 학술 등 데이터나 통계와 관련한 분야에서 다양하게 활용합니다.

대표적인 활용 분야를 간단하게 소개하면 다음 표와 같습니다.

표 2-1 | R의 대표적인 활용 분야

활용 분야	설명
데이터 처리	데이터를 분석하고자 데이터를 수집하여 가공하고 처리
데이터 분석, 통계 분석	데이터와 숫자에서 의미를 파악하여 도출
머신 러닝	인공지능을 활용해서 데이터를 학습하고 분석
텍스트 마이닝	텍스트 데이터를 수집하여 문장 의미를 해석
소셜 분석	소셜 미디어 내 특이 지표와 개인 간 관계 등을 분석
시각화	의미를 이해하기 쉽게 전달하고자 데이터를 그림과 그래프로 표현

간략하게 소개했지만, 이외에도 R은 매우 광범위한 분야에서 응용하여 활용합니다. 예를 들어 다음 그림은 R 패키지인 shiny(샤이니)를 이용하여 만든 웹 시각화 화면입니다. R로 데이터를 처리할 뿐만 아니라, 결과 구간 값을 조정하면 실시간으로 화면이 변화하면서 지도와 그래프도 함께 변하기 때문에 보는 사람이 쉽게 이해할 수 있도록 도와줍니다.

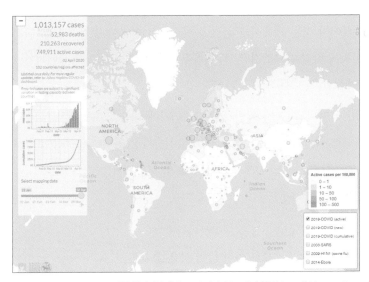

그림 2-7 | R의 shiny 패키지를 활용한 시각화 사례(코로나 바이러스 트래커) (출처: https://shiny.rstudio.com/gallery/covid19-tracker.html)

UNIT 02 R과 비슷한 분석 프로그램들

R DATA ANALYSIS FOR EVERYONE

데이터를 분석하는 데 R만 사용할 수 있는 것은 아닙니다. R만큼 유명하거나 유사한 프로그램에 어떤 것들이 있는지 알아보고 R과 비교해 보겠습니다.

1 엑셀

엑셀(Excel)은 우리에게 가장 익숙한 데이터 계산 및 시각화 프로그램입니다. 엑셀은 데이터 분석에도 유용하게 활용할 수 있습니다. 예를 들어 엑셀 편집 창에 간단하게 숫자를 기입하고 마우스를 드래그하는 것만으로도 훌륭한 표와 수식, 그래프를 만들 수 있습니다.

다만 대용량 데이터를 조작하거나 계산해야 할 때는 이야기가 달라집니다. 예를 들어 1000만 건이 넘는 데이터를 다루어야 하는 빅데이터 환경에서는 이런 편리한 장점이 모두 단점이 되고 맙니다. 컴퓨터 성능에 따라 다르겠지만, 맨 처음부터 맨 마지막 행까지 선택하거나 일부 데이터 값을 바꾸고 계산할 때 너무 느리고 불편합니다.

또 엑셀은 프로그래밍 기반이 아니고 GUI⁶ 기반 프로그램이기에 내용을 수정해서 다른 사용자와 공유할 때 불편합니다. 즉, 엑셀은 일반적인 용도에서는 가장 편리하고 유용한 프로그램이지만, 고급 통계와 데이터 분석에는 한계가 있다고 할 수 있습니다.

장점

- 익히기 쉬우며 필수적이고 직관적인 기능을 제공합니다.
- 표준 파일로 호환성이 좋으며 일반적으로 가장 많이 사용합니다.

---

6 GUI(Graphical User Interface)는 그래픽 사용자 인터페이스란 의미로, 사용자가 마우스 클릭만으로 쉽게 사용할 수 있도록 메뉴 등을 아이콘 같은 그래픽으로 표현한 환경입니다.

단점

- 대용량 데이터 처리가 어렵습니다.
- 복잡한 데이터의 가공, 수정, 유지 보수가 어렵습니다.

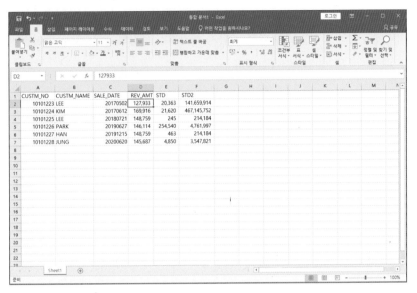

그림 2-8 | 엑셀 실행 화면

2 파이썬

파이썬은 1990년대 초반에 개발한 언어로, 최근 각광받는 프로그래밍 언어입니다. 파이썬은 데이터 분석과 통계 분석을 위해 태어난 R과 달리, 다양한 분야에서 활용을 위한 범용 프로그래밍 언어로 시작했습니다.

파이썬은 무료이고 공개용 프로그램이며, 다양한 패키지와 자체 생태계 및 커뮤니티가 존재하는 등 R의 특징과 매우 비슷합니다. 또 배우기 쉽고 논리가 단순한 프로그래밍 언어라 초보자도 쉽게 배울 수 있습니다.

하지만 범용 프로그래밍 언어로 시작했기 때문에 파이썬 자체만의 데이터 분석 기능은 다소 미흡한 면이 있습니다. 이런 점을 개선하고자 보통은 파이썬 자체로 사용하기보다는 NumPy,

SciPy, pandas, matplotlib 같은 데이터 분석이나 그래프 그리기 전문 프로그램(패키지)을 추가하여 사용합니다.

R이 "나는 통계와 데이터 분석 전문가야."라고 한다면 파이썬은 "나는 뭐든지 잘해. 통계와 데이터 분석도 꽤 하는 편이야."라고 할까요? 사실 R과 파이썬은 서로의 장점을 지속적으로 반영합니다. 파이썬에는 R의 장점들을 반영한 개념과 패키지가 등장하고, R 역시 파이썬에서 주로 사용하는 패키지들을 가져와 사용합니다.

장점

- 직관적이고 배우기 쉬운 프로그래밍 언어입니다.
- 무료이고 공개 프로그램이며, 자체 생태계와 다양한 데이터 분석 패키지를 보유하고 있습니다.
- **특정 분야나 용도에 국한하지 않은 다양한 범용 프로그래밍 언어**: 웹 프로그래밍, 데이터 과학, 소프트웨어 개발, 시스템 관리 등 다양한 분야에서 활용 가능합니다.

단점

- 기본만으로는 통계와 데이터 분석 면에서 R보다 미흡한 부분이 다소 있습니다.
- 데이터 분석 전용 언어가 아닌 범용 프로그래밍 언어이기에 파이썬 자체를 먼저 익혀야 합니다.

그림 2-9 | VS Code에서 파이썬을 실행한 화면

3 SQL

SQL(Structured Query Language)은 관계형 데이터베이스를 조작하려고 만든 표준 언어로, 데이터베이스 관리 시스템(DataBase Management System, DBMS)과 통신할 수 있습니다. SQL은 주로 관계형 데이터베이스[7]를 조작할 때 사용하는데, 데이터베이스를 조작하는 것뿐만 아니라 데이터베이스에 담겨 있는 데이터도 조작할 수 있습니다.

데이터베이스를 직접 조작한다는 것은 원천 데이터(raw data)[8]를 처리할 수 있다는 의미이자, 데이터를 통제하고 처리하는 능력이 좋다는 의미이기도 합니다.

과거 SQL은 애플리케이션 개발을 보조하는 역할을 많이 했지만 SQL 자체로도 기초적인 산술과 통계 계산이 가능합니다. 그래서 현재는 데이터 분석을 위한 핵심적인 언어로 전면에 나서게 되었습니다. 이런 이유로 현재 SQL은 데이터를 분석하는 데 거의 필수로 익혀야 하는 언어로 인식하고 있습니다. 하지만 SQL 탄생 목적이 데이터베이스 조작과 이에 담긴 데이터를 처리하는 데 있기 때문에 고급 통계 분석과 데이터 시각화, 추가 기능의 확장성은 떨어지는 편입니다.

장점

- 원천 데이터를 조작하고 처리할 수 있습니다.
- 문법이 쉽고 표준화되어 있습니다.
- 다양한 분야의 프로그램이 표준 SQL을 지원합니다.

단점

SQL만으로는 고급 통계, 고급 데이터 분석, 시각화 처리가 어렵습니다.

---

7 관계형 데이터베이스(Relational DataBase)는 열(Column, 컬럼)과 행(Row, 로우)을 갖는 2차원 테이블을 중심으로 설계된 데이터베이스를 의미합니다.

8 데이터베이스에 기본 상태로 저장된 데이터로, 가공이 필요한 경우가 많습니다.

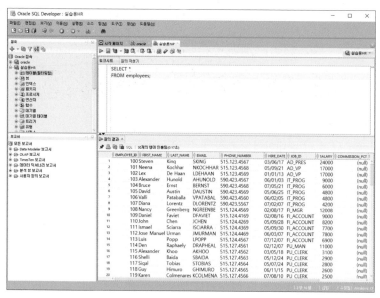

그림 2-10 | 오라클 데이터베이스에서 SQL을 실행한 화면

앞서 소개한 프로그램들의 특징을 비교하면 다음과 같습니다.

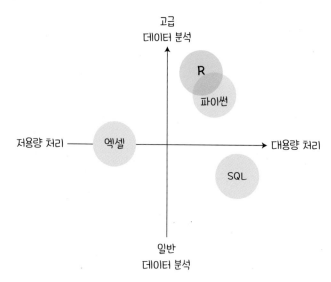

그림 2-11 | R과 다른 프로그램들 비교

지금까지 R과 유사하게 데이터 분석을 할 수 있는 프로그램들을 살펴보았습니다. 이외에도 데이터를 분석할 수 있는 프로그램은 많습니다. 사실 "어떤 프로그램이 모든 환경에서 최상이다."라고 말하기는 어렵습니다. 실무 환경에서는 그때마다 필요한 프로그램을 선택해서 사용합니다. 예를 들어 SQL로 데이터베이스의 원천 데이터를 내려받아 가공하고, R로 통계 분석 프로그래밍을 한 후 의미 있는 결괏값들이 도출되면 엑셀로 표를 편집하고 보고서용 장표에 들어갈 그래프를 만드는 식입니다. 어떤 상황에나 잘 들어맞는 최고의 프로그램은 없습니다. 매번 상황에 맞게 프로그램을 선택하여 활용하는 것이 최선입니다. 다만 독자들이 데이터 분석 분야에 뜻이 있다면, 필자 생각에는 SQL과 R 또는 SQL과 파이썬을 꼭 익히라고 권장하고 싶습니다.

이 중에서 우리가 학습할 것은 대용량 데이터 처리와 분석, 통계 분석, 시각화에 강점이 있는 R입니다.

UNIT 03
R과 데이터 마이닝

데이터 마이닝(data mining)은 데이터(data)와 마이닝(mining) 두 단어를 조합한 단어로, 말 그대로 광산에서 금을 채굴하듯이 데이터에서 귀중한 어떤 정보를 찾아내는 것이라고 할 수 있습니다. 즉, 데이터 마이닝이란 데이터에서 의미 있는 정보들을 추출하고, 유용한 의미를 발견하여 미래에 실행 가능한 정보로 만들어 내어 의사 결정을 하는 데 이용하는 것입니다.

데이터 마이닝을 하려면 데이터 분석 과정을 거쳐야 하는데, 데이터 분석 과정에는 통계학을 이용하기도 합니다. 통계 분석과 데이터 마이닝, 데이터 분석 관계를 그림으로 그리면 다음과 같습니다. 의미가 일부 겹치기 때문에 때로는 데이터 마이닝과 데이터 분석을 같은 의미로 사용하기도 합니다.

그림 2-12 | 데이터 마이닝과 데이터 분석

R은 통계 분석, 데이터 마이닝, 데이터 분석에 유용합니다.

1 데이터 마이닝을 활용하는 산업 분야

데이터 마이닝은 굉장히 다양한 분야에서 활용합니다. 그중 주요한 몇 가지 분야를 살펴보 겠습니다.

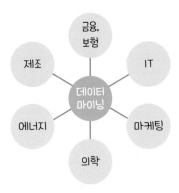

그림 2-13 | 데이터 마이닝을 활용하는 산업 분야

- **금융, 보험 분야:** 카드사와 은행에서 신용 점수 산정, 파산 예측, 대출 상환 예측 등에 사용합니다.
- **제조 분야:** 가전이나 생필품 등 공산품을 생산하는 제조 분야에서도 활용하는데, 제품 수요 예측, 재고 관리, 결함 발견 등에 사용합니다.
- **의학 분야:** 환자들의 종합적인 상태와 결과 정보를 데이터베이스로 구축해 놓고, 발병 패턴을 분석하여 환자의 발병 확률, 질병 진단, 신약 등을 개발합니다.
- **에너지 분야:** 에너지 발굴과 관리에 사용하는데, 적절하게 에너지를 공급하는 관리 방안, 계절별 도시 가스 수요 예측 및 공급 관리, 지진 발생과 장마철 댐 시설의 한계 수량 예측 등에 활용합니다.
- **IT 분야:** IT 시스템을 운영할 때 해킹, 침입자 탐지, 시스템 운영을 위한 적정 자원 관리 등을 합니다. 또 최근에는 인공지능과 그와 관련한 다양한 서비스와 프로그램 개발에도 사용합니다.
- **마케팅 분야:** 마케팅 캠페인 대상 고객 선정, 고객 관계 관리(CRM), 고객 등급 관리, 이탈 예측과 이탈 방지, 고객의 제품 구입 및 매출 패턴 분석 등 기업 이윤을 최대화하는 활동들에 사용합니다.

R은 이처럼 데이터 마이닝이 필요한 다양한 분야에서 두루 활용합니다.

 2 **기업에서는 비즈니스 데이터를 어떻게 활용할까?**

그러면 기업에서는 비즈니스 데이터를 어떻게 활용하는지 알아보겠습니다. 기업은 고객과 관련한 다양한 데이터를 보유하고 있습니다. 기업은 이런 데이터들을 어떻게 확보했을까요? 그 경로가 다양합니다. 일단 여러분이 웹 사이트에 가입할 때 입력하는 개인 정보를 확보합니다. 그리고 제품을 구입하거나 서비스를 이용할 때 추가로 상품 정보와 매출 정보를 확보합니다.

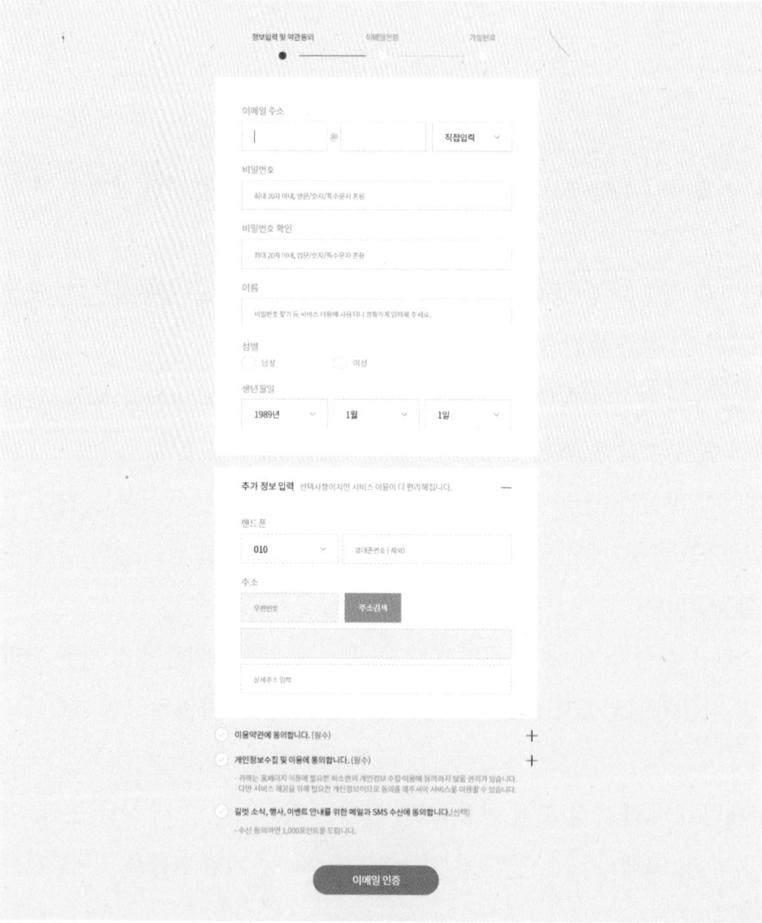

그림 2-14 | 웹 사이트 회원 가입 양식 예시

고객 데이터를 풍부하게 보유한 카드사를 예로 들어 살펴보겠습니다. 카드사는 다음 방식으로 고객 데이터를 확보합니다.

1. **고객 신상 정보**: 여러분이 신용 카드를 발급받을 때는 이름과 나이부터 이메일 주소, 직장, 거주지 등 다양한 정보를 제공해야 합니다. 이 정보를 카드사가 획득합니다.

2. **고객 활동(결제) 정보**: 카드사가 판단하여 신용에 문제가 없다면 신용 카드를 발급하고, 여러분은 신용 카드를 사용합니다. 그럼 카드를 사용한 가맹점, 결제한 상품과 매출 정보 등 추가 정보가 생성되고, 이 정보를 카드사로 전송합니다.

그림으로 그려 보면 다음과 같습니다.

사용자	카드사	확보된 데이터							

❶ 신상 정보 획득 — 신용 카드 신청

이름	나이	성별	연락처	거주지	직업	월수입	가입일자
최분석	32	남자	010-2929-1212	응암동	회사원	1,000,000	2019-12-23

❷ 활동 정보 획득(결제) — 신용 카드 사용

카드명	카드 번호	결제 날짜	업종	결제 가맹점	결제 금액
포 데이터 셰프	11-222-3333	2020-01-01	일반 음식점	강릉 해돋이 매운탕	40,000
포 데이터 셰프	11-222-3333	2020-01-03	일반 음식점	신촌 파스타	30,000
포 데이터 셰프	11-222-3333	2020-01-15	일반 음식점	홍대 왕황소 소곱창	60,000
포 데이터 셰프	11-222-3333	2020-02-20	백화점	대물 낚시점	50,000
포 데이터 셰프	11-222-3333	2020-02-20	낚시터	대부도 낚시터	60,000
포 데이터 셰프	11-222-3333	2020-02-22	주유소	응암 주유소	50,000

그림 2-15 | 고객 데이터 확보 방법

확보한 데이터를 활용해서 기업은 어떤 것을 확인하고 또 어떤 활동을 할 수 있을까요? 앞서 예시 데이터는 굉장히 단순하지만, 생각보다 많은 것을 알아낼 수 있습니다. 여러분이 마케팅 부서에 재직 중이라는 가정하에 신상 정보와 결제(활동) 정보를 바탕으로 확인할 수 있는 것들과 활동할 수 있는 것들을 알아보겠습니다.

■ 지출 비용과 지출 빈도

확인 내용

최분석 씨의 월수입은 100만 원으로, 1월 한 달 동안 13만 원, 2월에는 16만 원을 지출했습니다. 전체 수입의 13%, 16%를 신용 카드로 지출했다고 할 수 있습니다. 또 월 세 번 카드를 사용했습니다.

수행 가능 활동

- 전체 고객의 지출 패턴과 비교한 멤버십 제도 설정, 등급 설정
- 전체 고객의 지출, 빈도와 비교하여 업 셀링(up-selling)[9], 크로스 셀링(cross-selling)[10] 전략 수립

■ 거주지와 활동 패턴

확인 내용

최분석 씨는 서울 서북쪽 응암동에 거주하는 30대 남자입니다. 가맹점들의 소재지를 살펴보니 1월 초에는 강릉에서, 2월 말에는 대부도 낚시터에서, 그 외에는 주로 거주지와 가까운 신촌과 홍대, 응암동에서 결제했습니다. 또 일반 음식점에서 결제는 약 50%인 것으로 확인됩니다.

수행 가능 활동

- 거주지 주변 음식점 할인, 프로모션 정보 제공
- 야외 활동 연계된 숙박, 렌트 제휴 서비스 혜택 제안

---

9 서비스를 추가하거나 더 비싼 제품을 구매하도록 동기를 부여하여 고객 가치를 높이는 경우를 의미합니다. 예를 들어 햄버거를 살 때 "더 큰 사이즈로 드릴까요?"처럼 수익성이 좋은 제품 구매를 유도하는 형태입니다.

10 이미 고객이 구매한 제품을 보완하거나 보충하는 제품을 제안하는 것을 의미합니다. 예를 들어 햄버거를 구매한 고객에게 "감자 튀김을 함께 드릴까요?"처럼 추가 구매를 유도하는 형태입니다.

■ 교통 수단

확인 내용

대중 교통 결제 내역은 없고, 2월 말 주유소에서 5만 원을 결제했습니다. 자동차를 주로 이용한다고 생각할 수 있습니다.

수행 가능 활동

- 주유 전용 카드 제안
- 자동차 경정비 서비스, 할부/할인 혜택 제안

■ 취미

확인 내용

2월 말에 낚시점에서 상품을 구입했고 낚시터를 이용한 결제 이력이 있습니다. 낚시가 취미인 것으로 판단됩니다.

수행 가능 활동

낚시 커뮤니티, 방송 제휴 서비스 제공, 낚시 용품 할인 프로모션

굉장히 단순한 데이터에서 많은 고객 정보를 확인할 수 있고, 수행 가능한 활동도 도출할 수 있습니다. 다만 한 명에 대한 단편적이고 작은 데이터라서 확인된 내용이 정확하다고 말할 수는 없습니다. 하지만 이런 데이터가 수십 또는 수백만 건이 있다면 이야기는 달라집니다. 확인된 내용을 근거로 단순히 유추하는 것에서 벗어나, 데이터 분석 프로그램을 이용한 검증이 가능하기 때문입니다. 데이터 분석에서는 유추를 가설이라 부르며 검증하고, 수행 가능 활동들 또한 검증합니다. 이런 모든 작업이 R로 가능합니다.

다음 장부터는 실제로 R을 설치하고, 데이터 분석을 진행해 보겠습니다.

UNIT 04 정리

* R은 데이터 처리와 통계 분석을 위해 탄생한 프로그램입니다.

* R은 무료이고 오픈 소스 프로그램이며, 데이터 처리에 특화된 함수형 프로그래밍 언어입니다.

* R은 데이터 처리, 분석, 통계, 머신 러닝, 텍스트 마이닝, 소셜 분석, 시각화 등 다양한 분야에서 활용됩니다.

* R과 비슷하게 데이터 분석이 가능한 프로그램으로 엑셀, 파이썬, SQL 등이 있습니다.

* 데이터 마이닝이란 데이터에서 의미 있는 정보들을 추출하고 유용한 의미를 발견하여 의사 결정에 이용하는 것을 의미합니다.

* 데이터 마이닝은 금융, 보험, 제조, 의학, 마케팅 등 다양한 분야에서 활용합니다.

* 데이터를 바탕으로 알 수 있는 것과 할 수 있는 활동은 매우 다양합니다.

3장

R 설치 및
기본 사용 방법 익히기

이 장에서는 R과 RStudio를 설치하고 R과 RStudio 기본
사용법을 알아보겠습니다. 먼저 R을 설치한 후 RStudio를
설치합니다. RStudio는 R을 좀 더 편리하게 사용할 수 있게
하는 통합 개발 환경(Integrated Development Environment,
IDE) 프로그램입니다.

RStudio Cheatsheets

The cheatsheets below make it easy to use some of our favorite
packages. From time to time, we will add new cheatsheets. If
you'd like us to drop you an email when we do, click the button
below.

SUBSCRIBE TO CHEATSHEET UPDATES

R 설치

R DATA ANALYSIS FOR EVERYONE

❶ R을 사용하려면 R 프로그램을 설치해야 합니다. 먼저 R 프로젝트 웹 사이트(https://www.r-project.org/)에 접속해서 R 프로그램을 내려받겠습니다. R 프로젝트 웹 사이트는 URL 주소를 직접 입력하거나 검색 창에서 검색하여 접속할 수 있습니다. 필자는 구글 검색을 이용해서 웹 사이트에 접속해 보겠습니다. 구글 검색 창에서 'R' 혹은 'R project' 키워드로 검색하면 가장 위에 R 프로젝트 웹 사이트가 나타납니다.[1] 링크를 클릭해서 해당 웹 사이트에 방문합니다.[2]

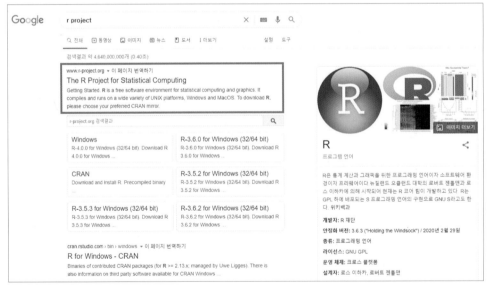

그림 3-1 | 구글을 이용한 R 프로젝트 웹 사이트 검색

---

1 구글 검색 창의 내려받기 링크에서 바로 내려받을 수도 있습니다. 궁금하다면 UNIT 01 마지막에 있는 '구글 검색 창에서 R 바로 내려받기'를 참고하세요.

2 책을 출간한 이후 R 프로그램 내려받기 링크가 바뀔 수도 있습니다. 이때는 길벗출판사 웹 사이트(https://www.gilbut.co.kr)에서 '고객센터 → 1:1 문의'로 문의하세요.

❷ R 프로젝트 웹 사이트에 방문했다면 왼쪽에서 **Download** > **CRAN**을 선택합니다. 참고로 CRAN은 Comprehensive R Archive Network의 약어입니다.

그림 3-2 | [CRAN] 메뉴 접근

❸ 국가 이름 'Korea'를 찾아 아무 링크나 선택합니다. 필자는 맨 위에 있는 링크를 선택했습니다.

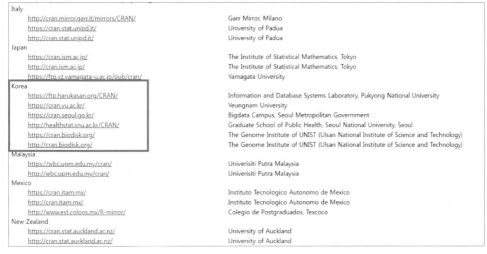

그림 3-3 | 국가 링크 선택

④ 자신의 운영 체제에 맞는 파일을 선택합니다. 필자는 Windows용을 선택했습니다.

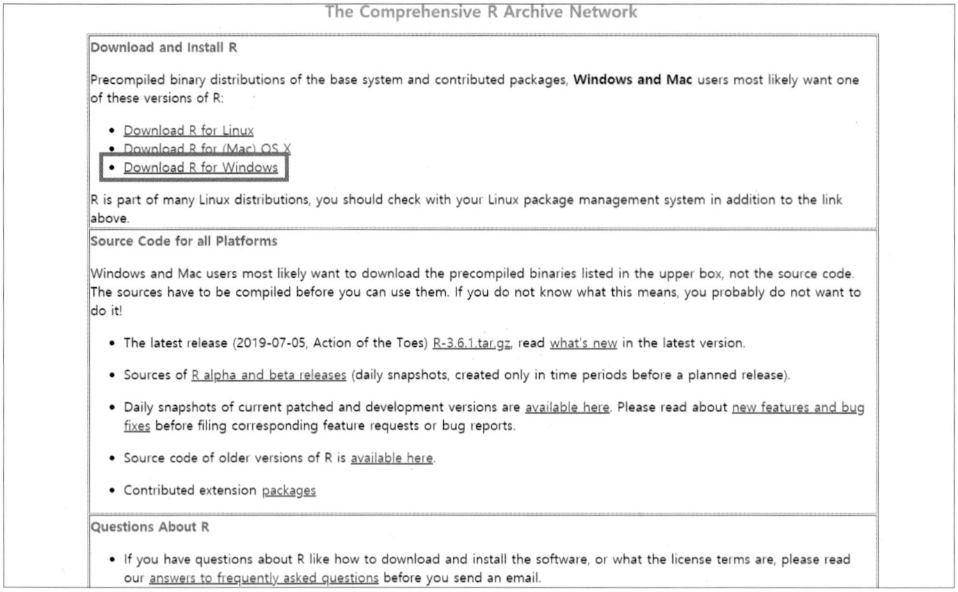

The Comprehensive R Archive Network

Download and Install R

Precompiled binary distributions of the base system and contributed packages, **Windows and Mac** users most likely want one of these versions of R:

- Download R for Linux
- Download R for (Mac) OS X
- Download R for Windows

R is part of many Linux distributions, you should check with your Linux package management system in addition to the link above.

Source Code for all Platforms

Windows and Mac users most likely want to download the precompiled binaries listed in the upper box, not the source code. The sources have to be compiled before you can use them. If you do not know what this means, you probably do not want to do it!

- The latest release (2019-07-05, Action of the Toes) R-3.6.1.tar.gz, read what's new in the latest version.
- Sources of R alpha and beta releases (daily snapshots, created only in time periods before a planned release).
- Daily snapshots of current patched and development versions are available here. Please read about new features and bug fixes before filing corresponding feature requests or bug reports.
- Source code of older versions of R is available here.
- Contributed extension packages

Questions About R

- If you have questions about R like how to download and install the software, or what the license terms are, please read our answers to frequently asked questions before you send an email.

그림 3-4 | 운영 체제에 맞는 파일 선택

⑤ 여러 가지 종류의 설치 파일이 나타나는데, 이 중 'base'를 선택합니다.

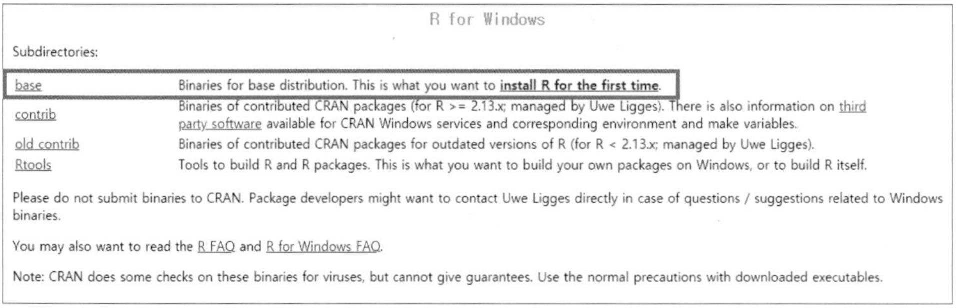

R for Windows

Subdirectories:

base	Binaries for base distribution. This is what you want to **install R for the first time**.
contrib	Binaries of contributed CRAN packages (for R >= 2.13.x; managed by Uwe Ligges). There is also information on third party software available for CRAN Windows services and corresponding environment and make variables.
old contrib	Binaries of contributed CRAN packages for outdated versions of R (for R < 2.13.x; managed by Uwe Ligges).
Rtools	Tools to build R and R packages. This is what you want to build your own packages on Windows, or to build R itself.

Please do not submit binaries to CRAN. Package developers might want to contact Uwe Ligges directly in case of questions / suggestions related to Windows binaries.

You may also want to read the R FAQ and R for Windows FAQ.

Note: CRAN does some checks on these binaries for viruses, but cannot give guarantees. Use the normal precautions with downloaded executables.

그림 3-5 | base 링크 선택

⑥ Windows용 R 프로그램 설치 파일 링크가 나타나면 클릭해서 적당한 폴더에 내려받습니다.[3]

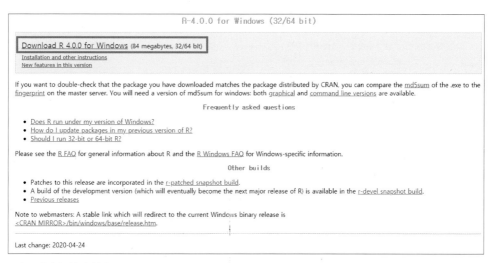

그림 3-6 | 설치 파일 내려받기

⑦ 웹 브라우저 아래쪽에 나타나는 EXE 설치 파일(R-4.0.0-win.exe)을 클릭하거나 다운로드 폴더에서 내려받은 R 프로그램 설치 파일(여기에서는 R-4.0.0-win.exe)을 더블클릭하면 다음 그림과 같이 설치 화면이 나옵니다.[4] 설치 언어는 '한국어'를 선택하고 **확인**을 누릅니다.

그림 3-7 | 언어 선택

---

3 폴더를 변경하지 않고 내려받으면 다운로드 폴더에 저장합니다.

4 이 앱이 디바이스를 변경할 수 있도록 허용하시겠어요?라는 알림 창이 뜨면 **예**를 누르세요.

⑧ 라이선스 정보가 나오면 간단히 확인한 후 **다음**을 누릅니다.

그림 3-8 | 라이선스 정보 확인

⑨ 설치할 위치를 선택할 수 있는 창이 뜹니다. 기본으로 설치되는 폴더로 진행하겠습니다. 경로는 기본값으로 그대로 두고 **다음**을 누릅니다. 원한다면 설치 경로를 변경해도 됩니다. 다만 오류가 있을 수 있으므로 설치 경로명은 가급적 영문을 사용하고 한글은 사용하지 않습니다.

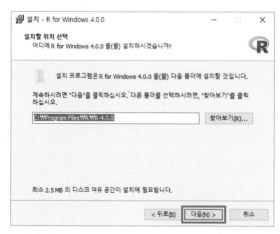

그림 3-9 | 설치 폴더 선택

⑩ 구성 요소를 선택하는 화면이 나옵니다. 기본으로 모두 선택되어 있습니다. 필자는 64
비트 운영 체제를 사용하기 때문에 '32-bit Files'만 선택 해제했습니다. 잘 모르겠다면 모두
선택된 상태로 두고 **다음**을 누릅니다.

그림 3-10 | 구성 요소 선택

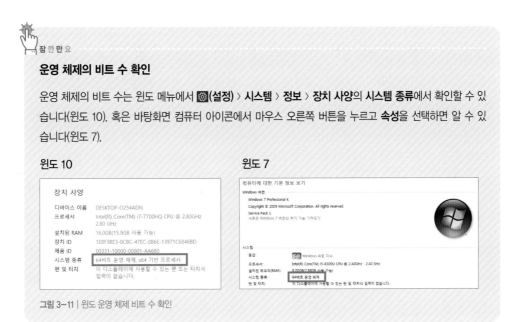

운영 체제의 비트 수 확인

운영 체제의 비트 수는 윈도 메뉴에서 ⚙(설정) > 시스템 > 정보 > 장치 사양의 시스템 종류에서 확인할 수 있
습니다(윈도 10). 혹은 바탕화면 컴퓨터 아이콘에서 마우스 오른쪽 버튼을 누르고 **속성**을 선택하면 알 수 있
습니다(윈도 7).

윈도 10

윈도 7

그림 3-11 | 윈도 운영 체제 비트 수 확인

⑪ 이후부터는 따로 설정을 변경하지 않고, 모두 기본값으로 두고 **확인**이나 **다음**을 누르면 됩니다. 다음 그림과 같이 스타트업 옵션 설정 창이 나오면 기본값인 No로 두고 **다음**을 누릅니다.

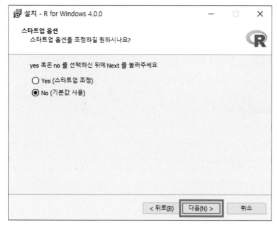

그림 3-12 | 스타트업 옵션(기본값 사용)

⑫ 시작 메뉴 폴더 생성 창이 뜹니다. R과 RStudio는 한글 이름으로 된 폴더나 파일이 있으면 종종 충돌이 발생합니다. 폴더 이름을 변경해야 한다면 영문으로 된 사용자 이름과 폴더, 파일을 사용하길 추천하며, 그렇지 않다면 다음 그림과 같이 기본 시작 메뉴 폴더를 사용합니다. 기본값으로 두고 **다음**을 누릅니다.

그림 3-13 | 시작 메뉴 폴더 선택(기본값 사용)

⑬ 추가 사항 적용 창이 뜨면 따로 변경하지 않고 **다음**을 누릅니다.

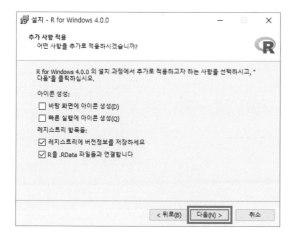

그림 3-14 | 추가 사항 적용(기본값 사용)

⑭ 설치가 정상적으로 완료되면 설치 완료 화면이 나옵니다. **완료**를 누릅니다.

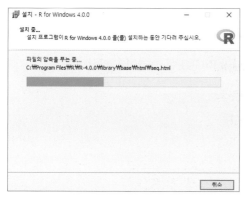

그림 3-15 | 설치 중

그림 3-16 | 설치 완료 화면

R이 정상적으로 설치되었다면 간단하게 R GUI 콘솔(console)[5]을 알아보겠습니다.

---

5   프로그램에서 명령어를 입력해서 실행하고 결과를 확인하는 화면을 콘솔 또는 콘솔 화면이라고 합니다.

윈도 시작 메뉴 화면에서 R 프로그램 아이콘을 클릭하여 R을 실행합니다(32비트 운영 체제 (OS) 사용자는 R i386(R i386 4.0.0), 64비트 OS 사용자는 x64(R x64 4.0.0)를 실행합니다). 필자는 64비트 운영 체제라서 R 〉 R x64를 선택했습니다.

그림 3-17 | R 실행

아이콘을 클릭하여 R을 실행하면 다음 그림과 같이 R GUI 콘솔 창이 나타납니다.

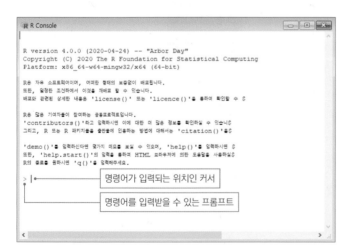

그림 3-18 | R GUI 콘솔 창

R 프로그램을 설치해서 GUI 콘솔 창을 실행한 후 이 창에서 R 코딩이나 각종 명령어를 입력하고 [Enter]를 누르면 바로 결과를 확인할 수 있습니다. 콘솔 창 위에는 메뉴가 있고 아래에는 > 표시와 깜박거리는 |가 있는데 >는 명령어를 입력받을 수 있는 프롬프트(prompt), |는 명령어가 입력되는 위치인 커서(cursor)라고 합니다. 커서가 위치한 프롬프트에 명령어를 입력하고 [Enter]를 누르면 결과가 출력됩니다.

그럼 R 콘솔 창에서 간단한 연산을 실행해 보겠습니다. 프롬프트에 1+2라고 입력하고 [Enter]를 누르세요.

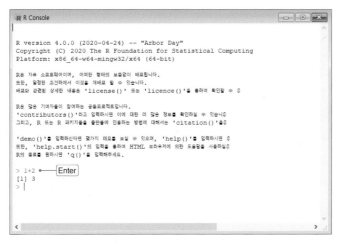

그림 3-19 | R GUI 콘솔 창에서 연산 실행

1+2에 대한 결과인 3이 출력되었습니다. R GUI에서 결괏값은 출력되는 값이자 계산해서 반환되는 값입니다. 앞 예시처럼 단순하게 출력할 수도 있고, 이 결괏값을 받아 다시 활용할 수도 있습니다. 이 책에서는 결과의 상황에 따라 결괏값의 '출력'이나 '반환'이라고 표현하겠습니다.

R GUI는 여기까지만 알아보고, 지금부터는 R GUI 콘솔 창에 비해 더욱 편리한 작업 환경을 제공하는 RStudio의 콘솔 창을 사용하겠습니다.

잠깐만요

구글 검색 창에서 R 바로 내려받기

구글 검색 창에서 'r project'로 검색한 후 이 결과로 나오는 링크를 바로 클릭하여 R을 내려받을 수도 있습니다.

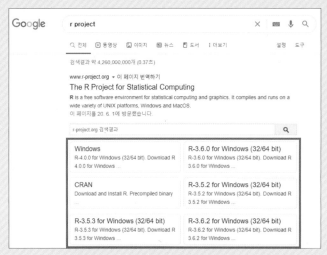

그림 3-20 | 구글 검색 창에서 R 바로 내려받기

예를 들어 왼쪽 위에 있는 'Windows'를 클릭하면 파일을 내려받을 수 있는 화면이 나옵니다. 이후 설치 방법은 앞서 소개한 설치 내용과 동일합니다.

UNIT 02 RStudio 설치

R DATA ANALYSIS FOR EVERYONE

이제 RStudio를 설치할 차례입니다. RStudio는 R 프로그래밍을 좀 더 쉽게 할 수 있게 도와주는 코드 편집 툴입니다. 통합 개발 환경(Integrated Development Environment, IDE)이라고도 합니다. R을 다루는 데 거의 필수처럼 여겨지는 툴입니다. 그럼 RStudio를 설치해 보겠습니다(주의: RStudio를 설치하기 전에 R 프로그램을 먼저 설치해야 합니다).

① RStudio는 RStudio 웹 사이트(https://www.rstudio.com/)에서 내려받을 수 있습니다(웹 사이트에 접속한 후 위쪽 **DOWNLOAD** 클릭). 또 웹 브라우저에 직접 URL을 입력하거나 구글 검색 창에서 'r studio'로 검색하여 접속할 수도 있습니다. 필자는 구글 검색 창에 'r studio' 키워드로 검색하여 웹 사이트에 접속하겠습니다. [6]

그림 3-21 | 구글에서 RStudio 검색

---

6 책을 출간한 이후 RStudio 프로그램 내려받기 링크가 바뀔 수도 있습니다. 이때는 길벗출판사 웹 사이트(https://www.gilbut.co.kr)에서 '고객센터 → 1:1 문의'로 문의하세요.

② 여러 가지 RStudio 버전이 있는데 무료 버전인 'RStudio Desktop'의 **DOWNLOAD**를 선택합니다. RStudio Desktop 버전과 그 외 버전의 차이는 몇 가지 전문 기능의 탑재 여부인데, 일반적인 동작은 RStudio Desktop 버전으로도 충분합니다.

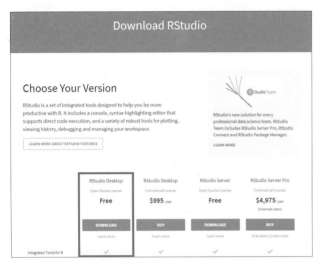

그림 3-22 | RStudio 버전 선택

③ 다음 그림과 같이 내려받기 링크가 나타나면 자신의 운영 체제에 맞는 설치 파일을 내려받으면 됩니다. 필자는 윈도를 사용하기 때문에 RStudio 1.3.959.exe 파일을 내려받았습니다.

그림 3-23 | 운영 체제에 맞는 설치 파일 내려받기

2020년 6월 기준, RStudio 웹 사이트에서 내려받을 수 있는 RStudio 1.2 이상 버전은 32비트 운영 체제 지원을 중단했습니다. 따라서 32비트 운영 체제 사용자는 RStudio 1.1 이하의 구 버전을 구하든지 R GUI 콘솔을 사용해야 합니다. 구글에서 RStudio 1.1로 검색해서 내려받거나 RStudio 웹 사이트 내 구 버전 관리 화면에서 내려받습니다(https://rstudio.com/products/rstudio/older-versions/).

④ 웹 브라우저 아래쪽에 나타나는 EXE 설치 파일()을 클릭하거나 다운로드 폴더에 내려받은 RStudio 설치 파일(여기에서는 RStudio-1.3.959.exe)을 더블클릭하여 실행합니다.[7] 다음 그림과 같이 설치 시작 화면이 나오면 **다음**을 누릅니다.

그림 3-24 | RStudio 설치 시작 화면

⑤ 설치 위치 선택 창이 뜨면 기본값으로 두고 **다음**을 누릅니다. R을 설치할 때와 마찬가지로 원하는 폴더에 설치할 수도 있으며, 경로에 한글이 포함되지 않게 합니다.

그림 3-25 | 설치 위치 선택(기본값 사용)

---

7 '이 앱이 디바이스를 변경할 수 있도록 허용하시겠어요?'라는 알림 창이 뜨면 **예**를 누릅니다.

⑥ 시작 메뉴 폴더도 기본값으로 두고 **설치**를 누릅니다.

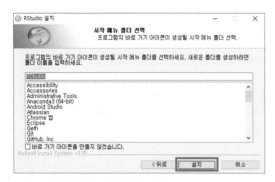

그림 3-26 | 시작 메뉴 폴더 선택(기본값 사용)

⑦ 정상적으로 설치를 완료하면 설치 완료 화면이 나옵니다. **마침**을 눌러 설치를 종료합니다.

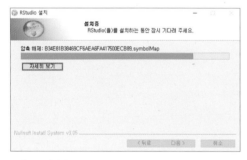

그림 3-27 | 설치 중

그림 3-28 | 설치 완료 화면

정상적으로 RStudio를 설치했다면 설치 완료 메시지가 나타납니다. R을 사용할 준비가 모두 끝났습니다.

UNIT 03

RStudio와 R의
기본 사용 방법 이해

R DATA ANALYSIS FOR EVERYONE

UNIT 03에서는 RStudio를 사용하여 R의 기본 사용 방법을 알아보겠습니다.

1 주요 화면과 기능

시작 메뉴에서 RStudio 아이콘을 클릭하여 RStudio를 실행해 보겠습니다. RStudio를 실행하면 R 프로그램도 같이 실행하므로, 앞서 설치한 R 프로그램을 따로 실행할 필요는 없습니다. RStudio 아이콘을 클릭합니다.

그림 3-29 | RStudio 실행

RStudio를 실행하면 다음 그림과 같은 화면이 나옵니다. 다만 RStudio를 처음 실행했다면 다음 그림과 같이 창이 세 개 열린 상태로 나옵니다.[8]

---

8   RStudio를 처음 실행할 때 Enable Automated Crash Reporting 알림 창이 뜨면 **Yes**를 누릅니다.

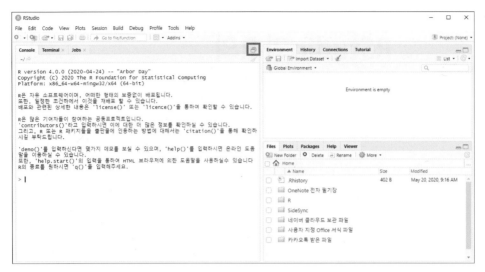

그림 3-30 | RStudio를 처음 실행한 모습

콘솔 창 오른쪽 위 가장자리를 보면 네모 모양 두 개가 겹친 ▣ 아이콘이 있는데, 이 아이콘을 클릭하면 다음 그림과 같이 소스 창(❶)이 열립니다. 소스 창까지 작업 창 네 개를 늘 열어 두면 작업하기 좋습니다.[9]

그림 3-31 | RStudio 기본 창 네 개가 열린 화면

---

9 각 창은 마우스(⊞ 모양일 때)로 드래그하여 크기를 조절할 수 있습니다.

각 창은 방금 연 소스 창(❶), R GUI에서도 확인했던 콘솔(Console) 창(❷), 파일(Files) 창(❸), R 환경(Environment) 창(❹)입니다. 그럼 각 창이 어떤 기능을 하는지 알아보겠습니다.

2 소스 창

소스 창은 R 코드를 작성하고 저장할 수 있는 코드 편집 창입니다. R 코드를 실행시킬 수 있다는 점에서 콘솔 창과 유사하지만, 길이가 긴 R 코드를 저장하거나 코드를 한 번에 실행할 수 있다는 점에서 다릅니다. 또 코딩할 때 문법이나 내용에 오류가 있으면 오류 표시(⊗)를 출력하거나 적당한 함수와 문법을 자동 완성해 주는 등 사용자가 편리하게 코딩할 수 있도록 도와줍니다. 소스 편집 창이기 때문에 자유롭게 커서를 옮겨 가며 R 코드를 만들고 수정하는 것도 편리합니다. 따라서 다음과 같이 코드를 작성하면 유리합니다.

- 코드가 짧고(단문) 즉시 결과 확인이 필요한 경우는 콘솔 창에서 작성합니다.
- 코드가 길고(장문) 저장이나 편집이 필요한 경우는 소스 창에서 작성합니다.

간단한 R 코드를 작성하여 실행해 보겠습니다. 아직 배우지 않은 내용이므로 일단 그대로 따라해 봅니다.

- **한 라인만 실행**: 라인 하나를 실행하려면 커서를 해당 라인에 두고 Ctrl + Enter 를 누릅니다. 소스 창 오른쪽 위의 실행(⇒ Run) 아이콘을 클릭해도 됩니다. 1+1을 입력한 후 실행해 보세요. 첫 번째 라인이 실행되어 2가 출력됩니다.

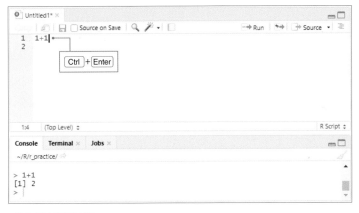

그림 3-32 | 한 라인 실행

- **여러 라인이나 전체 라인 실행**: 편집 창에 있는 여러 라인을 실행하려면 해당 라인들을 블록으로 선택하고 Ctrl + Enter 를 누릅니다. 마찬가지로 편집 창의 모든 내용을 실행하려면 Ctrl + A 를 눌러 편집 창 내 코드를 전체 블록으로 선택하고, Ctrl + Enter 를 눌러 실행합니다(블록으로 선택하지 않고 Ctrl + Alt + R 을 눌러도 소스 창 내 모든 라인이 실행됩니다).

Enter 를 눌러 다음 라인으로 커서를 옮긴 후 두 번째 라인에 2+2를 입력합니다. Ctrl + A 를 눌러 모든 라인을 블록으로 선택하고 Ctrl + Enter 를 누르면 1+1과 2+2가 함께 실행되어 각각 2와 4가 출력됩니다.

그림 3-33 | 여러 라인 블록 잡기

3 콘솔 창

콘솔 창은 단문의 명령어를 실행하는 데 유용한 창으로, R GUI와 동일하게 프롬프트에서 코드를 입력하고 Enter 를 누르면 결과가 바로 출력됩니다. R GUI 콘솔을 살펴볼 때와 동일한 연산을 실행해 보겠습니다. 콘솔 창에 다음을 입력합니다.

```
> 1 + 2
```

그리고 Enter 를 누르면 결괏값 3이 출력됩니다.

그림 3-34 | 콘솔 창에서 연산 실행

R GUI와 동일한 결과가 출력되었습니다. 각 탭의 기능은 다음과 같습니다. 콘솔 창 외에는 자주 쓰지 않으므로 참고만 해도 됩니다.

- **콘솔**(Console): 콘솔 창의 메인 탭입니다.
- **터미널**(Terminal): 윈도 내 실행 파일을 실행하거나 환경을 설정하는 윈도 커맨드(cmd) 창과 같은 기능을 합니다. 이 탭에서 윈도에 있는 파일이나 폴더를 관리하거나 환경 설정을 할 수 있습니다.
- **작업**(Jobs): R 코드로 작성된 문서를 스크립트 파일이라고 합니다. 순서가 있거나 실행 시간이 오래 걸리는 스크립트 파일을 이 탭에서 멀티(백그라운드)로 실행할 수 있습니다.

콘솔 창에서 코드를 작성할 때 바로 이전이나 그 이전에 실행했던 코드를 불러와야 할 때가 자주 있는데, 이 경우에는 단축키를 사용합니다. 주요 단축키는 이어지는 '10. 주요 단축키'를 참고하세요.

4 환경 창

환경 창은 코드를 작성할 때 참고하거나 확인해야 할 다양한 정보가 표현되는 곳입니다. 데이터셋(dataset)[10]과 데이터 값들도 관리할 수 있습니다. 환경 창에는 코딩 환경, 실행 내역, 연결 탭이 있습니다. 각 탭의 기능은 다음과 같습니다.

---

10 데이터 덩어리, 데이터의 모음을 의미합니다.

- **코딩 환경**(Environment): 변수[11]에 대한 각종 정보를 보여 줍니다. 워크 스페이스(작업 공간)를 불러오거나 저장할 수 있고, 외부에 있는 파일에서 데이터를 불러올 때도 사용합니다(import dataset).
- **실행 내역**(History): 실행했던 명령어를 보여 줍니다. 다시 실행할 수도 있고 과거 실행 내역을 저장하거나 불러올 수도 있습니다.
- **연결**(Connections): 데이터베이스 등 저장소와 연결하며 연결 상태를 보여 줍니다.

뒤에 배울 내용이지만 환경 창에 표현되는 정보를 간단하게 살펴보면 다음과 같습니다. (다음 그림은 예시입니다. 여러분 환경 창에는 다르게 나타날 것입니다.)

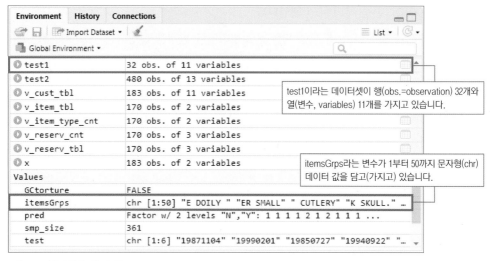

그림 3-35 | 환경 창과 표현 정보들

사용자는 환경 창에서 데이터 정보를 확인하면서 R 코드를 작성할 수 있습니다.

---

11 데이터를 담은 그릇을 의미합니다.

변수와 함수

이후로 자주 나오는 용어 중에 변수와 함수가 있는데, 변수는 '데이터를 담는 그릇', 함수는 '데이터를 다루는 명령어'라고 생각하면 됩니다.

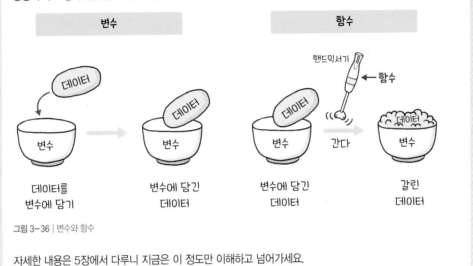

그림 3-36 | 변수와 함수

자세한 내용은 5장에서 다루니 지금은 이 정도만 이해하고 넘어가세요.

5 파일 창

파일 창은 파일이나 패키지를 관리하거나 실행 결과를 확인해서 데이터 분석 작업을 도와줍니다. 탭에는 Files, Plots[12], Packages, Help, Viewer 탭이 있습니다. 각 탭의 기능은 다음과 같습니다.

- **Files(파일)**: R 작업 환경(워킹 디렉터리)의 폴더와 파일을 확인하고 관리합니다.
- **Plots(플롯)**: R 그래프가 출력됩니다. 그래프 크기를 조정하거나 내보낼 수도 있습니다.
- **Packages(패키지)**: 설치된 패키지를 보여 주며 새로 설치하거나 업데이트합니다.
- **Help(도움말)**: 함수 등에 대한 도움말을 보여 줍니다.
- **Viewer(보기)**: 분석 결과를 출력해서 보여 줍니다.

---

12 플롯팅(ploting)이란 특정한 데이터 값을 공간상에 표시해 주는 것을 의미합니다. 따라서 Plot(플롯)은 그래프, Plots 탭은 그래프 탭이라고 생각해도 좋습니다.

	Files	Plots	Packages	Help	Viewer				

New Folder ☒ Delete ⤳ Rename ⚙ More ▼

☐ 🏠 Home

	▲ Name	Size	Modified
☐	.Rhistory	0 B	May 20, 2020, 9:16 AM
☐	OneNote 전자 필기장		
☐	R		
☐	SideSync		
☐	네이버 클라우드 보관 파일		
☐	사용자 지정 Office 서식 파일		
☐	카카오톡 받은 파일		

그림 3-37 | 파일 창과 표현 정보들

RStudio는 이외에도 다양한 기능이 있습니다. 이 책에서 다루지 않은 주요한 내용들은 RStudio IDE 치트 시트에서 확인할 수 있습니다.[13]

6 R 기본 개념과 사용 방법

R의 모든 코드는 RStudio 편집 창이나 콘솔 창에서 실행할 수 있으며 동일하게 동작합니다. RStudio 편집 창과 콘솔 창의 가장 큰 차이는 코드를 편집하거나 저장하면서 실행할 것인가, 한 줄씩 즉시 실행할 것인가의 차이입니다. 콘솔 창에서는 Enter를 눌러 코드를 실행합니다. 지금부터는 특별한 언급이 없다면 모두 콘솔 창에서 실행하겠습니다. R로 할 수 있는 주요한 동작들은 다음과 같습니다.

1. 계산: 계산기처럼 숫자를 직접 입력해서 계산할 수 있습니다.

```
> 1 + 1
[1] 2
```

---

13 관련 내용은 UNIT 03 마지막에 있는 '치트 시트'를 참고합니다.

2. 변수에 데이터 값 할당: 변수에 데이터를 할당할 수 있습니다.

오른쪽 값을 왼쪽 x 변수에 담습니다(할당).
변수는 변하는 수, 즉 계속 변하는 값이면서 그 값을 저장하는 공간이기도 합니다.

```
> x <- c(1, 2, 3, 4, 5)    # x 변수에 숫자형 데이터를 할당
```

\#은 주석입니다. 코드에 영향을 주지 않으며 주로
코드를 설명할 때 사용하는 기호입니다.

c()는 데이터를 생성하거나 결합하는 함수로 combine, 즉 데이터를 묶는다는 의미입니다.
데이터를 선택할 때도 쓰므로 쉽게 '묶어 생성 혹은 선택한다'고 생각하면 됩니다.

3. 변수에 할당된 값을 출력 및 반환: 변수에 담긴 내용을 출력(반환)하려면 변수 이름을 입력하고 Enter 를 누릅니다.

```
> x
[1] 1 2 3 4 5
```

4. 데이터 값을 선택: 원하는 데이터 값만 선택해서 출력할 수도 있습니다.

```
> x[c(2, 3)]    # 두 번째, 세 번째 데이터를 선택
[1] 2 3
```

5. 변수끼리 연산: 데이터 값이 할당된 변수끼리 연산할 수 있습니다.

```
> x <- c(1, 2, 3, 4, 5)
> y <- 2
> x * y    # x 값에 y 값을 곱함
[1]  2  4  6  8 10
```

6. 함수 사용: 데이터를 다루려고 미리 만들어 놓은 명령어인 함수를 사용할 수 있습니다.

```
> mean(x)        # 평균을 구하는 함수
[1] 3
```

7. 함수 외 명령어를 사용할 수 있습니다.

```
> x <- 10
> y <- 20
> ifelse (x > y, z <- x, z <- y)        # x가 y보다 크면 z에 x 할당, 아니면 y 할당
[1] 20
```

R은 이런 주요 동작들을 조합하여 코드를 작성하며 실행하여 결과를 출력하고 분석하는 프로그램입니다. 이 동작들을 지금은 이해하지 못하거나 단어들이 생소해도 괜찮습니다. 이후부터 차근차근 설명할 것입니다.

다음은 R 코드를 작성할 때 알아 두면 좋은 코드 작성 가이드입니다.

- R은 대 · 소문자를 구분합니다. x와 X는 다릅니다. (필수)
- 명령어(함수)는 여러 줄로 나눌 수 없습니다. 예를 들어 mean 함수는 me an( )으로 쓸 수 없습니다. (필수)
- 연산자(+ - * = < & 등) 좌우에 공백을 한 칸씩 넣어 주면 코드를 훨씬 보기 쉽습니다.
- 콤마(,) 다음에도 공백을 한 칸씩 넣어 주면 훨씬 보기 쉽습니다.
  예 공백이 없는 경우: x<-c(1,2,3,4,5)*2

  공백이 있는 경우: x <- c(1, 2, 3, 4, 5) * 2

  다만 :나 :: 기호에는 이 규칙을 적용하지 않아도 좋습니다.
- 코드가 길 경우 줄을 바꾸면 가독성이 좋아집니다.
- 코드 내용이 다를 때는 들여쓰기를 하면 가독성이 좋아집니다.

다음은 R 코드 작성 가이드를 모두 적용한 예입니다.

R 코드 작성 가이드 적용 사례

```
                   ┄┄┄┄ 공백 삽입 적용
if (x == 20) {
      print("x는 20입니다.")
} else {  ┄┄┄┄ 줄 바꾸기 적용
      print("x는 20이 아닙니다.")
}
들여쓰기 적용
```

 7 R 프로젝트 생성

R에서 데이터 분석 작업을 하려면 프로젝트(project)를 만드는 것이 좋은데, 분석 주제와 관련한 파일을 모아 놓은 그룹과 같습니다. 프로젝트를 만들면 그와 관련한 소스 파일, 문서, 이미지 등을 관리하기가 쉬워집니다. 새 프로젝트를 만들어 보겠습니다.

① 새 프로젝트를 만들려면 RStudio에서 File 〉 New Project를 선택합니다. 오른쪽 위에 있는 Project: (None) 〉 New Project를 선택해도 됩니다.

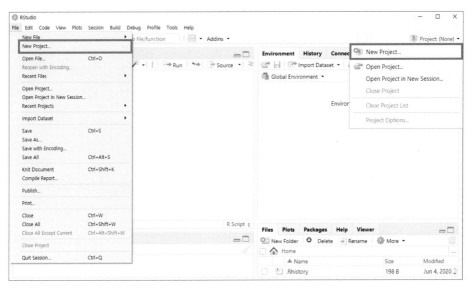

그림 3-38 | 새 프로젝트(New Project) 시작

② New Project Wizard 창의 **Create Project** 〉 **New Directory**[14]를 선택합니다.

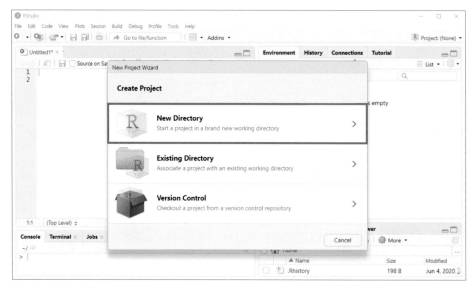

그림 3-39 | 신규 디렉터리(New Directory) 선택

③ **Project Type** 〉 **New Project**를 선택합니다.

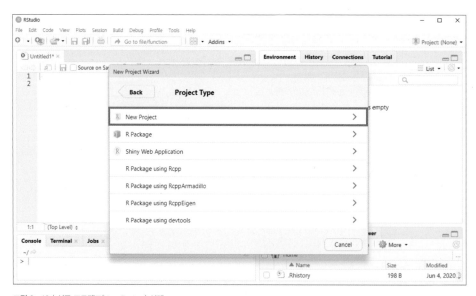

그림 3-40 | 신규 프로젝트(New Project) 선택

---

14 디렉터리(directory)란 파일이 모여 있는 목록이자 공간입니다. 폴더와 의미가 같다고 생각하면 됩니다.

❹ **Create New Project**에서 프로젝트 디렉터리 이름(Directory name)과 서브 디렉터리(Create project as subdirectory of)의 위치를 정합니다. 책에서는 프로젝트 디렉터리 이름을 'practice_project'로 하겠습니다.[15] 서브 디렉터리 경로는 **Browse**를 눌러 원하는 경로를 선택하면 됩니다. 원하는 폴더가 없다면 새 폴더를 만든 후 그것을 선택합니다. 책에서는 C 드라이브의 R 폴더로 선택해서 'C:/R'로 표시합니다. 모두 입력했다면 **Create Project**를 눌러 프로젝트를 만듭니다.

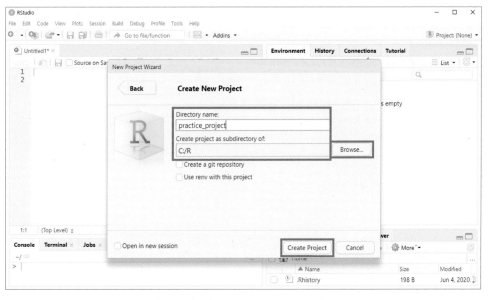

그림 3-41 | 프로젝트 디렉터리 이름과 서브 디렉터리 위치 설정

---

15 여러분이 원하는 이름을 넣어도 됩니다. 하지만 한글 이름은 다른 이름과 충돌하여 오류가 발생할 수 있으므로 영문만 사용하는 것이 좋습니다.

⑤ practice_project라는 프로젝트 디렉터리를 만들었습니다. 프로젝트 디렉터리 이름과 프로젝트 디렉터리 위치가 앞서 설정한 이름과 위치로 정해진 것을 확인할 수 있습니다.

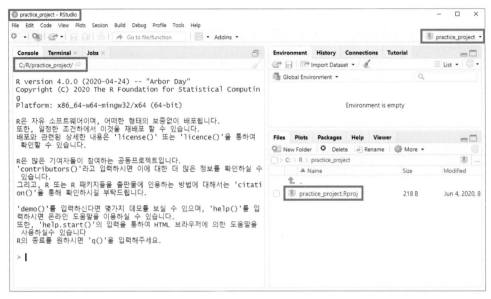

그림 3-42 | 프로젝트 생성 완료

⑥ ⬚ 아이콘을 클릭하여 소스 창을 엽니다.

그림 3-43 | 열린 소스 창

윈도 탐색기로 확인해 보면 해당 프로젝트는 실제로 디스크의 지정된 위치에 만들어 졌으며, 프로젝트 파일(practice_project)도 만들어진 것을 확인할 수 있습니다.

그림 3-44 | 윈도 탐색기로 폴더 위치 확인

원한다면 프로젝트 파일(practice_project)을 더블클릭해서 바로 RStudio를 실행하여 프로젝트를 열 수도 있습니다.

이처럼 특정 주제로 만들어진 프로젝트 디렉터리에서 실행할 작업과 관련한 다양한 자료를 저장·수정·관리할 수 있습니다.

TIP

프로젝트 관리하기

예를 들어 다음과 같이 폴더를 만들어 놓고 관리할 수도 있습니다.

- rawdata: 분석하고자 하는 원천 데이터를 모아 두는 폴더
- source_code: R 스크립트 폴더
- doc: 분석과 관련한 문서를 모아 놓은 폴더
- output: 분석 결과 폴더

프로젝트 관리는 한 사람이 데이터 분석 작업을 진행할 때도 효율적이지만, 여러 사람이 동시에 작업을 진행할 때도 필수입니다.

NOTE

워킹 디렉터리

'워킹 디렉터리(working directory)'는 '작업'을 하는 디렉터리를 의미합니다. 앞서 살펴본 실습에서 워킹 디렉터리는 practice_project입니다(그림 3-42). 콘솔 창에서 getwd( ) 함수를 사용하여 현재 워킹 디렉터리를 확인할 수 있습니다.

```
> getwd()      # 현재 작업 중인 디렉터리를 출력하는 함수
[1] "C:/R/practice_project"
```

8 R 스크립트를 작성하고 저장하기

프로젝트를 만들었으니 실제로 간단한 R 스크립트를 작성해 보겠습니다. 스크립트란 R 코드를 의미하며, 스크립트 파일은 R 코드 파일을 의미합니다. 스크립트를 작성하려면 File 〉 New File 〉 R Script를 선택하거나 왼쪽 위에 있는 ⊕ 아이콘을 클릭하여 R Script(⊕ R Script)를 선택합니다.

그림 3-45 | 새 스크립트 작성([File] 메뉴)

그러면 소스 창에 Untitled2라는 이름의 스크립트 탭이 열립니다. 스크립트 탭이 총 두 개가 되었네요. Untitled2 스크립트 탭 옆의 ☒ 아이콘을 클릭하면 Untitled2 스크립트 탭을 닫을 수 있습니다.

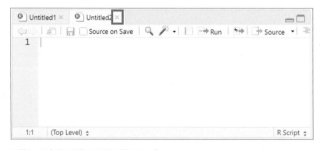

그림 3-46 | 새로 만든 스크립트 탭(Untitled2)

스크립트 탭에서(Untitled1 또는 Untitled2 아무곳이나 상관없음) x <- 1 코드를 입력하고,
Ctrl + Enter 를 누르거나 실행(⇨ Run) 아이콘을 클릭하여 코드를 실행합니다.

그림 3-47 | 코드 입력

환경 창에 x 변수의 Values는 1이라고
나타납니다. x 변수에 1이라는 값이 할
당된 것입니다.

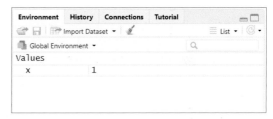

그림 3-48 | 환경 창 표시 내용

만든 스크립트를 저장해 볼까요? Ctrl + S 나 저장(💾) 아이콘을 클릭하여 저장합니다. 저장
할 파일 이름을 정하는 화면이 나옵니다. 'my_first_script'라고 입력하고 **Save**를 누릅니다.

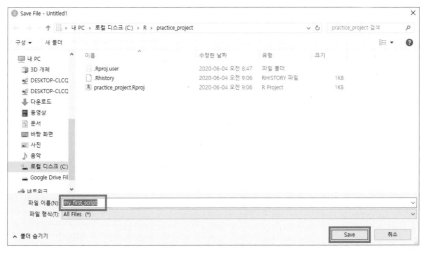

그림 3-49 | my_first_script 파일 이름으로 저장

파일 창에 저장한 파일이 나타납니다.

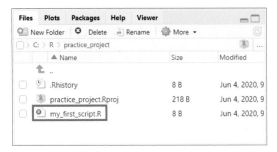

그림 3-50 | 저장된 R 스크립트 파일

마찬가지로 윈도 탐색기의 프로젝트 폴더에서도 확인할 수 있습니다.

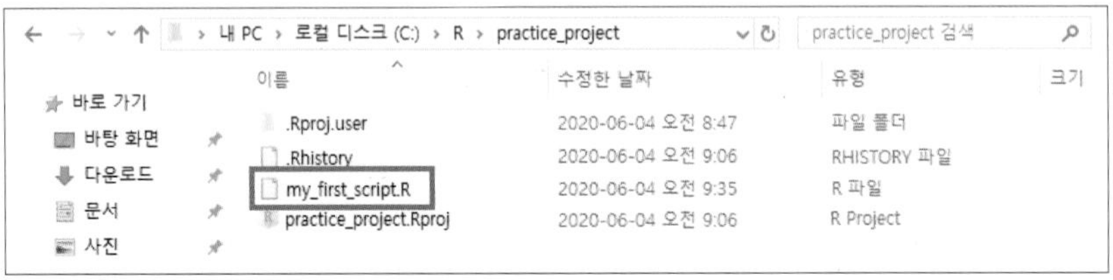

그림 3-51 | 탐색기로 프로젝트 폴더 확인

이번에는 코드 내용을 추가해서 저장해 보겠습니다. my_first_script 탭에 다음과 같이 y <- 2
코드를 추가로 입력하고, 입력한 행에서 [Ctrl]+[Enter]를 누르거나 실행([→Run]) 아이콘을 클릭
하여 코드를 실행합니다.

```
1  x <- 1
2  y <- 2
```

그림 3-52 | 새로운 코드 입력

환경 창의 y 변수에 2가 할당되어 나타납니다.

그림 3-53 | 환경 창에 새로운 데이터 값 정보 표시

이 상태에서 RStudio를 종료해 보겠습니다. File 〉 Quit Session을 선택하거나 오른쪽 위의
☒ 아이콘을 클릭하여 종료해도 되고, Ctrl + Q 를 눌러도 됩니다.

그림 3-54 | RStudio 종료

그러면 Workspace image와 my_first_script.R 스크립트를 저장하지 않았다는 메시지와 함께 저장하겠냐고 묻는 메시지가 나타납니다. 모두 선택한 상태에서 **Save Selected**를 눌러 워크스페이스와 R 스크립트 파일을 함께 저장합니다.

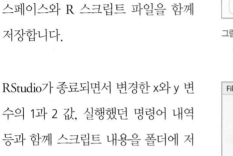

그림 3-55 | 변경된 내용을 저장하겠냐고 묻는 메시지

RStudio가 종료되면서 변경한 x와 y 변수의 1과 2 값, 실행했던 명령어 내역 등과 함께 스크립트 내용을 폴더에 저장합니다. 저장한 내용은 **File** 〉 **Open File**이나 **File** 〉 **Open Project**로 언제든지 다시 불러와 작업할 수 있습니다.

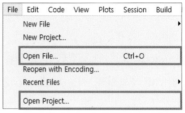

그림 3-56 | 저장된 내용을 불러오는 메뉴

 잠깐만요

주의! RStudio를 종료할 때는 항상 저장하세요

앞서 살펴본 바와 같이 실행했던 스크립트 파일과 변수를 계속 사용하려고 한다면 변경한 내용을 저장해야 합니다. 이렇게 해야 다음에 RStudio를 실행해도 소스 코드와 데이터가 저장된 변수들을 불러옵니다. 저장하지 않으면 다음 그림과 같이 소스 코드는 불러오더라도 담긴 변수가 나타나지 않기 때문에 실습할 때 오류가 발생합니다(다음 그림에서 환경 창이 비어 있는 것에 주목).

그림 3-57 | 소스 코드는 저장되어 있지만 변수는 저장되어 있지 않음

물론 소스 코드를 다시 실행해서 데이터를 변수에 담으면 문제없이 실행됩니다.

9 옵션 설정하기

RStudio 옵션을 설정하면 자신에게 적합한 RStudio 환경을 만들 수 있습니다.

Tools 메뉴에서 개별 프로젝트에 대해 '프로젝트' 옵션이나 전체 RStudio에 대해 '전체' 옵션을 설정할 수 있는데, 전체 옵션으로 진행해 보겠습니다. Tools 〉 Global Options를 선택합니다.

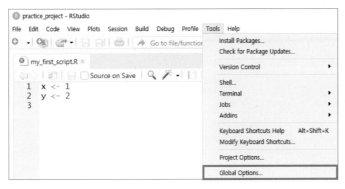

그림 3-58 | 전체 옵션 설정 메뉴

몇 가지 유용한 옵션을 소개합니다. 옵션을 적용하려면 설정한 후 Apply와 OK를 차례대로 누릅니다.

■ 자동 화면 줄 넘김 옵션 Soft Wrap

소스 창에서 R 코드를 입력할 때 코드가 옆으로 너무 길어지면 이에 맞추어 스크롤바가 생깁니다. Global Options 〉 Code 〉 Editing 〉 Soft-wrap R source files를 선택하여 Soft Wrap 기능을 적용하면, 스크롤바가 생기는 대신 자동으로 코드를 다음 줄로 이동시켜서 불필요하게 스크롤바를 움직이는 수고를 덜어 줍니다(참고로 Tab width는 일반적으로 많이 쓰는 간격인 4로 설정했습니다).

그림 3-59 | Soft Wrap 옵션

■ 한글 깨짐을 방지하는 UTF-8 옵션

R 코드를 입력할 때 한글이 깨지는 것을 방지하려면 Global Options 〉 Code 〉 Saving에서
Default text encoding을 UTF-8로 바꾸어 줍니다. Change를 누른 후 'UTF-8'을 선택하면
됩니다.

그림 3-60 | 한글 깨짐을 방지하는 UTF-8 옵션

■ **테마와 폰트 옵션**

취향에 따라 RStudio 테마를 바꿀 수도 있는데, **Appearance**에서 원하는 테마를 선택하면 됩니다. 예를 들어 폰트는 **Editor font**에서 'Consolas'[16]를 선택하고, 에디터 테마는 **Editor theme**에서 'Twilight'를 선택할 수 있습니다.

그림 3-61 | 테마와 폰트 옵션

10 주요 단축키

RStudio에서 단축키를 사용하면 좀 더 쉽고 빠르게 R 코드를 입력할 수 있습니다. RStudio에는 많은 단축키가 정의되어 있는데, 그중에서도 R 사용에 필수적인 단축키를 소개합니다. 실행 위치가 '공통'인 것은 콘솔 창과 편집 창 어느 곳에서나 사용할 수 있는 단축키입니다.

---

16 Consolas 폰트는 숫자 0과 영문 O, 숫자 1과 영문 I 등을 명확하게 구분해 주기 때문에 코딩 작업에 적합합니다.

표 3-1 | 주요 단축키

기능	실행 위치	단축키
실행했던 명령문 찾기	콘솔 창	↑ (앞으로), ↓ (뒤로)
실행했던 명령문 목록 팝업	콘솔 창	Ctrl + ↑
화면 지우기	콘솔 창	Ctrl + L
현재 라인 실행	소스 창	Ctrl + Enter
입력 명령어 중단	소스 창	Esc
주석 처리[17]	소스 창	Ctrl + Shift + C
<- 기호 입력	공통	Alt + -
%>% 기호 입력	공통	Ctrl + Shift + M
화면 포커스 이동	공통	Ctrl + 1 (편집 창 이동), Ctrl + 2 (콘솔 창 이동)
문장 자동 완성	공통	코드 입력 중에 Tab 을 누름

예를 들어 콘솔 창에서 Ctrl + ↑ 를 입력하면 다음 그림과 같이 기존에 실행했던 명령어들이 팝업됩니다.

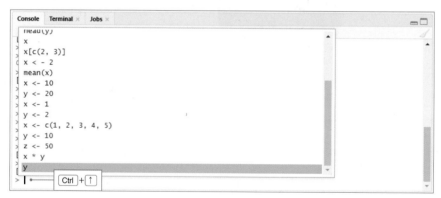

그림 3-62 | 실행했던 명령어 찾기 팝업

RStudio는 코드를 입력하는 도중에 코드 문법에 맞게 명령어나 옵션을 추천하는 기능이 있습니다. 코드를 입력하다 Tab 을 누르거나 잠깐 대기하면 팝업 창이 나타나 선택할 수 있습니다.

---

17 여러 라인을 주석 처리하려면 편집 창에서 블록으로 선택하고 Ctrl + Shift + C 를 누릅니다.

그림 3-63 | 코드 자동 완성 기능

이외에도 많은 단축키가 있으며, RStudio IDE 치트 시트(cheat sheet)에서 확인할 수 있습니다. 필수 단축키는 꼭 익힙시다.

지금까지 R 프로그램을 설치하고 RStudio 기본 사용법을 알아보았습니다. 다음 장부터 본격적으로 R을 이용해서 데이터를 분석하는 방법을 알아보겠습니다.

 잠깐만요

치트 시트

RStudio 웹 사이트에서는 RStudio 사용법과 단축키와 관련한 치트 시트뿐만 아니라 뒷장에서 다룰 dplyr, ggplot2 등 주요 패키지와 관련한 치트 시트도 제공합니다(https://resources.rstudio.com/rstudio-cheatsheets). 치트 시트란 어떤 기능을 빠르게 참조할 수 있게 작성한 컨닝 페이퍼 같은 문서를 의미합니다. 핵심 기능들을 간략하게 요약해 놓은 문서이므로 수시로 참고하면서 사용하면 R 코드를 작성할 때 많은 도움이 됩니다.

그림 3-64 | 치트 시트 웹 사이트 화면

그림 3-65 | RStudio IDE 치트 시트

프로젝트 빠르게 다시 불러오기

프로젝트 워크 스페이스를 저장했다면 작업을 종료한 후에도 작업했던 스크립트 파일과 환경을 다시 불러와 작업할 수 있습니다. 프로젝트를 불러오려면 파일 탐색 창에서 █ 아이콘이 붙은 practice_project 파일을 더블클릭해서 실행합니다.[18]

그림 3-66 | 프로젝트 파일 실행

practice_project 프로젝트를 RStudio에서 실행하면 3장에서 실습한 내용의 스크립트가 소스 창에 나타나고, 환경 창의 x와 y 변수에 할당된 값도 함께 나타나는 것을 확인할 수 있습니다. 스크립트만 저장하고 워크 스페이스를 저장하지 않았다면 x와 y 변수는 나타나지 않습니다(프로젝트 파일을 실행했는데도 소스 창이 열리지 않는다면, 소스 창 오른쪽 위에 있는 █ 아이콘을 클릭하여 소스 창을 열어 주세요).

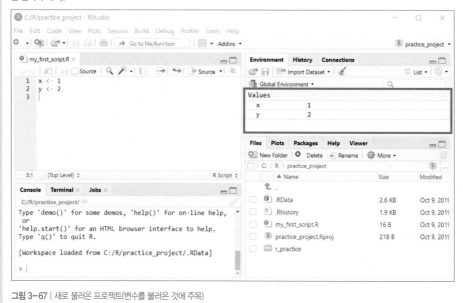

그림 3-67 | 새로 불러온 프로젝트(변수를 불러온 것에 주목)

---

18 정확한 파일 이름은 practice_project.Rproj로, 파일 확장자가 Rproj이며 유형은 'R Project'입니다. R 프로젝트라는 의미입니다.

UNIT 04 정리

* RStudio는 코드를 편집하는 소스 창, 코드를 바로 실행시킬 수 있는 콘솔 창, 변수 등 각 종 정보를 확인할 수 있는 환경 창, 파일이나 패키지를 관리하고 그래프를 확인할 수 있는 파일 창 등 총 화면 네 개로 구성되어 있습니다.

* RStudio 소스 창과 콘솔 창의 차이는 코드를 편집하고 저장하면서 한 번에 실행할 것인 가, 한 줄씩 즉시 실행할 것인가의 차이이며, 하는 일은 같습니다.

* R에서 데이터 분석을 위한 주요 동작들에는 계산, 변수에 값 할당, 변수에 할당된 값 출력 및 반환, 데이터 선택, 변수끼리 연산, 함수 사용, 함수 외 명령어 사용 등이 있습니다.

* R은 코딩할 수 있는 주요 가이드 라인을 제공합니다. 필수는 아니지만 따르면 좋습니다.

* 3장에서 익힌 R에서 필수 함수와 연산자는 다음과 같습니다.

필수 함수와 연산자

종류	설명
c( )	결합 함수, 데이터 값을 만들거나 선택할 때 사용하는 함수
<-	할당 연산자, 데이터 값을 변수에 할당할 때 사용하는 연산자
#	주석, 코드에 영향을 주지 않으며 주로 설명할 때 사용하는 기호

* R에서 데이터 분석 작업을 시작하려면 분석 주제에 관련한 일체를 모아 놓은 그룹인 프로 젝트(project)를 만드는 것이 좋습니다.

* '디렉터리'란 파일이 모여 있는 목록이자 공간으로, 폴더와 같다고 생각하면 됩니다.

* '워킹 디렉터리'는 현재 작업 중인 디렉터리를 의미합니다.

* 분석 작업을 할 수 있게 RStudio 환경을 자신에게 맞추어 옵션을 설정하고 변경하고 단축 키를 익히면 좋습니다.

4장

요리 재료 특성 알기:
데이터의 종류, 구조, 형태

데이터를 분석하는 과정은 요리하는 과정과 비슷합니다. 요리를 하려면 가장 먼저 요리 재료를 준비해야 합니다. 또 요리 재료의 특성을 잘 알아야 좀 더 맛있게 요리할 수 있습니다. 데이터 분석에서 요리 재료는 데이터라고 생각할 수 있습니다.

UNIT 01
데이터 종류

"고기인가 채소인가?"

요리에 사용할 수 있는 재료는 매우 다양합니다. 돼지고기, 소고기, 생선 등 육류와 어류를 비롯하여 배추, 오이, 양파 등 채소류와 사과, 토마토[1], 바나나 등 과일류가 다양하게 있습니다. 또 종류에 따라 쓰임새도 다릅니다. 데이터도 마찬가지입니다. 우리가 만들려는 미트볼 파스타도 미트볼용 소고기와 토마토, 마늘, 양파 등 육류, 채소류, 과일류로 구분할 수 있습니다.

요리를 하려면 재료가 필요하듯이 데이터 분석을 하려면 데이터가 있어야 합니다. 그런데 우리가 무심하게 말하는 데이터란 무엇일까요? 데이터는 의미 있는 정보를 가진 모든 값입니다. 여러분의 나이, 키, 몸무게도 데이터고 성별과 다니는 학교, 직장도 데이터입니다. 기업에서는 상품 정보나 인적 사항, 매출 정보 등이 데이터입니다.

요리 재료를 육류, 채소류, 과일류로 분류할 수 있듯이 데이터도 특성에 따라 몇 가지 종류로 분류할 수 있습니다. 데이터 종류를 구분해서 사용하면 데이터 분석 작업을 좀 더 쉽게 할 수 있습니다(실무에서는 데이터 분석을 할 때 원천 데이터의 데이터 종류와 형태, 구조를 정리하는 데 시간이 많이 걸립니다). 이런 데이터의 종류를 자료형, 데이터형, 데이터 타입(data type)이라고 하는데, 이 책에서는 자료형으로만 칭하겠습니다.[2]

---

1 토마토는 채소이지만 이 책에서는 데이터 분석 예시를 위해 과일로 분류하겠습니다.
2 엄밀하게 말하면 자료형(data type)과 클래스(class)는 의미가 다르지만 이 책에서는 이해하기 쉽도록 class( ) 함수 분류 기준으로 자료형을 정리합니다.

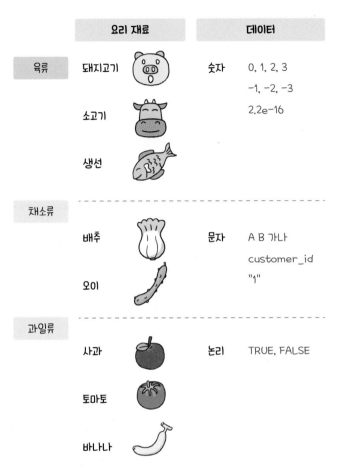

그림 4-1 | 요리 재료와 데이터의 종류 비교

R의 기본 자료형에는 정수(integer), 실수(double), 복소수(complex), 문자(character), 논리(logical) 등이 있습니다. 거의 쓸 일이 없는 복소수형은 제외하고, 정수형과 실수형은 숫자형으로 포함시켜 이 책에서는 다음 표와 같이 크게 세 가지로 구분합니다.

표 4-1 | 데이터 종류

자료형	예시	설명
숫자(numeric)	0, 1, -1, 0.5, 2.2e-16	2.2e-16은 2.2×10^{-16}
문자(character)	"가나", "customer_id", "1", 'sales_amt', '\r'	" "(큰따옴표), ' '(작은따옴표)로 둘러싸면 문자형
논리(logical)	TRUE, T, FALSE, F	TRUE와 T는 참, FALSE와 F는 거짓

자료형에 따라 사용할 수 있는 데이터 구조와 형태, 함수가 다릅니다. 각 자료형을 좀 더 자세히 알아보겠습니다.

숫자형

숫자형(numeric)은 숫자 체계를 갖는 데이터를 의미하는데 정수(integer), 실수(double)[3]를 포함하며 이를 숫자형이라고 합니다. 몇 가지 예로 살펴보겠습니다.

```
                  ┈┈ 오른쪽 값을 왼쪽 x 변수에 담습니다. 변수는 계속 변하는 값이면서 그 값을 저장하는 공간입니다.
> x <- c(1, 2, 3, 4, 5)              # 정수형 데이터, 변수에 할당
> x               ┈┈ c()는 데이터를 생성하거나 결합하는 함수로 combine, 즉 데이터를 묶는다는 의미입니다.
[1] 1 2 3 4 5          데이터를 선택할 때도 쓰므로 쉽게 '묶어 생성 혹은 선택한다'고 생각하면 됩니다.


> class(x)      # 데이터의 종류나 구조를 출력하는 함수, 숫자형으로 출력됨
[1] "numeric"


> x <- c(0.1, 0.2, 0.3, 0.4, 0.5)    # 실수형 데이터, 변수에 할당
> x
[1] 0.1 0.2 0.3 0.4 0.5


> class(x)                            # 숫자형으로 출력됨
[1] "numeric"
```

정수형과 복소수형으로도 출력해 보겠습니다.

---

3 소수 및 유리수와 무리수를 포함하는 모든 수를 의미합니다. 정수, 실수 개념이 헷갈린다면 이어지는 NOTE를 살펴봅니다.

```
> x <- c(1L, 2L, 3L, 4L, 5L)        # 정수형으로 출력하려고 끝에 명시적으로 L을 붙임
> x
[1] 1 2 3 4 5

> class(x)                          # 정수형으로 출력됨
[1] "integer"

> x <- 1+0i
> x
[1] 1+0i

                                          복소수는 complex라고 표현합니다.
> class(x)                          # 복소수형
[1] "complex"
```

class( ) 함수는 데이터 종류나 구조를 확인해서 출력합니다. 처음 예시에서 정수형이나 실수형은 숫자형(numeric)으로 출력되었는데, R에서는 명시적으로 (꼭 지정해서) 데이터를 정의하지 않으면 숫자형으로 출력됩니다. 즉, 숫자형에 이들이 모두 포함된다고 생각하면 됩니다. 일반적으로 실무에서는 앞서 분류한 숫자형 개념 내에서 주로 활용합니다. 복소수 개념까지 활용할 일은 거의 없지만, 분류는 이처럼 나눌 수 있다고 알아 둡니다.

> **NOTE**
>
> **수 체계**
>
> 중학교 때 배운 개념이지만, 이미 시간이 많이 흘러 다시 알 필요가 있다고 생각한다면 참고할 만한 수 체계입니다. 우리는 주로 실수와 정수를 다룰 것입니다.
>
>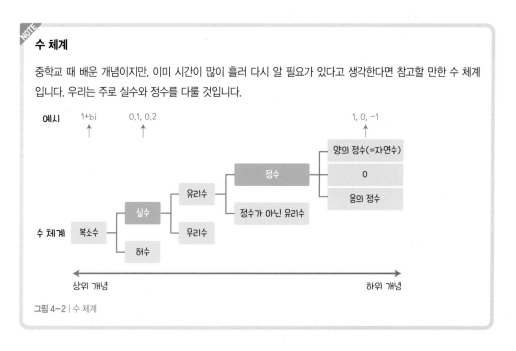
>
> 그림 4-2 | 수 체계

2 문자형

문자형(character)은 텍스트 형태를 의미합니다. 작은따옴표(')나 큰따옴표(")를 사용하여 '문자'나 "문자" 같은 형태로 입력하면 문자형이 됩니다. 작은따옴표와 큰따옴표의 쓰임새는 같으므로 어떤 것을 사용해도 상관없습니다.

```
> x <- c("A", "B", "C", "가", "나", "다")
> x
[1] "A"   "B"   "C"   "가" "나" "다"

> class(x)       # 문자형으로 출력됨
[1] "character"
```

숫자도 작은따옴표나 큰따옴표로 묶으면 문자로 인식합니다.

```
> x <- c("1", "2", "3")
> x
[1] "1" "2" "3"

> class(x)       # 문자형으로 출력됨
[1] "character"
```

class() 함수로 확인한 결과 모두 문자형으로 출력되었습니다. 예를 들어 "가나다라"처럼 한꺼번에 문자열로 묶어도 문자형이 됩니다.

3 날짜형

날짜형은 기본적으로 문자형으로 분류하지만, 날짜 계산 등을 위해 문자형을 날짜형으로 변환하여 사용할 수 있습니다. 20200118, 2020-01-18, 2020/01/18처럼 입력하면 날짜형으로 변환하여 표현할 수 있습니다.

```
> x <- "2018-01-18"
> x
[1] "2018-01-18"

> class(x)                      # 문자형으로 출력됨
[1] "character"

> x <- as.Date("2020-01-18")    # 날짜형으로 변환
> x
[1] "2020-01-18"

> y <- as.Date("2019-01-18")    # 날짜형으로 변환
> y
[1] "2019-01-18"
```
·······class() 함수 사이의 ; 표시는 이어지는 명령문도 같이 실행하라는 의미입니다.
```
> class(x); class(y)            # 날짜형으로 출력됨
[1] "Date"
[1] "Date"

> x-y                           # 날짜 연산
Time difference of 365 days
```

as.Date() 함수를 사용해서 문자형 데이터 값을 날짜형으로 변환하면 날짜형으로 출력되는 것을 class() 함수로 확인할 수 있습니다. 데이터가 날짜형이 되면 문자형에서는 불가능하던 날짜 계산이 가능합니다.

4 논리형

논리형(logical)은 참과 거짓을 나타내는 데이터입니다. 논리형 데이터는 진릿값이라고 하는데 참은 TRUE, 거짓은 FALSE로 표현합니다. 줄여서 T와 F로도 표현할 수 있습니다. 정확히 하면 TRUE와 T 형식은 의미가 조금 다르기 때문에 참을 표현하고자 할 때는 TRUE 형식으로 사용하는 것이 좋습니다. 진릿값은 불리언(boolean) 혹은 불이라고도 합니다.

```
> x <- TRUE       # 논리형 데이터 값(참)
> y <- FALSE      # 논리형 데이터 값(거짓)
> class(x); class(y)
[1] "logical"
[1] "logical"
```

x와 y는 논리형으로 출력되었습니다. 논리형에는 AND(&), OR(|), NOT(!) 같은 연산자를 같이 사용할 수 있습니다.

```
> x & x                      # TRUE 그리고 TRUE는 TRUE
[1]   TRUE

> x & y                      # TRUE 그리고 FALSE는 FALSE
[1] FALSE

> y & y                      # FALSE 그리고 FALSE는 FALSE
[1] FALSE

> (1 < 2) & (3 > 4)          # TRUE 그리고 FALSE는 FALSE(동시 만족 여부)
[1] FALSE

> (1 < 2) | (3 > 4)          # TRUE 또는 FALSE는 TRUE(선택 만족 여부)
[1]   TRUE

> !(1 < 2)                   # TRUE의 부정은 FALSE
[1] FALSE
```

이처럼 참과 거짓에 대해 어떤 논리 연산인지에 따라 결괏값이 결정됩니다. 논리 연산은 6장에서 자세히 알아보겠습니다.

5 그 외 데이터 표현

그 외 데이터 처리를 위한 특수한 상태를 나타내는 데이터 종류가 있는데, 주요한 것은 다음 표와 같습니다.

표 4-2 | 그 외 데이터 표현

표현 값	의미	설명
NA(Not Available)	측정되지 않은 값	값이 측정되지 않아 사용할 수 없음
NaN(Not a Number)	연산 불가능, 부적절한 값	예를 들어 0/0은 부적절한 연산
Inf, -Inf	무한 값	값이 너무 크거나 작아 연산이 어려움
NULL	정의되지 않은 값	값이 정의되지 않아 없음

이 중에서 NA(Not Available)는 결측 값 또는 결측치라고 하는데, 결측치를 처리하는 방법은 9장에서 다시 한번 다룹니다.

> **NOTE**
>
> **데이터 종류를 구분하는 class( ), mode( ), typeof( ) 함수**
>
> R에는 앞서 소개한 자료형 외에 다양한 자료형이 있습니다. 또 다른 분류 기준을 갖는 mode( )나 typeof( ) 함수로 데이터를 분류하면 분류 내용이 조금 달라지기도 합니다. 하지만 이 책에서는 실제 데이터를 어떻게 다루는지에 집중하므로 과유불급의 덫에 빠지지 않고자 다른 방식의 분류는 사용하지 않습니다. 대표적으로 많이 사용하는 class( ) 함수의 출력을 기준으로 설명합니다. 일반적인 상황에서는 이 책에서 제시한 데이터 분류만으로도 충분합니다. 필요하다면 향후 mode( )나 typeof( ) 함수로 분류하는 방법을 함께 알아보기 바랍니다.

UNIT 02 데이터 구조

R DATA ANALYSIS FOR EVERYONE

"요리 재료를 어떻게 관리해야 할까?"

요리 재료가 딱 하나만 있는 경우도 있겠지만, 대부분 요리하는 데는 다양한 재료를 넉넉하게 준비합니다. 이렇게 요리 재료가 많아지면 관리할 방법이 필요합니다. 관리하지 않으면 재료들이 아무렇게 방치되어 상하거나 서로 다른 재료끼리 섞일 수도 있으니까요. 요리 재료의 종류나 특성에 따라 관리하는 방법이 다를 텐데요. 예를 들어 굴비나 조기 등은 통풍과 건조를 위해 새끼줄로 묶어서 관리하면 좋고, 치킨 가게에서 프라이드 재료로 쓰는 닭은 부위별로 구분해서 관리해야 주문이 들어왔을 때 조리하기 편합니다. 하지만 일반적으로 가장 편리한 것은 종류별로 잘 정리해서 냉장고에 보관하는 것이겠지요. 우리가 만들려는 미트볼 파스타는 소고기, 토마토, 파스타 면, 치즈, 마늘, 양파 등 여러 재료가 필요하니 역시 다용도 냉장고에 넣어 관리하면 좋겠네요.

요리 재료는 다음 그림과 같이 다양한 방법으로 관리할 수 있습니다.

요리 재료	관리 방법	데이터 구조
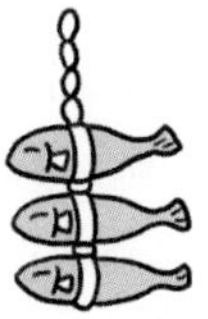 굴비	한 종류를 이어 묶어서	벡터
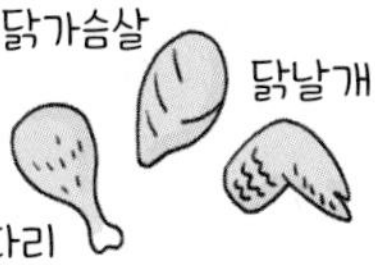 닭가슴살 닭날개 닭다리	한 종류를 부위별로 구분해서	팩터
	한 종류만 전용 냉장고에	행렬
	한 종류 전용 냉장고를 여러 개 쌓아 놓고	배열
 토마토 소고기 파스타면	여러 종류를 이름표 붙여서 상자에	리스트
	여러 종류를 다용도 냉장고에	데이터 프레임

그림 4-3 | 요리 재료의 관리와 데이터 구조

데이터 구조를 '요리 재료를 한 종류로 이어서 묶어 놓은 새끼줄(벡터), 한 종류를 부위별로 구분한 진공 비닐(팩터), 한 종류만 보관하는 전용 냉장고(행렬), 한 종류만 보관하는 전용 냉장고를 여러 개 쌓은 냉장고(배열), 여러 종류에 이름표를 붙여 보관한 상자(리스트), 여러 종류를 보관한 다용도 냉장고(데이터 프레임)'라고 생각하고 다음 표를 확인해 봅시다.

표 4-3 | 데이터 구조의 종류

데이터 종류	한 줄 혹은 여러 칸(차원)	설명	데이터 구조 이름
한 가지	한 줄로(1차원)	한 종류를 한 줄로 묶어서 보관	벡터(vector)
	한 줄로(1차원)	한 종류를 한 줄로 부위별로 구분해서 보관	팩터(factor)
	여러 칸으로(2차원)	한 종류를 여러 칸으로 전용 냉장고에 보관	행렬(matrix)
	여러 칸으로(n차원)	한 종류를 여러 칸으로 전용 냉장고를 늘어놓고 보관	배열(array)
여러 가지	한 줄로(1차원)	여러 종류 이름표를 붙여서 보관	리스트(list)
	여러 칸으로(2차원)	여러 종류를 여러 칸으로 다용도 냉장고에 보관	데이터 프레임 (data frame)

데이터 역시 쓰임과 목적에 따라 관리하는 방법이 여러 가지입니다. 데이터는 특성에 적합한 구조로 관리해야 효율적으로 다룰 수 있는데, 데이터를 관리하는 구조를 데이터 (관리) 구조(data structure)라고 합니다. 요리 재료와 마찬가지로 데이터 분석을 위한 데이터 개수도 역시 한 개 이상입니다. 많은 데이터를 효율적으로 관리하려면 데이터 구조가 꼭 필요합니다. R은 이름이 스칼라(scalar)[4], 벡터(vector), 팩터(factor), 행렬(matrix), 배열(array), 리스트(list), 데이터 프레임(data frame)인 데이터 구조로 데이터를 관리합니다. 각 데이터 구조의 특징을 간략하게 다시 정리하면 다음 표와 같습니다.

표 4-4 | 데이터 구조의 특징

구분	데이터 종류가 한 가지	데이터 종류가 여러 가지
1차원	벡터	리스트
2차원	행렬	데이터 프레임
n차원	배열	

R 데이터 구조에서 차원이란 다음 그림과 같이 1차원, 2차원, n차원(여러 차원)을 의미합니다.

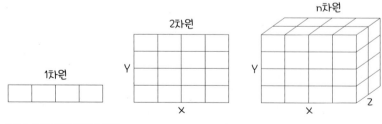

그림 4-4 | R 데이터 구조에서 차원

---

4 스칼라는 1 같은 단일 값을 의미합니다. 길이가 1인 벡터라고 생각해도 됩니다.

미리 언급하자면, 쓰임새가 조금씩 다르기는 하지만 데이터 구조 중 가장 유연하고 많이 쓰는 것은 데이터 프레임입니다. 다른 데이터 구조가 조금 어렵게 느껴진다면 벡터와 데이터 프레임 구조를 먼저 익히고 나머지는 나중에 익히는 것도 좋습니다. 데이터 분석 목적을 달성하려면 알맞은 데이터를 선택해서 가공하는 일은 매우 중요합니다. 그렇기 때문에 이 책에서는 각 데이터 구조별로 데이터를 선택하는 방법을 구분해서 설명하겠습니다.

그럼 R 데이터 구조의 가장 기본이라고 할 수 있는 벡터부터 알아보겠습니다.

 벡터

벡터는 크기와 순서가 있는 데이터 집합으로, R의 가장 기본적인 데이터 구조입니다. 벡터는 한 종류의 자료형만 가지며, 데이터 값이 다음 그림과 같이 1차원으로 쭉 나열된 형태입니다. 한꺼번에 처리할 수 있는 데이터를 묶어 둔 개념으로, R의 다른 데이터 구조를 다시 구성하는 기초 구조이기도 합니다.

1	2	3	4

그림 4-5 | 벡터 구조

벡터는 기본적으로 c( ) 함수를 사용하여 생성합니다. c( ) 함수의 괄호 안에 데이터 값을 나열해서 데이터 묶음을 만든 후 그 값을 x에 할당해 보겠습니다.

```
> x <- c(1, 2, 3, 4, 5)
> x
[1] 1 2 3 4 5

> class(x)
[1] "numeric"
```

x 변수에 데이터 값들이 할당되었고, class( ) 함수를 사용해서 확인해 보니 자료형은 숫자

형(numeric)이라고 출력되었습니다. 그럼 숫자형과 문자형 데이터 값을 같이 벡터로 묶으면 자료형은 어떻게 될까요?

```
> x <- c(1, 2, 3, 4, 5, "A")        # 숫자형과 문자형(" ")을 같이 할당
> x
[1] "1" "2" "3" "4" "5" "A"

> class(x)                          # 문자형으로 출력됨
[1] "character"
```

벡터는 한 가지 자료형만 가질 수 있기 때문에 1, 2, 3, 4, 5, "A" 묶음 벡터는 문자형으로 자동 변환됩니다. 어떤 자료형이 다른 자료형으로 자동 변환되는지 모두 외울 필요는 없습니다. 수동으로 자료형을 변환하는 방법도 6장에서 배울 것입니다.[5]

2 벡터 구조에서 데이터 선택하기

R에서는 데이터 구조도 중요하지만, 구조에 따라 데이터를 선택하는 방법도 중요합니다. 데이터를 선택하는 것을 R에서는 서브세팅(subseting)(부분 집합)이라고 하는데, 이 책에서는 '선택'이라는 단어로 표현하겠습니다. 벡터 구조에서 데이터를 선택하는 방법은 다음 표와 같습니다.

표 4-5 | 벡터 구조에서 데이터 선택 방법

선택 방법	의미	설명
x[n]	벡터 x의 n번째 데이터 값	대괄호를 사용하여 데이터 값 선택
x[-n]	벡터 x에서 n번째 요소를 제외한 나머지	음수를 사용하여 특정 데이터 값 제외
x[c(loc1, loc2)]	벡터 x의 위치에 지정된 데이터 값	위치를 이용하여 특정 복수 데이터 값 선택
x[s:e]	벡터 x의 시작 s부터 끝 e까지	시작과 끝을 지정하여 데이터 값 선택
x[조건식]	조건에 해당하는 벡터의 데이터 값	조건식을 이용하여 조건에 해당하는 데이터 값 선택

---

5 이처럼 자료형을 변환하는 것을 형변환이라고 합니다.

벡터는 일렬로 나열된 데이터 값이며, 데이터 나열 순서에 따라 데이터 위치(좌표)로 접근하여 선택합니다. 다양한 방법으로 벡터 데이터 값을 선택해 보겠습니다. R에서는 1부터 위치(좌표)를 시작합니다.

데이터 값	1	2	a	4
위치	1	2	3	4

그림 4-6 | 벡터 데이터 값과 데이터 위치

```
> x <- c(1, 2, "a", 4)
> x
[1] "1" "2" "a" "4"

> x[2]            # 두 번째 데이터를 선택
[1] "2"

> x[3]            # 세 번째 데이터를 선택
[1] "a"

> x[c(2, 3)]      # 두 번째와 세 번째 데이터를 선택
[1] "2" "a"

> x[2:3]          # 2에서 3까지 데이터를 선택
[1] "2" "a"

> x[-1]           # 첫 번째 데이터만 빼고 선택
[1] "2" "a" "4"

> x[x=="a"]       # x가 a인 값을 선택, '==는 같다면'이라는 의미
[1] "a"
```

벡터 x에 대해 다양한 방법으로 데이터를 선택하여 출력되었습니다.

3 팩터

팩터(factor)는 카테고리로 분류할 수 있는 데이터 값, 즉 범주형 데이터를 관리하는 데이터 구조입니다.

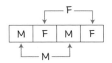

그림 4-7 | 팩터 구조

범주형 데이터란 범주(카테고리, 레벨)를 갖는 데이터로, 정해진 유형의 데이터만 가진 데이터를 의미합니다. 예를 들어 남녀의 성별(M, F), 혈액형(A, B, AB, O)처럼 말이죠. 팩터 구조에서 데이터는 숫자 형태(2, 4 등)로 만들더라도 크기를 의미하지 않기 때문에 더하기, 빼기 같은 산술 계산은 할 수 없습니다.

남녀 성별(M, F)을 팩터 구조로 만들어 보겠습니다.

```
> x <- factor(c("M", "F", "F", "M"))    # 팩터 구조의 데이터를 변수에 할당
> x
[1] M F F M ┈┈┈ 만들어진 데이터 값
Levels: F M ┈┈┈ 범주

> class(x)                              # 팩터형으로 출력됨
[1] "factor"
```

x에 할당된 값을 확인해 보면 결과가 두 줄로 나옵니다. 첫 번째 줄은 구성 데이터 값들이 출력되고, 두 번째 줄은 어떤 범주로 되어 있는지 나타내는 Levels가 출력됩니다. 앞 예시에서 범주는 M, F이며 class( ) 함수로 확인한 결과 데이터 구조는 팩터입니다. 범주는 levels( ) 함수를 사용해서 확인하거나 수정할 수 있습니다. levels( ) 함수를 사용하여 범주 값을 바꾸어 보겠습니다.

```
> levels(x)                    # 범주를 확인
[1] "F" "M"

> levels(x) <- c("A", "B")     # F, M을 A, B로 대체
> x
[1] B A A B
Levels: A B
```

levels( )와 c( ) 함수를 함께 사용하면 앞서 할당했던 데이터 값 F, M을 A와 B로 대체할 수 있습니다.

 4 **팩터 구조에서 데이터 선택하기**

데이터 선택은 벡터 구조와 같습니다. 데이터 값을 선택해 보겠습니다.

```
> x[1]
[1] B
Levels: A B ····· 범주는 A와 B가 있습니다.

> x[1:3]
[1] B A A
Levels: A B

> x[2:3]
[1] A A
Levels: A B
```

각각 첫 번째 데이터 값, 첫 번째에서 세 번째 데이터 값, 두 번째에서 세 번째 데이터 값이 선택되었습니다.

5 행렬

행렬(matrix)은 매트릭스라고도 하는데, 행(row)과 열(column)로 구성된 2차원 구조를 의미합니다. 1차원 벡터를 2차원으로 만든 것과 개념이 같습니다. 행렬은 한 가지 종류의 자료형으로만 구성할 수 있습니다.

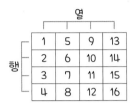

그림 4-8 | 행렬 구조

행렬을 만드는 형식은 다음과 같습니다.

matrix(데이터, 행개수, 열개수)

1에서 20까지 숫자 값으로 5행 4열을 갖는 행렬을 만들어 보겠습니다.

행렬 데이터 구조가 만들어졌습니다. 왼쪽과 위쪽의 [,]는 [행, 열]의 좌표를 나타냅니다.[6] 2차원 R 데이터 구조에서 데이터 접근의 기본 순서는 [행, 열]인 것을 기억하세요.

 6 행렬 구조에서 데이터 선택하기

행렬 구조에서 데이터 값은 다음과 같이 선택합니다.

```
x[행, 열]
```

```
> x[1, 2]      # 첫 번째 행, 두 번째 열 위치 선택
[1] 6
```

첫 번째 행, 두 번째 열 위치 값인 6이 출력되었습니다. 이외에도 다음과 같이 여러 형태로 응용할 수 있습니다.

```
> x[2:4, ]        # 2~4행을 선택, 모든 열을 선택
     [,1] [,2] [,3] [,4]
[1,]   2    7   12   17 ------------2~4행을 선택했지만 [1,] [2,] [3,]으로 표현됩니다.
[2,]   3    8   13   18
[3,]   4    9   14   19
```
   └----- 벡터처럼 일렬로 표현됩니다.
```
> x[2:4, 2]       # 2~4행을 선택, 두 번째 열을 선택
[1] 7 8 9
```
   └------- −(마이너스)는 제외하라는 의미입니다.
```
> x[-2, ]         # 2행만 빼고 모두 선택, 모든 열을 선택
     [,1] [,2] [,3] [,4]
[1,]   1    6   11   16
[2,]   3    8   13   18
[3,]   4    9   14   19
[4,]   5   10   15   20
```

---

6 rownames( ), colnames( ) 함수로 행 이름과 열 이름도 넣을 수 있습니다.

행렬을 생성하면 기본적으로 왼쪽부터 위에서 아래로 데이터 값을 열에 채웁니다. 첫 행 왼쪽부터 오른쪽으로 행을 먼저 채우려면 열 개수를 지정한 후 byrow = TRUE 옵션을 사용합니다.

```
> matrix(1:20, 5, 4, byrow = TRUE)
     [,1] [,2] [,3] [,4]
[1,]    1    2    3    4
[2,]    5    6    7    8
[3,]    9   10   11   12
[4,]   13   14   15   16
[5,]   17   18   19   20
```

행을 기준으로 왼쪽에서 오른쪽으로 채워진 것을 확인할 수 있습니다.

7 배열

배열(array)은 행렬과 유사하지만, 차원(dim=dimension) 속성을 가진 데이터 구조입니다. '어레이'라고도 합니다.

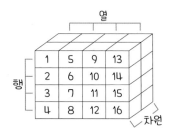

그림 4-9 | 배열 구조

배열은 다음과 같이 만들 수 있습니다.

```
array(데이터, c(행개수, 열개수, 차원))
```

1부터 2까지 구성된 행 다섯 개, 열 네 개, 차원 두 개를 갖는 3차원 배열을 만들어 보겠습니다.

```
> x <- array(1:2, c(5, 4, 2))      # 1과 2 값으로 5행, 4열, 2차원
> x
, , 1 ----- 차원

     [,1] [,2] [,3] [,4]
[1,]    1    2    1    2
[2,]    2    1    2    1
[3,]    1    2    1    2
[4,]    2    1    2    1
[5,]    1    2    1    2

, , 2

     [,1] [,2] [,3] [,4]
[1,]    1    2    1    2
[2,]    2    1    2    1
[3,]    1    2    1    2
[4,]    2    1    2    1
[5,]    1    2    1    2

> class(x)
[1] "array"
```

배열 구조가 만들어졌습니다.

8 배열 구조에서 데이터 선택하기

배열 구조에서 데이터를 선택하는 방법은 행렬 구조와 같습니다.

```
x[행, 열, 차원]
```

특정 데이터 값을 선택해 보겠습니다.

```
> x[1, 2, 2]      # 1행, 2열, 2차원 위치 값을 선택
[1] 2
```

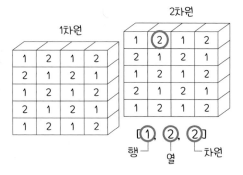

그림 4-10 | 배열 구조에서 데이터 선택

첫 번째 행, 두 번째 열, 두 번째 차원에 위치하는 데이터 값이 출력되었습니다.

9 리스트

리스트(list)는 숫자나 문자처럼 여러 종류의 자료형을 가질 수 있으며 벡터뿐만 아니라 행렬, 배열 등 데이터 구조도 담을 수 있습니다. 리스트는 이름표를 붙여 요리 재료를 담아 둔 재료 상자를 떠올리면 이해하기 쉽습니다.[7]

---

7   예시를 들어 최대한 쉽게 설명하겠지만 조금 어려우면 일단 넘어가도 좋습니다.

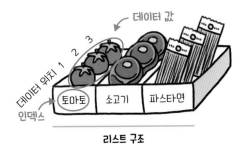

그림 4-11 | 리스트 구조와 요리 재료 상자

상자 이름표는 인덱스(index)(색인)라고 하며, 상자 안 요리 재료는 데이터 값이라고 합니다. 리스트 구조의 출력 형태를 알기 쉽게 그림으로 표현하면 다음과 같습니다.

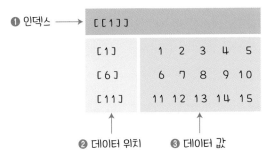

그림 4-12 | 리스트 구조 출력 형태

❶ 인덱스: 데이터 값이 담긴 색인, 요리 재료 상자의 이름표라고 할 수 있습니다.

❷ 데이터 위치: 담겨 있는 데이터들의 순서에 따른 위치입니다. 예를 들어 6은 여섯 번째 위치입니다. 데이터 값이 1, 2, 3, 4, 5, 5, 6, 7, …처럼 담겨 있다면 여섯 번째 위치에는 5로 표현됩니다. 데이터 값의 순서에 따른 위치를 표현할 뿐 인덱스나 데이터 값이 아님에 유의하세요. 요리 재료들이 놓인 순서입니다.

❸ 데이터 값: 인덱스에 담긴 데이터 값입니다. 요리 재료라고 할 수 있습니다.

예시로 살펴보겠습니다. 다음 예시는 인덱스를 두 개 갖는 리스트를 생성하는 코드입니다.

```
            ┌───── 인덱스 1은 1부터 5까지 데이터 값을 가집니다.
> x <- list(c(1:5), c(1:50))
> x                      └───── 인덱스 2는 1부터 50까지 데이터 값을 가집니다.
[[1]]
[1] 1 2 3 4 5


[[2]]┈┈┈ 인덱스 2                    ┌───── 1번부터 19번 위치까지 담긴 데이터 값입니다.
 [1]  1  2  3  4  5  6  7  8  9 10 11 12 13 14 15 16 17 18 19
[20] 20 21 22 23 24 25 26 27 28 29 30 31 32 33 34 35 36 37 38
[39] 39 40 41 42 43 44 45 46 47 48 49 50
   └┈┈┈┈┈ 39는 39번째를 의미합니다.
```

출력 결과를 살펴봅시다. 지정한 데이터 값으로 인덱스를 두 개 갖는 리스트가 생성된 것을 확인할 수 있습니다. 인덱스 2는 1부터 50까지 값을 갖는데, 데이터가 길기 때문에 중간중간 [ ]로 데이터 위치가 어디인지 표현하고 있습니다.[8]

리스트는 기본적으로 위치를 가리키는 인덱스와 그 안에 담긴 데이터 값으로 관리하지만, 이름으로도 관리할 수 있습니다. 이 경우 인덱스는 키(key)라고 하며, 데이터 값은 밸류(value)라고 합니다.

다음은 키와 밸류로 묶어서 만든 리스트 구조의 예입니다.

```
> # flower, color는 키, rose, red, white는 밸류
> x <- list(flower = "rose", color = c("red", "white"))
> x
$flower ┈┈┈┈┈ 키(key): 인덱스와 같습니다.
[1] "rose" ┈┈┈┈┈ 밸류(value): 데이터 값과 같습니다.

$color
[1] "red"   "white"
```

---

8 [ ]에 표시되는 숫자는 콘솔 창의 가로 크기에 따라 달라집니다.

flower와 color라는 키로 리스트가 만들어졌습니다. flower 키는 밸류로 "rose"를 갖고, color 키는 밸류로 "red", "white"를 갖습니다.

 10 리스트 구조에서 데이터 선택하기

리스트 구조에서 데이터를 선택하는 방법은 다음 표와 같습니다.

표 4-6 | 리스트 구조에서 데이터 선택 방법

접근	선택 방법	설명	반환값
인덱스 쪽으로 접근	x[n]	리스트 x의 인덱스 n과 데이터 값	리스트
데이터 값 쪽으로 접근	x[[n]]	리스트 x의 인덱스 n에 담긴 데이터 값	실제 데이터 값
	x$key(키/밸류 형태인 경우)	리스트 x의 키(인덱스)에 담긴 밸류 값 (데이터 값)	실제 데이터 값

데이터를 선택하는 방법을 알아보겠습니다. 인덱스는 상자의 이름표고, 데이터 값은 상자 안의 요리 재료라고 했습니다. 데이터를 다룰 때 상자 채로 선택하는 것이 효율적인 경우가 있고, 재료들을 직접 선택하는 것이 효율적인 경우가 있습니다. R에서는 인덱스로 접근할 때는 [ ]를 사용하고, 데이터 값(벡터)으로 접근할 때는 [[ ]]를 사용합니다.

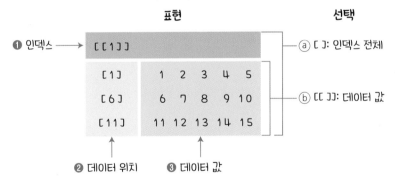

그림 4-13 | 리스트 구조와 데이터 선택 방법 상세

ⓐ [ ]: 인덱스 전체 선택(선택 값: ❶ + ❷ + ❸)

ⓑ [[ ]]: 데이터 값 선택(선택 값: ❷ + ❸)

앞선 예시에 대해 데이터를 선택해 보겠습니다.

```
> x <- list(c(1:5), c(1:50))
> x
[[1]]
[1] 1 2 3 4 5


[[2]]
 [1]  1  2  3  4  5  6  7  8  9 10 11 12 13 14 15 16 17 18 19
[20] 20 21 22 23 24 25 26 27 28 29 30 31 32 33 34 35 36 37 38
[39] 39 40 41 42 43 44 45 46 47 48 49 50


> x[1]          # 인덱스 1을 선택
[[1]]------ 인덱스까지 선택됩니다.
[1] 1 2 3 4 5


> x[[1]]        # 인덱스 1의 데이터 값을 선택
[1] 1 2 3 4 5
```

x[1]로 접근하면 인덱스 1까지 선택했고, x[[1]]로 접근하면 인덱스 1의 데이터 값만 선택했습니다. 키와 밸류 형태에서도 데이터를 선택해 보겠습니다.

```
> # flower는 키, red와 white는 밸류
> x <- list(flower = "rose", color = c("red", "white"))
> x
$flower
[1] "rose"


$color
[1] "red"   "white"


> x[1]         # x[n] 응용. 인덱스 1(=flower)을 선택
```

```
$flower ----- 인덱스(키)까지 선택됩니다.
[1] "rose"


> x[[1]]          # x[[n]] 응용, 인덱스 1(=flower)의 데이터 값을 선택
[1] "rose"


> x$flower        # x$key 응용, x[[1]]과 같음
[1] "rose"
```

x[n]은 x 리스트에 있는 인덱스로 접근합니다. x[[n]]과 x$key는 인덱스(키) 내에 데이터 값으로 접근합니다. 그래서 데이터 값을 직접 선택하려면 x[[n]]이나 x$key를 사용해야 합니다. 요리를 준비하다 보면 토마토 상자째로 운반해야 할 때와 토마토 몇 개만 선택해서 운반해야 할 때가 있습니다. 리스트에서 데이터 선택은 상자 이름표(인덱스)로 접근해서 상자째 선택하느냐(리스트) 토마토(데이터 값)로 접근해서 토마토(데이터 값)만 선택하느냐의 차이라고 생각하면 쉽습니다.

앞서 살펴보았듯이 리스트는 데이터에 접근하고 관리하는 것이 자유롭습니다. 하지만 사용자에게는 이런 점이 오히려 불편하고 어려운 요소가 될 수 있는데, 사용자에게 좀 더 익숙하고 직관적인 데이터 구조가 데이터 프레임입니다.

11 데이터 프레임

앞서 미트볼 파스타를 만들려면 다양한 음식 재료가 필요하며, 쉽게 관리하려면 종류별로 냉장고에 모아 놓고 관리하는 것이 좋다고 이야기했습니다. 데이터 프레임은 다양한 데이터를 자료형별로 모아서 2차원으로 관리하는 냉장고와 구조가 같습니다.

여러 요리 재료를 종류별로 담은 냉장고를 세로로 눕혀 봅시다.

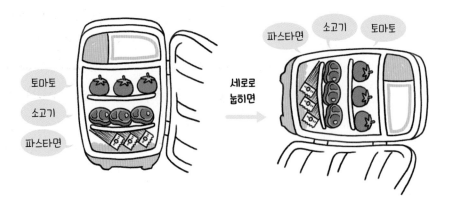

그림 4-14 | 다용도 냉장고와 데이터 프레임

그러면 다음 그림과 같은 데이터 프레임의 모습이 됩니다.

	소고기(그램)	토마토(개)	파스타(그램)	치즈(장)
1인분	50	1	150	1
2인분	100	2	300	2
3인분	150	3	450	3
4인분	200	4	500	4

그림 4-15 | 데이터 프레임으로 표현한 미트볼 파스타 관리 구조

데이터 프레임은 2차원 구조인 행렬과 비슷하지만 각 열이 자료형을 다른 종류로 가질 수 있다는 점이 다릅니다. 엑셀(Excel)의 데이터 시트를 생각하면 됩니다. 각 열에는 데이터 값을 대표하는 열 이름이 정해지고, 각 행에는 매번 관측해서 얻은 실제 데이터 값이 존재합니다. 미트볼 파스타 데이터 프레임의 각 열은 요리 재료를 대표하는 이름이고, 각 행은 방문하는 고객 수에 필요한 요리 재료량의 관측 값이라고 하면 되겠네요.

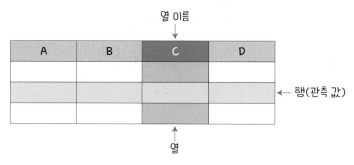

그림 4-16 | 데이터 프레임 구조

데이터 프레임은 R에서 가장 많이 쓰는 데이터 구조이며, 열 이름이 있습니다. 데이터 프레임을 만드는 형식은 다음과 같습니다.

data.frame(열이름 = c(데이터1, 데이터2, ...), 열이름 = c(데이터1, 데이터2, ...), ...)

그럼 간단한 데이터 프레임을 만들어 보겠습니다.

```
> # 행과 열을 각각 네 개씩 갖는 데이터 프레임
> df <- data.frame(name = c("kim", "lee", "choi", "park"), age = c(32, 25,
18, 39), height = c(170, 175, 168, 180), weight = c(63, 66, 59, 70))
> df
  name age  height weight
1  kim  32     170     63
2  lee  25     175     66
3 choi  18     168     59
4 park  39     180     70

> class(df)
[1] "data.frame"
```

행과 열을 네 개씩 갖는 데이터 프레임이 만들어졌습니다. 행 왼쪽에는 1~4의 행 번호가 함께 출력됩니다. 행 번호가 아닌 행 이름으로 표현되는 경우도 있습니다. 데이터 프레임을 만드는 것은 다음과 같이 응용도 가능합니다.

```
> name <- c("kim", "lee", "choi", "park")      # name 변수에 데이터 값을 할당
> age <- c(32, 25, 18, 39)                      # age 변수에 데이터 값을 할당
> weight <- c(63, 66, 59, 70)                   # weight 변수에 데이터 값을 할당
> height <- c(170, 175, 168, 180)               # height 변수에 데이터 값을 할당
> df <- data.frame(name, age, height, weight)   # 각 변수를 묶어서 df 변수에 할당.
                                                 # 각 변수는 열 이름이 됨


> df
   name age  height weight
1  kim  32      170     63
2  lee  25      175     66
3 choi  18      168     59
4 park  39      180     70
```

기본 문법을 지키면서 다른 방식으로 데이터 프레임을 만든 것을 확인할 수 있습니다. 생성된 데이터 프레임을 다시 한번 살펴보면 다음 그림과 같습니다.

열 네 개			
name	age	height	weight
kim	32	170	63
lee	25	175	66
choi	18	168	59
park	39	180	70

행 네 개

그림 4-17 | 데이터 프레임 사례의 예시

행은 가로로 나열된 데이터 값의 집합으로 행 네 개로 구성되어 있습니다. 행은 로우(row), 관측 값(observation), 케이스(case)라고도 합니다. 어떤 것을 관찰했을 때 발생한 개별 관측 값 혹은 사례라고 생각하면 됩니다. 앞 데이터 프레임의 행은 사람의 나이, 키, 몸무게 같은 개별 관측 값이라고 보면 되겠지요.

열은 세로로 나열된 데이터 값의 집합으로 사람의 이름, 나이, 키, 몸무게를 나타내는 속성 네 개로 구성되어 있습니다. 각 열의 데이터 값들은 같은 성질인 것을 확인할 수 있습니다. 열은 컬럼 혹은 변수(variable)[9]라고도 합니다. 살펴본 바와 같이 관점에 따라 행과 열을 부르는 명칭이 다양하지만, 이 책에서는 가급적 행과 열로만 부르겠습니다.

사실 실무에서 데이터는 앞 예시처럼 일일이 데이터를 만드는 경우보다 이미 생성된 데이터를 데이터 프레임에 담아 사용할 때가 더 많습니다. 이 경우는 뒷장에서 자세히 다루겠습니다.

잠 깐 만 요

다양한 데이터 구조를 사용하는 이유

어떤 독자는 "데이터 프레임이 그렇게 유용하다면 모든 데이터 구조를 데이터 프레임으로만 쓰면 되지 않을까요?"라는 의문이 생길 것입니다. 어느 정도는 맞는 말입니다. 다만 무조건 데이터 프레임으로 데이터 구조를 만들면 컴퓨터 메모리를 많이 차지하여 비효율적으로 사용하게 됩니다. 또 분석 기법에 따라 데이터 프레임 말고 다른 데이터 구조를 사용하는 데 더 용이할 때가 있습니다. 이는 마치 닭 잡는 데 소 잡는 칼을 쓰지 않는 것과 같다고 할까요? 데이터와 데이터 분석 기법에 맞는 데이터 구조를 선택하여 사용하면 좋습니다.

12 데이터 프레임 구조에서 데이터 선택하기

데이터 프레임에서 데이터는 '행과 열의 위치' 또는 '행과 열의 이름'으로 선택할 수 있습니다. 행과 열의 위치로 데이터를 선택하는 것은 능률적이지만, 이름으로 선택하는 것은 좀 더 직관적입니다. 위치로 접근할 때는 좌표를 사용하고, 이름으로 접근할 때는 열 이름이나 행 이름을 사용합니다.

R 데이터 프레임 구조에서 데이터를 선택하는 방법을 다음 순서로 구분하여 알아보겠습니다.

---

9 지금까지 언급한 변수와는 의미가 다릅니다. 헷갈리면 열이라고 기억하세요.

1. 행과 열의 위치로 선택(좌표 사용)

- 행을 기준으로

- 열을 기준으로

- 행과 열을 기준으로

2. 행과 열의 이름으로 선택(이름 사용)

- 행을 기준으로

- 열을 기준으로

- 행과 열을 기준으로

■ 행과 열의 위치로 선택

데이터 값은 행과 열의 위치로 선택할 수 있습니다. 데이터 프레임은 2차원 구조이므로 위치 좌표로 선택한다고 할 수도 있습니다.

데이터 프레임 df

	열 좌표			
	1	2	3	4
1	1,1	1,2	1,3	1,4
2	2,1	2,2	2,3	2,4
3	3,1	3,2	3,3	3,4
4	4,1	4,2	4,3	4,4

행 좌표

그림 4-18 | 데이터 프레임의 좌표

앞서 만든 사람별 신체 정보 데이터 프레임을 기준으로 확인해 보겠습니다. 먼저 특정 값을 선택하겠습니다. 행렬이나 배열 때와 마찬가지로 '데이터[행, 열]' 형식으로 접근하면 됩니다. 다만 데이터 프레임에서 데이터를 선택할 때 행과 열을 모두 지정하지 않고 '데이터프레임[1]'처럼 지정한다면, 기본 선택은 열이 되는 것에 유의하기 바랍니다.[10]

---

10 열을 여러 개 선택하는 '데이터[c(열1, 열2, …)]'의 변형된 형태입니다. 이 경우는 데이터[c(1)]이라는 의미와 같습니다.

먼저 특정 행을 기준으로 선택해 보겠습니다.

		1	2	3	4
df[1,]	1	1,1	1,2	1,3	1,4
	2	2,1	2,2	2,3	2,4
df[3,]	3	3,1	3,2	3,3	3,4
	4	4,1	4,2	4,3	4,4

그림 4-19 | 데이터 프레임 위치로 특정 행 선택

```
           ┄┄┄┄┄ 열이 지정되지 않았다면 전체를 선택한다는 의미입니다.
> df[1,  ]        # 첫 번째 행을 선택
    name age   height weight
1   kim  32      170     63


> df[3,  ]        # 세 번째 행을 선택
    name age   height weight
3  choi  18      168     59
```

첫 번째와 세 번째 행을 선택해 보았습니다.

여러 건을 동시에 선택해야 한다면 앞서 배운 c( ) 함수로 묶어 주면 됩니다.

```
> df[c(1, 3), ]      # 첫 번째와 세 번째 행을 선택
    name age   height weight
1   kim  32      170     63
3  choi  18      168     59
```

첫 번째와 세 번째 행이 선택되었습니다.

여러 건을 연이어서 선택하려면 : 연산자를 사용합니다.

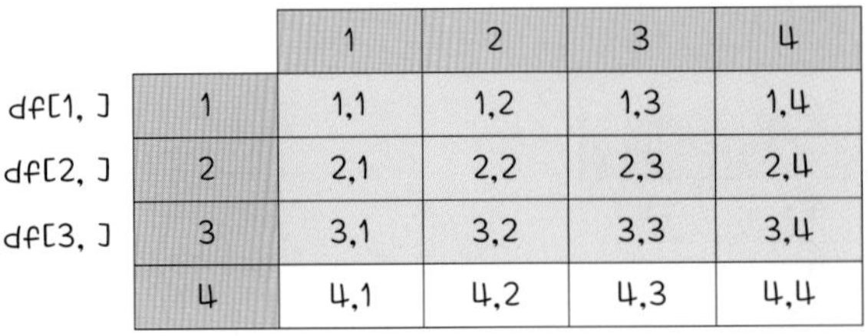

그림 4-20 | 데이터 프레임 위치로 연이어 행 선택

```
> df[1:3, ]        # 1~3행을 선택
  name age  height weight
1 kim  32     170     63
2 lee  25     175     66
3 choi 18     168     59
```

열을 기준으로 선택하는 것도 마찬가지입니다. 두 번째 열을 선택해 보겠습니다.

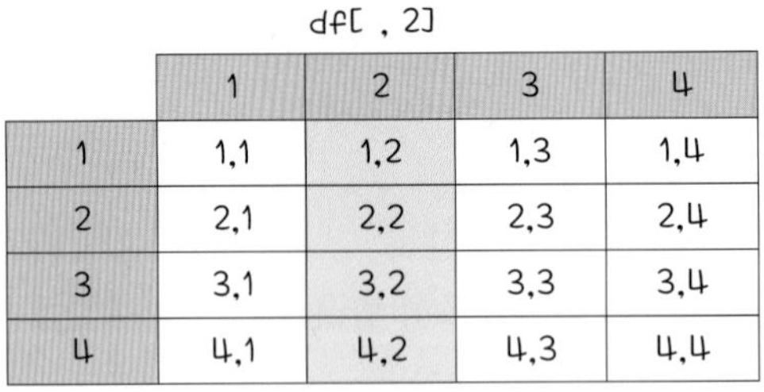

그림 4-21 | 데이터 프레임 위치로 열 선택

```
> df[ , 2]        # 두 번째 열을 선택
[1] 32 25 18 39
```

두 번째 열이 선택되었습니다. 다만 기본적으로 R은 데이터 구조가 1차원이 되면 벡터 형태의 일렬로 출력하는데, 원래 데이터 프레임 형태대로 세로 형태로 출력하고 싶다면 drop = FALSE 옵션을 사용합니다.

```
> df[ , 2, drop = FALSE]        # 두 번째 열을 선택, 세로를 출력
  age
1  32
2  25
3  18
4  39
```

세로 형태로 출력되었습니다.

행과 열을 기준으로 선택하는 것도 가능합니다.

		df[, 1]	df[, 2]		
		1	2	3	4
df[1,]	1	1,1	1,2	1,3	1,4
	2	2,1	2,2	2,3	2,4
df[3,]	3	3,1	3,2	3,3	3,4
	4	4,1	4,2	4,3	4,4

그림 4-22 | 데이터 프레임 위치로 행과 열 기준 선택

```
> df[c(1, 3),  c(1, 2)]        # 첫 번째와 세 번째 행, 첫 번째와 두 번째 열을 선택
  name age
1  kim  32
3 choi  18
```

첫 번째와 세 번째 행을 선택하고, 첫 번째와 두 번째 열을 선택해서 출력되었습니다. 특정 데이터 값을 선택하는 것도 가능합니다.

```
> df[2, 2]
[1] 25
```

두 번째 행과 두 번째 열에 있는 데이터 값 25가 출력되었습니다.

■ 행과 열의 이름으로 선택

위치로 데이터를 선택하는 방법은 익숙해지기 전까지는 직관적이지 않다는 단점이 있습니다. 데이터 프레임에서 데이터 선택은 행 이름과 열 이름으로도 선택할 수 있습니다. 데이터 프레임에서는 행 이름을 문자 형태로 표현할 수 있는데, 앞서 실습하던 데이터에 대해 행 이름을 붙여 보겠습니다.

```
> rownames(df) <- c("one", "two", "three", "four")  # rownames: 행 이름을 붙이는 함수

> df
      name age height weight
one    kim  32    170     63
two    lee  25    175     66
three choi  18    168     59
four  park  39    180     70
```

rownames() 함수는 행 이름을 붙입니다. df 데이터 프레임의 행에 대해 one, two, three, four로 명명했습니다. 데이터 선택 방법은 동일합니다. 행 이름이 문자 형태이므로 큰따옴표(")로 묶어 준다는 점만 다릅니다. 행 이름을 기준으로 첫 번째와 세 번째 행만 선택해 보겠습니다.

	name	age	height	weight
one	kim	32	170	63
two	lee	25	175	66
three	choi	18	168	59
four	park	39	180	70

그림 4-23 | 데이터 프레임 이름으로 행 선택

```
> df[c("one", "three"), ]
      name age height weight
one    kim  32    170     63
three choi  18    168     59
```

one, three 행이 선택되었습니다.

열을 기준으로 열 이름으로 선택해 보겠습니다. 1차원이 되면 벡터 형태로 출력되므로 원래
모양처럼 출력하려고 drop = FALSE 옵션을 추가하겠습니다.

	name	age	height	weight
one	kim	32	170	63
two	lee	25	175	66
three	choi	18	168	59
four	park	39	180	70

그림 4-24 | 데이터 프레임 원래 모양으로 출력

```
> df[, "age", drop = FALSE]
      age
one    32
two    25
three  18
four   39
```

age 열이 출력되었습니다.

행과 열 기준으로 데이터를 선택하는 방법도 동일합니다. one과 three 행, name과 age 열을
선택하여 출력해 보겠습니다.

	name	age	height	weight
one	kim	32	170	63
two	lee	25	175	66
three	choi	18	168	59
four	park	39	180	70

그림 4-25 | 데이터 프레임 이름으로 행과 열 기준 선택

```
                    ┌----- 선택할 행
> df[c("one", "three"), c("name", "age")]
                                 └----- 선택할 열
        name age
one      kim  32
three   choi  18
```

열 이름으로 접근하여 데이터를 선택하는 방법이 한 가지 더 있는데 '데이터프레임$열이름'
으로 선택하는 방법입니다. height 열을 선택해 보겠습니다.

	name	age	height	weight
one	kim	32	170	63
two	lee	25	175	66
three	choi	18	168	59
four	park	39	180	70

그림 4-26 | '데이터프레임$열이름'으로 선택

```
> df$height
[1] 170 175 168 180
```

'데이터프레임$열이름'으로 데이터를 선택하는 형식은 직관적이고 코딩양도 줄여 주므로 많
이 사용합니다. 이외에도 주요 데이터 구조로 데이터 프레임의 진화된 형태인 티블(tibble)이
있는데, dplyr 패키지 설치가 필요하므로 7장 UNIT 06의 잠깐만요에서 소개하겠습니다.

잠깐만요

데이터 프레임에서 또 다른 데이터 선택 방법: 인덱스로 선택

이 책에서는 좀 더 쉽게 이해하기 위해 데이터를 선택하는 방법을 위치와 이름, 인덱스로 구분하여 설명했습니다. 하지만 데이터를 선택하는 방법을 인덱싱(indexing)으로 통칭하는 경우도 많습니다. 리스트와 데이터 프레임의 데이터 구조는 다수의 벡터를 갖는 계층적 구조입니다. 이런 구조에서는 [[ ]]를 사용하여 벡터 데이터 값을 직접 선택할 수 있습니다.

데이터 테이블을 예로 자세히 알아보겠습니다. 데이터 테이블은 다양한 자료형을 갖는 벡터 구조가 모여 있는 형태입니다. 열로 된 리스트라고 할까요? 즉, 데이터 프레임은 길이가 동일한 벡터가 열 형태로 모여 있는 리스트 구조와 같기 때문에 리스트 구조처럼 인덱스뿐만 아니라 데이터 값으로도 직접 접근 가능합니다. 접근 방법은 리스트와 같습니다. 예를 들어 df[[4]]이면 네 번째 열에 해당하는 데이터 값(벡터)들이 출력되는 형태입니다. 정리하면 오른쪽 그림과 같습니다(잘 기억나지 않는다면 '9. 리스트'를 다시 한번 확인해 보세요).

	[1]		[[4]]
[[1]]	[[2]]	[[3]]	[[4]]
kim	32	170	63
lee	25	175	66
choi	18	168	59
park	39	180	70

그림 4-27 | df 데이터 프레임에서 [ ], [[ ]] 접근

다음은 데이터 프레임에서 위치, 이름, 인덱스로 선택하는 경우를 비교한 표입니다. 모두 동일한 결과를 출력합니다.

표 4-7 | 위치, 이름, 인덱스로 데이터 선택과 접근 비교

선택 방법	위치로 선택	이름으로 선택	인덱스로 선택
접근 수단	좌표	행과 열 이름	인덱스
1. 열을 선택	df[열좌표]	df["열이름"]	df[인덱스]
2. 데이터 값을 선택	df[, 열좌표]	df$열이름	df[[인덱스]]

● 열을 선택 df[열좌표] = df["열이름"] = df[인덱스]:
출력은 2차원 데이터 프레임형

데이터 프레임형

x	y
1	5
2	6
3	7
4	8

그림 4-28 | 열을 선택할 때 데이터 프레임 형태로 출력

계속 ▶

● 데이터 값을 선택 df[, 열좌표] = df$열이름 = df[[인덱스]]: 출력은 1차원 벡터형

벡터형

1	2	3	4	5

그림 4-29 | 데이터 값을 선택할 때 벡터 형태로 출력

다양한 선택 방법에 대한 출력 결과가 헷갈린다면, R은 데이터로 직접 접근하여 선택한 데이터 값들을 1차원 벡터 형태로 쭉 나열해서 출력한다는 것만 기억하면 됩니다.

인덱스로 데이터를 선택하는 방법을 따로 소개한 이유는 자체가 위치 선택에 포함되고, 위치나 이름을 이용한 데이터 선택 방법으로 설명하는 것보다 이해하기 어려우며, 사용 빈도 또한 상대적으로 덜하기 때문입니다. 이 책은 입문서이기 때문에 혼동을 막고자 일부러 구분하여 나중에 정리했습니다. 알아야 할 내용이 너무 많다고 느껴진다면 이 책에서 제안하는 순서와 중요도에 따라 학습하길 권장합니다.

잠깐만요

R에 다양한 데이터 선택 방법이 존재하는 이유

데이터를 선택할 때 다양한 방법이 다소 혼란스러워 "한 가지 방법만 있다면 헷갈리지 않을 텐데."라고 생각하는 독자도 있을 것입니다. 그렇다면 R은 데이터를 선택하는 방법을 왜 다양하게 만들어 놓았을까요? 그것은 경우에 따라 유리한 데이터를 선택하는 방법이 다르기 때문입니다. 예를 들어 하루가 지날 때마다 데이터 위치가 증가하거나 감소하는 자동화 프로그램이 필요한 경우, 좌표나 인덱스 숫자를 사용하여 증가하거나 감소하는 형태로 프로그램을 만들면 이름으로 접근하는 것보다 훨씬 쉽게 데이터를 처리할 수 있습니다. 하지만 일반적인 상황이라면 이름으로 선택하는 것이 더 직관적이고 쉽겠지요. 이처럼 R은 다양한 상황에 대비한 대책을 이미 마련해 놓았습니다. 여러분은 상황에 맞게 적절한 방법을 선택해서 사용하면 됩니다. 가끔은 R의 이런 배려심이 과도하다고 느껴질 때도 있지만, 거꾸로 생각하면 이것이 R의 장점이기도 합니다.

R의 데이터 프레임과 데이터베이스 테이블 비교

혹시 관계형 데이터베이스(RDBMS)와 SQL을 알고 있나요? R의 데이터 프레임은 엑셀 시트와 유사하지만, 관계형 데이터베이스의 기본 데이터 저장 구조인 테이블과도 유사합니다.

표 4-8 | R 데이터 프레임과 데이터베이스 테이블 비교

구분	R에서의 이름	DB에서의 이름
데이터 구조	데이터 프레임	테이블
행	관측 값	로우
열	변수	컬럼

데이터 형태

"익힌 재료인가? 익히지 않은 재료인가?"

요리 재료는 그대로 사용하기보다는 요리하려는 음식이 어떤 것이냐에 따라 손질해서 준비해야 합니다. 예를 들어 미트볼 파스타를 만들려면 주재료인 익힌 미트볼, 삶은 면과 볶은 토마토 소스가 필요합니다. 또 말린 파슬리 가루와 파마산 치즈 가루, 후춧가루를 조금 넣어 주면 맛이 더 좋을 것 같네요. 이처럼 요리 재료는 생김새나 모양에 따라 익힌 재료냐 익히지 않은 재료냐, 익힌 재료이면 삶았느냐 볶았느냐, 익히지 않았다면 말린 재료냐 가루 재료냐 등으로 다시 분류할 수 있습니다.

요리 재료는 요리 생김새나 모양에 따라 형태를 분류할 수 있습니다. 분류한 형태에 따라 쓰임도 달라집니다.

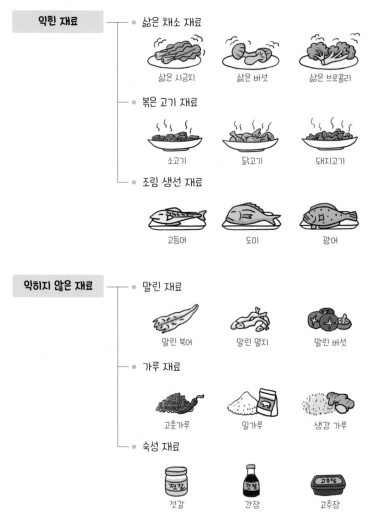

그림 4-30 | 요리 재료 형태

데이터도 마찬가지입니다. 생김새나 모양에 따라 형태를 분류할 수 있습니다. 요리 재료처럼 형태에 따라 쓰임도 달라집니다. 데이터 형태를 분류하는 기준은 책마다 조금씩 다르지만, 우리는 실무적인 데이터를 다루는 것이 목적이므로 실무에서 가장 많이 쓰는 변수를 사용하는 기준으로 정리하겠습니다. 전체적인 그림은 다음과 같습니다.

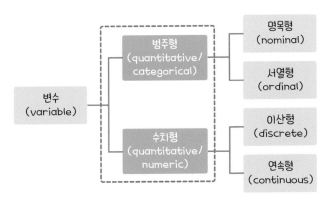

그림 4-31 | 변수 특징을 기준으로 정리한 데이터 형태 기준

앞선 예에서 익혔는지 여부에 따라 요리 재료를 분류했듯이, 데이터는 크게 범주형과 수치 (숫자)형으로 구분할 수 있습니다. 범주형과 수치형을 구분하는 기준은 수량화 가능 여부입니다. 예를 들어 범주형 데이터는 성별(남/녀), 혈액형(A~O형) 등이 될 수 있고, 수치형 데이터는 매출 금액(100만 원, 1000만 원), 사람의 키(150~190cm) 등이 될 수 있습니다. 간단하게 범주형은 문자 특성을 갖고, 수치형은 숫자 특성을 갖는 데이터라고 생각하면 쉽습니다. 범주형과 수치형은 다시 세부 유형으로 분류할 수 있습니다. 예를 들어 범주형 데이터 중에서도 남/녀, 혈액형(A~O형) 등 서열(순서)이 없으면 명목형 데이터라고 하며 학점, 멤버십 등급처럼 서열이 있으면 서열형 데이터라고 합니다. 수치형 데이터도 측정 구간 여부에 따라 이산형과 연속형으로 구분할 수 있습니다.

표 4-9 | 데이터의 형태 분류 설명

기준	구분 1	구분 2	설명	예시
변수	범주형	명목형	셀 수 없음, 범주(레벨 구조)	성별(남/녀), 혈액형(A~O형)
		서열형	셀 수 없음, 범주(레벨 구조), 서열 있음	학점(A~F), 멤버십 등급(VIP~일반)
	수치형	이산형	셀 수 있음, 이어지지 않음	100명, 200명, 1000원, 1만 원
		연속형	셀 수 있음, 연속으로 이어짐	키(150~190cm), 국어 점수(0~100점)

그림으로 정리하면 다음과 같습니다.

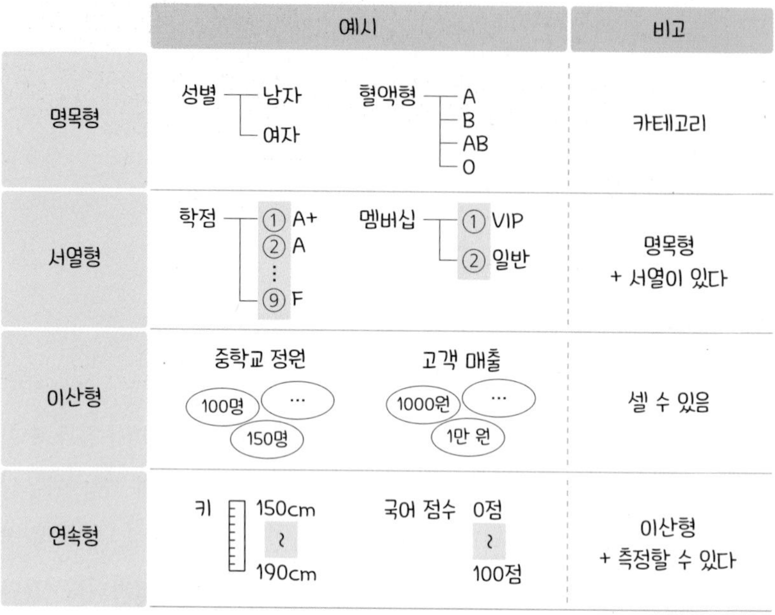

	예시		비고
명목형	성별 ┬ 남자 　　└ 여자	혈액형 ┬ A 　　　├ B 　　　├ AB 　　　└ O	카테고리
서열형	학점 ┬ ① A+ 　　├ ② A 　　┊ 　　└ ⑨ F	멤버십 ┬ ① VIP 　　　└ ② 일반	명목형 + 서열이 있다
이산형	중학교 정원 100명 　… 　150명	고객 매출 1000원 　… 　1만 원	셀 수 있음
연속형	키 ▐ 150cm 　　 ⎰ 　　190cm	국어 점수　0점 　　　　　⎰ 　　　　100점	이산형 + 측정할 수 있다

그림 4-32 | 데이터 형태 분류[11]

어떤 유형의 재료가 있느냐에 따라 할 수 있는 조리 방법이 달라지듯이 데이터 형태에 따라 적용할 수 있는 분석 기법이 달라집니다. 다만 이렇게 자세히 분류하면 너무 복잡해지므로 우리는 편의상 가급적 범주형과 수치형 데이터의 개념 깊이 내에서 데이터 분석을 진행하겠습니다. 범주형과 수치형에는 좀 더 다양한 데이터 형태의 분류가 있다는 것만 알아 둡니다.

---

11 색상으로 표기한 영역을 잘 살펴봅시다.

UNIT 04 정리

R DATA ANALYSIS FOR EVERYONE

* 데이터는 의미를 지닌 값들입니다.

* 데이터 특성에는 종류, 구조, 형태가 있습니다. 데이터 특성에 따라 분석 기법이 달라집니다.

데이터 종류

- 데이터 종류는 자료형이라고 합니다. 데이터 타입과도 같은 말입니다.
- R에서 데이터 종류는 크게 숫자형, 문자형, 논리형이 있습니다.
- 숫자형(numeric)은 숫자 체계를 갖는 데이터를 의미합니다.
- 문자형(character)은 텍스트 형태의 데이터를 의미합니다. 작은따옴표(')나 큰따옴표(")를 사용하여 '문자'나 "문자" 같은 형태로 입력하면 문자형이 됩니다.
- 문자형 중에는 날짜형 같은 특수한 자료형도 있습니다.
- 논리형(logical)은 참과 거짓을 나타내는 데이터를 의미합니다.
- class( ) 함수는 데이터 종류나 구조를 확인해서 출력합니다.

데이터 구조

- 데이터 구조에는 벡터, 팩터, 행렬, 배열, 리스트, 데이터 프레임 등이 있습니다.
- 벡터(vector)는 크기와 순서를 갖는 R의 가장 기본적인 데이터 구조입니다. 다른 데이터 구조를 다시 구성하기도 합니다.
- 팩터(factor)는 카테고리로 분류할 수 있는 데이터 값(범주 값)을 관리하는 데이터 구조입니다.

- 행렬(matrix)은 행(row)과 열(column)로 구성된 2차원 구조입니다.
- 배열(array)은 행렬과 유사하지만, 차원(dimension) 속성을 가진 데이터 구조입니다.
- 리스트(list)는 여러 종류의 자료형을 가질 수 있으며, 여러 데이터 구조도 담을 수 있습니다.
- 데이터 프레임(data frame)은 다양한 데이터를 자료형별로 모아서 2차원으로 관리하는 데이터 구조입니다. 가장 많이 씁니다.
- 데이터 프레임은 좌표와 이름으로 데이터를 선택할 수 있습니다(추가로 인덱스로도 선택 가능합니다).
- 티블(tibble)은 데이터 프레임을 사용하기 편리하게 변형한 데이터 구조입니다.

* **데이터 형태**

- 데이터 형태는 크게 범주형과 수치형으로 분류할 수 있습니다.
- 범주형은 셀 수 없는 문자 특성을 갖는 데이터입니다(성별, 혈액형 등).
- 범주형은 서열이 없는 명목형과 서열이 있는 서열형으로 분류됩니다.
- 수치형은 셀 수 있는 숫자 특성을 갖는 데이터입니다(100명, 200명, 키 150~190cm).
- 수치형은 이어지지 않으면 이산형, 측정해서 셀 수 있으면 연속형으로 분류됩니다.

5장

요리 도구 준비:
변수와 함수, 그리고 패키지

우리는 데이터 분석 과정을 미트볼 파스타를 만드는 요리 과정에 빗대어 생각하고 있습니다. 어떤 요리를 할지 생각해 보고 요리에 맞는 재료(데이터)를 준비한 후 준비한 재료를 알맞은 그릇에 담고(변수), 도구들(함수)을 사용해서 요리(처리와 분석)합니다. 기본 요리 도구만으로 부족하다면, 요리 특성에 맞는 도구들을 정리해서 모아 놓은 세트도 준비되어 있습니다(패키지).

UNIT 01

변수: 요리 그릇

R DATA ANALYSIS FOR EVERYONE

"요리 재료를 담는 그릇"

요리 재료를 준비했으니 조리하기 쉽도록 재료들을 나누어 담아 봅시다. 미트볼 파스타를 만들려면 준비한 소고기는 갈아야 하니 **믹싱 볼**에, 각종 채소는 썰어서 **대접**에, 파스타는 삶기 좋게 **가열 냄비**에 담아 놓습니다. 음, 이렇게 해도 물론 좋지만 아예 요리 재료가 담긴 다용도 냉장고를 통째로 그릇에 담으면 어떨까요? 불가능하다고요? 아니에요. R에서는 가능해요. 마법의 그릇이거든요.[1]

요리를 하려면 요리 재료는 어딘가에 담아 놓아야 합니다. 재료별로 모아 두어야 요리법에 맞게 요리할 수 있으니까요. 요리 재료인 데이터도 마찬가지입니다. 어딘가에 담아 놓아야 처리하기 편합니다.

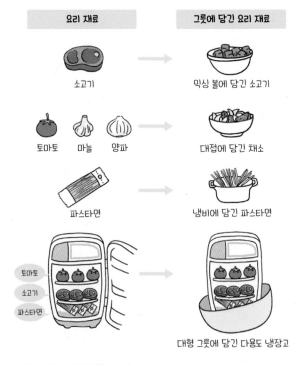

그림 5-1 | 요리 그릇과 변수

---

1 진한 글씨는 요리 그릇, 즉 변수를 의미합니다.

1 변수란

변수(variable)란 말 그대로 변하는 수를 의미합니다. 변하는 값을 갖고 있는 데이터 프레임의 열도 변수라고 하며, 변하는 값을 담아 놓은 것도 변수라고 합니다. 일반적으로 프로그래밍 분야에서는 후자를 변수라고 하지만 말이죠. 어찌 되었든 변수는 변하는 값이자, 데이터를 담는 그릇이라고 생각하면 됩니다. 요리에서 요리 재료를 그릇에 담아 조리하듯이, R에서는 앞서 배운 데이터가 담긴 데이터 구조를 변수에 담아 처리할 수 있습니다. 데이터를 변수에 담는 행위를 데이터 할당(assign)이라고 합니다. 변수에 할당한다는 것은 변수에 데이터를 저장한다고 생각해도 좋습니다.

지금까지 우리가 계속해서 진행했던 실습 대부분이 변수에 데이터 값을 할당하여 출력하는 과정이었습니다.

```
> x <- c(1, 2, 3)      숫자 데이터 값을 생성해서 x 변수에 할당. 숫자형 변수
> x
[1] 1 2 3

> class(x)      # 숫자형 출력
[1] "numeric"

> x <- c("A", "B", "C")      문자 데이터 값을 생성해서 x 변수에 할당. 문자형 변수
> x
[1] "A" "B" "C"

> class(x)      # 문자형 출력
[1] "character"
                      데이터 프레임을 생성해서 df 변수에 할당. 데이터 프레임 구조 변수
> df <- data.frame(alphabet = c("A", "B", "C"), number = c(1, 2, 3))
> df
  alphabet  number
1        A       1
2        B       2
3        C       3
```

```
> class(df)      # 데이터 프레임 구조 출력
[1] "data.frame"
```

앞 예시처럼 데이터 값이 무엇인지, 어떤 데이터 구조인지에 따라 변수 성질이 달라집니다. 숫자 값이 담기면 숫자형 변수, 문자 값이 담기면 문자형 변수, 데이터 프레임이 담기면 데이터 프레임 구조 변수가 됩니다. 문자로 된 변수는 계산할 수 없다는 것에 유의하세요.

2 변수에 데이터 할당하기

변수에 데이터를 할당할 때는 '변수 <- 데이터 값'이나 '변수 = 데이터 값' 형식 둘 다 사용할 수 있지만, R에서는 전통적으로 <- 할당 연산자를 많이 씁니다. 이 책에서도 변수에 데이터를 할당할 때는 <-만 사용합니다.

```
> x <- c(1, 2, 3)
> x
[1] 1 2 3
```

데이터가 할당된 변수는 자기 자신이나 다른 변수에 얼마든지 데이터를 다시 할당할 수 있습니다.

```
> df <- data.frame(alphabet = c("A", "B", "C"), number = c(1, 2, 3))
> df_2 <- df      # df 변수를 df_2 변수에 다시 할당
> df_2
  alphabet number
1        A      1
2        B      2
3        C      3
```

df 변수를 df_2에 다시 할당해서 출력했습니다. 출력 결과는 df와 같다는 것을 알 수 있습니다.

데이터를 변수에 할당하는 과정을 그림으로 표현하면 다음과 같습니다.

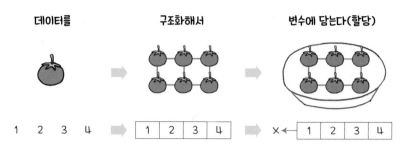

그림 5-2 | 데이터를 변수에 할당하는 과정

3 변수 이름 짓기

R에서 변수는 알파벳, 숫자, -(대시), _(밑줄), .(마침표)를 사용해서 만들 수 있는데, 첫 글자는 알파벳이나 .로 시작해야 합니다. R의 초창기 버전은 프로그래밍에서 자주 쓰는 명명법인 _를 쓸 수 없었다고 합니다. 하지만 2020년 6월 현재 R 4.0 버전을 기준으로 _도 사용할 수 있습니다. 이름 짓기 규칙을 적용해 보겠습니다.

```
> x_1 <- c(1, 2, 3)
> x_1
[1] 1 2 3

> x.2 <- c(1, 2, 3)
> x.2
[1] 1 2 3

> 1_x <- c(1, 2, 3)
에러: 예상하지 못한 입력입니다. in "1_"
```

변수가 잘 만들어졌지만, 맨 마지막에는 숫자로 시작하는 변수 이름을 만들었기 때문에 오류가 발생했습니다.

변수 이름을 지을 때는 다음 가이드를 따르면 좋습니다.

- 가급적 소문자를 사용합니다.
- 명사화된 의미가 간결한 이름이 좋습니다.
- 이름이 길어지면 . 나 _로 구분합니다.
- 이미 사용 중인 변수나 명령어는 피합니다.
- 좋은 변수 이름 예: sales_result, section_1

UNIT 02

함수: 요리 도구

"식칼로 썰든가 아니면 믹서기로 갈든가"

요리 재료를 모두 준비했다면 요리를 할 수 있는 도구가 필요합니다. 예를 들어 미트볼 파스타를 만들려면 채소와 고기를 자를 수 있는 **식칼**, 소스를 잘 저을 수 있는 **국자**, 미트볼을 익힐 **오븐**, 토마토 소스를 부드럽게 해 주는 **믹서기**, 치즈를 파스타 위에 부드럽게 녹일 **전자레인지**, 치즈를 분쇄할 **치즈 분쇄기** 같은 요리 도구가 필요하겠군요. 요리 도구를 잘 쓸 수 있게 되면 토마토는 믹싱 볼에 갈아서 담고, 익힌 미트볼은 오븐 그릇에 담아 놓을게요(함수를 적용한 결괏값을 변수에 담는다는 의미입니다).[2]

요리를 맨 손으로 할 수는 없겠지요? 요리를 위한 적절한 도구가 필요합니다. 데이터 분석에서 요리 도구에 해당하는 것이 바로 함수입니다.

그림 5-3 | 요리 도구와 함수

---

2   진한 글씨는 요리 도구, 즉 함수를 의미합니다.

1 함수란

함수(function)는 데이터를 다루기 쉽게 미리 만들어 놓은 명령어로, 요리 도구 혹은 동전을 넣고 상품을 선택하면 물건이 나오는 자판기와 유사합니다. 함수는 미리 정의된 기능으로 데이터를 좀 더 편리하게 조작할 수 있도록 도와줍니다. R 데이터 분석에서 함수는 필수로 사용하는데, 데이터를 효율적으로 처리하려면 보통 데이터를 변수에 담아 놓고 함수로 처리합니다.

함수를 사용하여 최솟값과 최댓값을 구해 보겠습니다.

```
> x <- c(1, 2, 3, 4)
> x
[1] 1 2 3 4

> min(x)      # 최솟값을 구하는 함수
[1] 1

> max(x)      # 최댓값을 구하는 함수
[1] 4
```

최솟값을 구하는 min( )과 최댓값을 구하는 max( ) 함수로 결괏값을 출력했습니다. 결괏값은 앞서 배운 변수에 저장할 수도 있습니다.

```
> a <- mean(x)      # 평균을 구하는 함수
> a
[1] 2.5

> class(a)
[1] "numeric"
```

평균을 구하는 mean( ) 함수로 x 값의 평균을 구하고, 이 값을 a에 할당한 후 결과를 출력했습니다. 결과의 자료형은 숫자형(numeric)인 것도 알 수 있습니다.

잠깐만요

함수의 문법 확인하기

함수는 종류와 기능에 따라 문법이 매우 다양합니다. R에서 제공하는 모든 함수와 문법을 익히는 일은 상당히 어렵습니다. 그렇기 때문에 함수를 익히려면 사용자가 주로 사용하는 함수를 정해 놓고, 그에 맞는 문법을 익혀 나가는 것이 효율적입니다. 문법이 정확하게 기억나지 않을 수도 있는데, 이때는 help( ) 함수나 ?를 사용하여 문법을 확인합니다. 예를 들어 mean( ) 함수가 궁금하다면 다음 그림과 같이 콘솔 창에 help("mean")이나 ?mean을 입력하면 오른쪽 아래 패널에서 함수 개념과 문법 설명을 확인할 수 있습니다.

그림 5-4 | 함수의 문법 확인 방법

TIP

R 함수 찾기

어떤 함수의 기능이 궁금할 때는 구글 검색 창에서 'r programming' 혹은 'r analysis' 키워드와 함께 함수 이름을 넣어 검색합니다. 그러면 좀 더 많은 내용을 찾을 수 있습니다. 예를 들어 평균을 구하는 함수가 무엇인지 알고 싶다면 'r programming mean'으로 검색하는 식입니다.

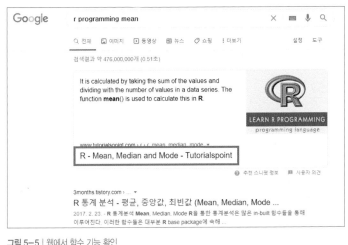

그림 5-5 | 웹에서 함수 기능 확인

사용자 정의 함수

함수는 기존에 정의한 것을 사용할 수도 있고, 필요하면 사용자가 만들 수도 있습니다. 간단한 사용자 함수를 만드는 형식은 다음과 같습니다.

```
함수이름 <- function(인수) {
    ...처리논리
    return(반환값) ····· 결괏값을 반환할 때 사용합니다.
}                        값이 없을 수도 있고, 인자 값으로 반환할 수도 있습니다.
```

사용자 함수의 주요 구성 요소는 다음 표와 같습니다.

표 5-1 | 사용자 함수 주요 구성 요소

구성 요소	설명
함수 이름	함수 이름으로, 함수를 호출할 때 사용
인수	함수를 호출할 때 입력 값으로 인자를 받음, 없거나 기본값을 가질 수 있음
처리 논리	함수의 처리 로직을 정의
반환값	연산 결과를 반환할 때 사용

그럼 인수 값 x를 받아 2를 곱하는 간단한 함수를 만들어 보겠습니다. 앞서 배운 들여쓰기 문법 가이드를 적용해서 코드를 작성해 보겠습니다.

```
> user_f <- function(x) {        # x에 2를 곱하는 user_f 함수 선언
+     return (x * 2)
+ }

> user_f(c(1:3))                 # 1부터 3까지 x에 인수를 넘김
[1] 2 4 6
```

user_f( )라는 사용자 정의 함수를 만들었고 x로 1~3을 인자로 받았습니다. user_f는 인자에 2를 곱해서 반환하는 함수이므로 2, 4, 6을 출력합니다. 사용자가 만든 함수는 RStudio의 환경 창에 표시됩니다.

그림 5-6 | RStudio 사용자 함수 표현

복잡한 로직이 반복적으로 필요할 때 사용자 함수를 만들어 사용하면 편리합니다.

UNIT 03

패키지: 요리 도구 세트

R DATA ANALYSIS FOR EVERYONE

"셰프에게는 중화 요리 도구 세트가 필요할까?
아니면 이탈리안 요리 도구 세트가 필요할까?"

미트볼 파스타를 만들려다 보니 생각보다 많은 요리 도구가 필요하네요. 그런데 우리 가게는 이탈리안 레스토랑이잖아요. 파스타뿐만 아니라 리조또, 뇨끼, 피자도 만들어야 하는데, 이런 요리들을 만들려면 더 다양한 요리 도구가 필요합니다. 하지만 어떤 요리에 어떤 종류의 도구가 필요한지 하나하나 찾아서 구비하려니 생각보다 만만하지 않습니다. 요리 종류에 알맞은 요리 도구만 모아 놓은 것은 없을까요? 아, 마침 셰프협회에서 우리 같은 요리사를 위해 요리 도구 패키지 세트를 제공한다고 하네요. 요리 도구를 패키지 세트로 준비하면 훨씬 편할 것 같네요.

마음에 드는 요리 도구를 일일이 찾아서 구비하는 방법도 있지만, 이미 잘 알려진 요리 도구를 사용하는 것이 더 편리하고 효율적입니다. 패키지는 특정 상황에 맞는 요리 도구를 모아 놓은 요리 도구 세트입니다.

그림 5-7 | 요리 도구 세트와 패키지

1 패키지란

패키지는 한마디로 특정 용도를 위한 함수를 모은 꾸러미라고 생각하면 됩니다. R은 기본적으로 통계와 데이터 분석을 위한 다양한 함수[3]를 제공합니다. 하지만 특정한 작업을 할 수 있도록 좀 더 개선하거나 특화된 기능이 필요할 때가 있습니다. 이런 기능을 제공하는 함수를 한곳에 모은 것이 패키지입니다. 예를 들어 데이터 처리 작업에 특화된 dplyr 패키지와 그에 속한 함수들(select, filter 등), 그래프 작업에 특화된 ggplot2 패키지와 그에 속한 함수들(geom_points, geom_text 등) 같은 것입니다. 앞에서는 이탈리안 요리 세트를 예로 들었는데, 중화 요리 세트를 선택하면 중식 프라이팬, 중식용 칼, 만두 찜기 등 그와 관련한 도구 일체를 제공하는 식입니다. 패키지는 사용자 선택에 따라 R 기본 시스템에 얼마든지 자유롭게 설치하고 삭제할 수 있습니다. 마치 블록 장난감 같다고 할까요?

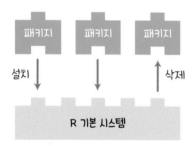

그림 5-8 | 패키지 개념

2 패키지 설치하기

R에는 수많은 패키지가 있지만, 그중 이 책에서 소개하는 dplyr과 ggplot2 패키지를 핵심적으로 씁니다. 패키지를 설치하려면 R이 설치된 PC가 인터넷에 연결되어 있어야 합니다. 그래야만 R 패키지 저장소인 CRAN 서버에서 패키지와 그에 관련한 파일들을 내려받아 설치할 수 있습니다. 패키지는 install.packages( ) 함수로 설치하고 library( ) 함수로 로드 (load)(메모리에 올려놓음)하여 사용합니다. 함수 모음을 라이브러리(library)라고도 합니다.

---

3   R에서 기본으로 제공한다고 하여 패키지 함수와 구분해서 기본(base system) 함수라고 합니다.

```
                              ┈┈┈┈┈ 큰따옴표 사용
install.packages("패키지이름")    # 패키지 설치, 한 번만 설치하면 됨
library(패키지이름)               # 패키지 로딩, R을 시작할 때마다 로딩해야 함
```

패키지는 한 번만 설치하면 되지만, 패키지 로드는 R 프로그램을 시작할 때마다 해야 합니다.

그럼 dplyr 패키지를 설치해 보겠습니다. 패키지 설치, 업데이트, 삭제와 관련한 작업은 RStudio의 콘솔 창에서 진행합니다. RStudio 콘솔 창에 다음과 같이 입력합니다.[4]

```
> install.packages("dplyr")
WARNING: Rtools is required to build R packages but is not currently
installed. Please download and install the appropriate version of Rtools
before proceeding:

https://cran.rstudio.com/bin/windows/Rtools/
Installing package into 'C:/Users/it/Documents/R/win-library/4.0'
(as 'lib' is unspecified)
also installing the dependencies 'assertthat', 'utf8', 'cli', 'crayon',
'fansi', 'pillar', 'pkgconfig', 'purrr', 'digest', 'ellipsis', 'generics',
'glue', 'lifecycle', 'magrittr', 'R6', 'rlang', 'tibble', 'tidyselect',
'vctrs'

... 생략 ...
The downloaded binary packages are in
    C:\Users\Administrator\AppData\Local\Temp\RtmpYzonuA\downloaded_packages
```

---

4 온라인으로 해당 패키지를 내려받는 작업이기 때문에 인터넷에 연결되어 있어야 합니다. 패키지가 이미 설치되어 있더라도 다시 설치하면 재설치됩니다.

그림 5-9 | 콘솔 창에서 패키지를 설치하는 모습

RStudio 오른쪽 아래에 있는 **Packages** 탭을 살펴보면 dplyr 패키지가 설치된 것을 확인할 수 있습니다.

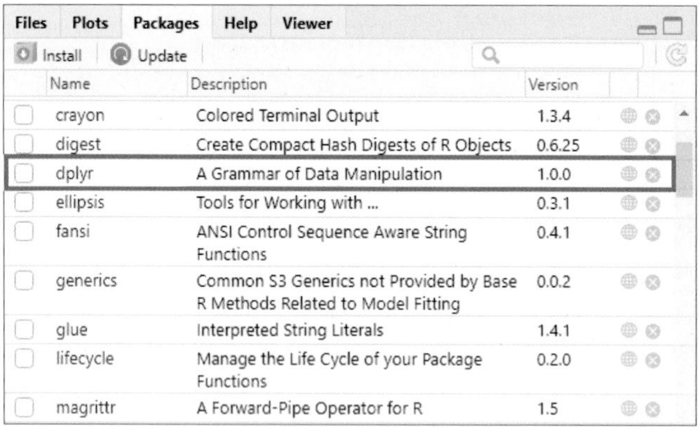

그림 5-10 | RStudio에서 dplyr 패키지 설치 확인

3 패키지 로드하고 사용하기

패키지를 설치했으면 이제부터는 패키지를 로드해서 사용하면 됩니다. RStudio 콘솔 창에서 다음과 같이 입력합니다.

```
> library(dplyr)
다음 패키지를 부착합니다: 'dplyr'

The following objects are masked from 'package:stats':

    filter, lag

The following objects are masked from 'package:base':

    intersect, setdiff, setequal, union
```

dplyr을 부착(로드)했다는 메시지가 출력되었습니다. 어떤 패키지는 아무런 메시지를 출력하지 않기도 합니다. 그럼 dplyr 패키지가 로드되었으니 패키지에 포함된 summarise() 함수를 사용해 보겠습니다.

```
> summarise(iris, avg = mean(Sepal.Length))      # summarise(): 특정 데이터 값 요약 함수
       avg
1 5.843333
```

summarise() 함수는 dplyr 패키지에 포함된 함수로, 특정 값을 요약해 줍니다. 앞 예시는 iris 데이터셋에서 Sepal.Length 열의 평균(avg)을 구하는 코드입니다. 평균값은 5.843333으로 출력되었습니다.

지금까지 패키지를 설치하고 사용하는 과정을 정리하면 다음 그림과 같습니다.

그림 5-11 | 패키지 설치와 사용 과정

앞서 예로 든 summarise() 함수는 dplyr 패키지에 포함되어 있기 때문에 패키지가 설치되지 않거나(❶) 패키지를 로드하지 않으면(❷) 사용할 수 없습니다. 패키지는 한 번만 설치하면 되지만, 패키지 로드(❷)는 R 프로그램을 시작할 때마다 해야 한다는 것을 잊지 마세요.

4 **패키지 업데이트와 삭제하기**

패키지의 업데이트와 삭제는 다음과 같습니다.

```
업데이트
update.packages("패키지이름")
삭제
remove.packages("패키지이름")
```

그럼 dplyr 패키지를 삭제해 보겠습니다.

```
> remove.packages("dplyr")
Removing package from 'C:/Users/it/Documents/R/win-library/4.0'
(as 'lib' is unspecified)
```

dplyr 패키지가 삭제되어 나타나지 않는 것을 확인할 수 있습니다.

	Name	Description	Version		
☐	crayon	Colored Terminal Output	1.3.4	⊕	⊗
☐	digest	Create Compact Hash Digests of R Objects	0.6.25	⊕	⊗
☐	ellipsis	Tools for Working with ...	0.3.1	⊕	⊗
☐	fansi	ANSI Control Sequence Aware String Functions	0.4.1	⊕	⊗
☐	generics	Common S3 Generics not Provided by Base R Methods Related to Model Fitting	0.0.2	⊕	⊗
☐	glue	Interpreted String Literals	1.4.1	⊕	⊗
☐	lifecycle	Manage the Life Cycle of your Package Functions	0.2.0	⊕	⊗
☐	magrittr	A Forward-Pipe Operator for R	1.5	⊕	⊗
☐	pillar	Coloured Formatting for Columns	1.4.4	⊕	⊗
☐	pkgconfig	Private Configuration for 'R' Packages	2.0.3	⊕	⊗

그림 5-12 | dplyr 패키지가 삭제된 모습

패키지를 삭제한 후 RStudio를 종료합니다.[5] 그리고 RStudio를 재시작한 후 앞서 사용했
던 코드를 실행하면 오류가 생깁니다. 즉, dplyr 패키지를 삭제했기 때문에 dplyr 패키지의
summarise() 함수도 사용할 수 없습니다.

---

5 패키지를 삭제한 후 RStudio를 종료해야 패키지 삭제가 적용됩니다.

```
> summarise(iris, avg = mean(Sepal.Length))
Error in summarise(iris, avg = mean(Sepal.Length)) :
    could not find function "summarise"
```

해당 함수를 찾을 수 없다는 오류 메시지가 출력됩니다.

 잠깐 만요

유용한 패키지

R에서 사용할 수 있는 패키지의 수는 굉장히 많은데, 그중에서 유용한 패키지를 몇 가지 소개합니다.

● 데이터를 쉽게 다룰 수 있는 tidyr과 data table 패키지

tidyr은 데이터셋의 레이아웃을 바꿀 때 유용한 패키지입니다. tidyr 패키지는 tidy data(깔끔한 데이터)라는 데이터 체계를 따르는데, 이는 뒤에 익힐 dplyr 패키지를 만든 해들리 위컴이 제안한 데이터 저장 방식입니다. tidy data로 만들면 조작과 모델링을 편하게 할 수 있고, 시각화가 쉬운 장점이 있습니다. data table 패키지는 데이터를 처리하는 속도가 빠르므로 대용량 데이터를 다룰 때 유용합니다.

그림 5-13 | tidyr 로고

● R 마크다운(R markdown)

일종의 텍스트 기반 랭귀지로, 통계 분석에 적합한 유연한 문서 작성을 가능하게 하는 패키지입니다. 예를 들어 R 소스 코드를 연동해서 문서에 포함된 그래프나 결괏값을 능동적으로 반영해 가며 문서를 만들고 배포할 수 있습니다.

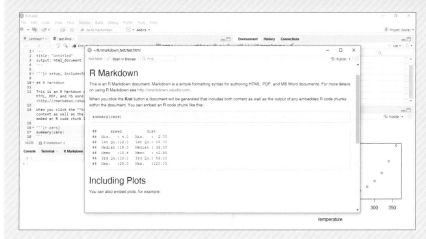

그림 5-14 | R 소스 코드가 반영된 R 마크다운 문서

계속

● shiny 패키지

shiny(샤이니)는 R로 웹/앱 애플리케이션을 만들 수 있게 하는 패키지입니다. 공유 데이터를 시각화하여 표현할 수 있으며, 정적 그래프를 동적으로 표현할 수도 있습니다.

그림 5-15 | shiny 패키지로 구현한 필라델피아 범죄율 리포트

● ggThemeAssist 패키지

뒤에 배울 ggplot2는 그래프를 그리는 패키지입니다. 다만 설정 옵션이 굉장히 많아 문법을 모두 익히기가 어렵습니다. ggThemeAssist는 ggplot2로 그린 그래프의 옵션 설정을 돕는 패키지로 ggplot2와 함께 사용해서 테마 옵션을 쉽게 설정할 수 있습니다.

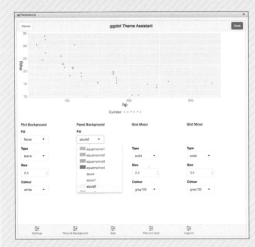

그림 5-16 | ggplot 그래프 옵션 조정

이외에도 지도를 사용할 수 있게 하는 ggmap, 데이터 시각화를 위한 ggvis, 머신 러닝용 데이터 모델링을 위한 caret, 머신 러닝을 위한 tensor flow 패키지 등도 있습니다.

RStudio GUI로 패키지 설치하기

오른쪽 아래의 패키지 창에서 **Packages** 탭을 이용하면 수동으로 패키지를 관리하는 것보다 편리하게 패키지를 설치, 업데이트, 실행할 수 있습니다. **Install** 메뉴로 패키지를 검색해서 설치하는 사례를 알아보겠습니다. **Packages** 탭에서 **Install** 아이콘을 클릭합니다(인터넷이 연결된 상태여야 합니다).

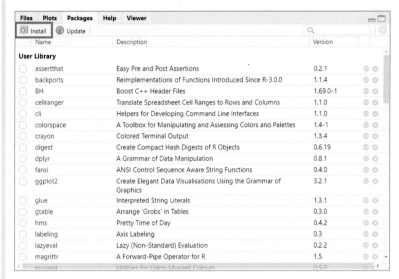

그림 5-17 | Packages 탭 화면

패키지 검색을 위한 팝업 창이 활성화되는데, 'Packages' 항목 입력란에 설치하려는 패키지 이름을 입력하고 검색되면 **Install**을 눌러 설치합니다. 다음 그림은 ggplot2 패키지를 설치하는 예시입니다.

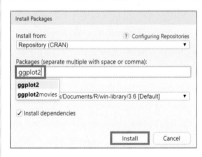

그림 5-18 | 패키지 검색 팝업 창

UNIT 04 정리

* R에서 다루는 주요 요소에는 변수, 함수, 패키지가 있습니다.

* **변수**

  - 변수(variable)는 변하는 값이자 데이터를 담는 그릇입니다.
  - 데이터를 변수에 담는 행위를 데이터 할당(assign)이라고 합니다.
  - 할당할 때는 <- 할당 연산자를 주로 사용합니다.
  - 데이터 값이 무엇인지, 어떤 데이터 구조인지에 따라 변수 성질이 다릅니다.
  - 변수 이름을 지을 때는 가이드를 따르는 것이 좋습니다.

* **함수와 패키지**

  - 함수(function)는 데이터를 다루기 쉽게 미리 만들어 놓은 명령어입니다.
  - R은 함수로 시작해서 함수로 끝난다고 해도 과언이 아닐 정도로 함수를 많이 사용합니다.
  - 콘솔 창에서 ?를 사용하여 함수 사용법을 확인할 수 있습니다.
  - 패키지는 특정 용도를 위해 만들어 놓은 함수 꾸러미입니다.
  - 패키지는 자유롭게 설치하고 삭제 가능합니다.
  - 패키지는 install.packages( ) 함수로 설치하고, library( ) 함수를 사용하여 로드합니다.
  - 패키지 함수를 사용하려면 RStudio를 시작할 때마다 library( ) 함수를 사용하여 로드해야 합니다.

6장

기초 요리법 익히기:
R 연산자와 함수

요리를 하려면 기초 요리법을 알아야 합니다. 함수형 언어인
R에서 데이터 분석을 위한 기초 요리법이란 연산자와
요리 도구인 함수의 사용법을 익히는 것에서 시작합니다.
R은 데이터 분석과 통계를 위한 프로그램이므로 다양한 함수를
기본으로 제공하는데, 6장에서는 R 연산자와 함께 주요한
기본 함수를 알아보겠습니다.

UNIT 01

R 연산자와 함수

R DATA ANALYSIS FOR EVERYONE

"요리의 첫걸음은 기초 요리법부터"

요리를 하려면 요리 재료와 요리 도구를 다루는 방법을 알아야 합니다. 예를 들어 썰기, 굽기, 삶기, 볶기, 다지기, 온도와 시간 조절하기, 불 조절하는 방법과 이와 관련한 도구 사용 기술들이지요. 미트볼 파스타의 기본이 되는 토마토 소스를 만들 때는 식칼로 양파를 다지고 썰어서 소금, 후추, 오레가노, 다진 마늘과 함께 넣어 가스레인지로 불을 조절하여 익히면서 국자로 잘 저어야 해요. 어느 정도 익었다 싶으면 믹서기로 갈아놓은 토마토를 넣고 걸죽해질 때까지 계속 끓여야 하고요. 그 사이에 파스타도 퍼지지 않게 잘 삶고요. 다지고, 썰고, 젓고, 삶고…… 할 일이 참 많네요.

요리를 시작하려면 재료를 다루는 기초 요리법을 익혀야 하듯이 R에서는 데이터를 처리하는 연산자와 함수 사용법을 익혀야 합니다. 특히 함수는 기능과 특성에 따라 몇 가지로 분류할 수 있는데, 이 책은 다음 그림과 같이 함수를 분류했습니다.

그림 6-1 | 함수 분류

R에서 사용하는 연산자부터 주요 기본 함수(base system)(기본 내장 함수)까지 차근차근 알아보겠습니다.

UNIT 02 연산자

R DATA ANALYSIS FOR EVERYONE

연산자란 프로그램 코드를 짤 때 변수나 값을 계산하는 데 사용하는 기호를 의미합니다. R에서는 코딩할 때 연산자를 필수로 사용합니다.

1 할당 연산자와 벡터 연산하기

할당 연산자는 데이터 값을 변수에 할당하는 역할을 합니다. 보통 <- 기호를 씁니다. 여러분이 가장 많이 사용할 연산자이기도 합니다.

표 6-1 | 할당 연산자

연산자	설명	예시	결과
y <- x	x 값을 y에 할당	y <- 3	y는 3

```
> y <- 3
> y
[1] 3
```

y에 3을 할당했고 결과를 출력했습니다. 이외에도 3 -> y처럼 데이터 값을 오른쪽으로 할당할 수 있습니다. 또 할당 연산자에 <- 대신 = 기호[1]를 사용할 수도 있습니다. R에서는 일반적으로 왼쪽 할당 방식인 <- 연산자를 사용합니다.[2]

---

1 R에서 할당 연산자 =는 비교 의미인 '같다(==)'가 아님에 주의하세요.

2 R 프로그램 전체에서 사용하는 변수라는 개념의 전역 변수를 할당하는 <<- 기호도 있지만, 이 책에서는 다루지 않습니다.

앞서 R에서 벡터는 데이터를 담는 가장 기본적인 구조라고 설명했습니다. R에서는 벡터에 데이터 값을 담아 벡터끼리 연산합니다. 기본적으로 벡터 간 연산은 다음 그림과 같이 벡터 값끼리 짝을 이루어 개별 데이터 값끼리 연산합니다. 할당 연산자와 함께 벡터 연산의 몇 가지 사례를 알아보겠습니다.

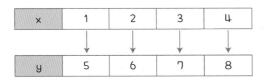

그림 6-2 | 벡터 연산 원리

먼저 벡터끼리 더하기 연산을 하는 사례부터 확인해 보겠습니다.

```
> x <- c(1, 2, 3, 4)
> y <- c(2, 2, 2, 2)
> z <- x + y      # 더하기 연산
> z
[1] 3 4 5 6
```

x	1	2	3	4

+

y	2	2	2	2

=

z	3	4	5	6

그림 6-3 | 더하기 벡터 연산

x에 할당된 데이터 값 순서에 맞추어 y에 할당된 값을 더한 결과가 출력되었습니다.

곱하기도 연산해 보겠습니다.

```
> z <- x * y      # 곱하기 연산
> z
[1] 2 4 6 8
```

```
  x     1     2     3     4

              ×

  y     2     2     2     2

              =

  z     2     4     6     8
```

그림 6-4 | 곱하기 벡터 연산

마찬가지로 x에 할당된 데이터 값에 y에 할당된 데이터 값을 곱한 결과가 출력되었습니다.

그럼 한쪽 벡터 길이가 다를 때는 어떻게 할까요?

```
> x <- c(1, 2, 3, 4)      # x 변수에 1, 2, 3, 4를 할당, 즉 x 길이는 4
> y <- c(1, 2)            # y 변수에 1, 2를 할당, 즉 y 길이는 2
> z <- x * y
> z
[1] 1 4 3 8
```

x는 데이터 값을 네 개 가지고 있는데 y는 데이터 값을 두 개 가지고 있기 때문에 길이가 서로 다릅니다. 이 경우 길이가 짧은 쪽 벡터의 데이터 값을 반복해서 사용하여 길이가 긴 벡터와 맞추어 연산합니다. 앞 예시는 1과 2를 반복해서 사용하여 곱하기 연산 결과가 1 4 3 8이 됩니다.

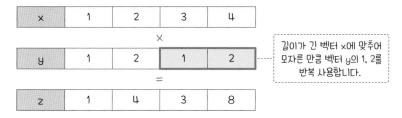

그림 6-5 | 길이가 다른 벡터 연산

벡터 연산은 다음과 같이 다양하게 응용 가능합니다.

```
> y <- c(1, 2)
> 10 - y      # 10에서 1, 2를 뺌
[1] 9 8
```

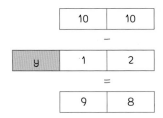

그림 6-6 | 벡터 연산 응용

10이라는 숫자 값에 대해 y 값 1과 2를 각각 빼기 연산하여 9와 8이 출력되었습니다.

2 산술 연산자

산술이란 숫자를 계산한다는 의미입니다. R의 주요 산술 연산자는 다음 표와 같습니다.

표 6-2 | 산술 연산자의 종류

연산자	의미	예시	결과
+	더하기	1 + 2	3
-	빼기	2 - 1	1
*	곱하기	2 * 2	4
/	나누기	4 / 2	2
^, **	거듭제곱	2 ^ 2	4
%%	x를 y로 나눈 나머지	5 %% 2	1
%/%	x를 y로 나눈 몫	5 %% 2	2

예를 들어 보겠습니다.

```
> x <- 4
> y <- 2
> x + y        # 더하기
[1] 6

> x - y        # 빼기
[1] 2

> x * y        # 곱하기
[1] 8

> x / y        # 나누기
[1] 2

> x ^ y        # 거듭제곱
[1] 16

> x %% y       # 나눈 나머지
[1] 0

> x %/% y      # 나눈 몫
[1] 2
```

x와 y에 할당한 데이터 값을 사용하여 산술 연산을 했습니다.

3 비교 연산자

비교 연산자는 데이터 값의 크고 작음을 연산하는 연산자로, R에서는 비교 결과를 참과 거짓으로 반환합니다.

표 6-3 | 비교 연산자의 종류

연산자	의미	예시	결과
<	작음	1 < 2	TRUE
<=	작거나 같음	1 <= 2	TRUE
>	큼	1 > 2	FALSE
>=	크거나 같음	1 >= 2	FALSE
==	같음	1 == 2	FALSE

몇 가지 예로 비교 연산자를 확인해 보겠습니다.

```
> x <- c(1, 2, 3)
> y <- c(1, 2, 5)
> x < y        # x보다 y가 큰가?
[1] FALSE FALSE  TRUE

> x >= y        # x는 y와 같거나 큰가?
[1]  TRUE  TRUE FALSE

> x == y        # x는 y와 같은가?
[1]  TRUE  TRUE FALSE
```

< 연산자에 대해 벡터 데이터 값의 순서대로 1 < 1, 2 < 2, 3 < 5의 비교 연산을 적용하여
FALSE FALSE TRUE가 출력되었습니다.

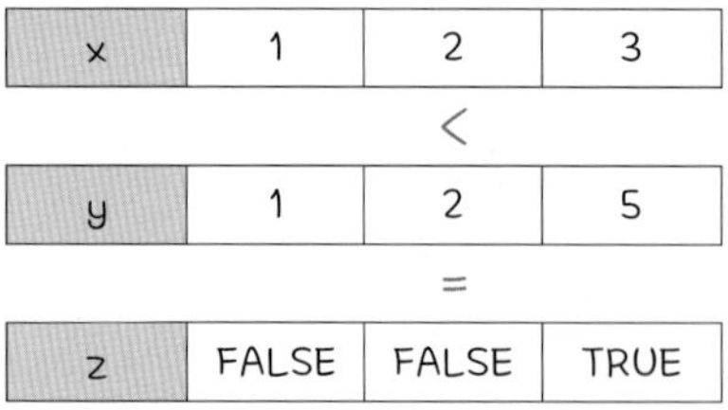

x	1	2	3
		<	
y	1	2	5
		=	
z	FALSE	FALSE	TRUE

그림 6-7 | < 비교 연산자

>= 연산자에 대해 1 >= 1, 2 >= 2, 3 >= 5의 비교 연산을 적용하여 TRUE TRUE FALSE가 출력되었습니다.

x	1	2	3

>=

y	1	2	5

=

z	TRUE	TRUE	FALSE

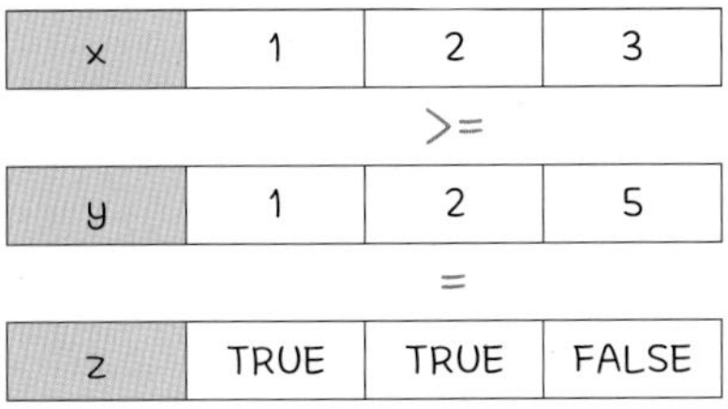

그림 6-8 | >= 비교 연산자

== 연산자에 대해 1 == 1, 2 == 2, 3 == 5의 비교 연산을 적용하여 TRUE TRUE FALSE가 출력되었습니다. R에서 '같다'는 의미의 비교 연산자는 '==' 기호입니다. = 기호는 값을 대입할 때나 옵션을 지정할 때(예 header = TRUE) 주로 씁니다. 헷갈리지 않게 주의하세요.

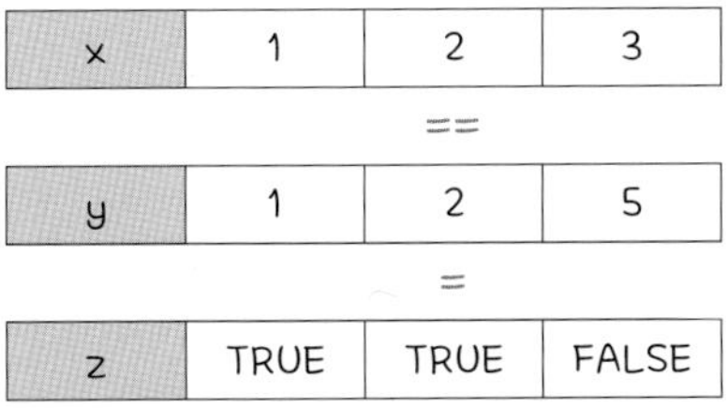

x	1	2	3

==

y	1	2	5

=

z	TRUE	TRUE	FALSE

그림 6-9 | == 비교 연산자

벡터 데이터 값의 길이가 다를 경우는 산술 연산을 할 때와 마찬가지로 길이가 짧은 쪽 벡터의 데이터 값을 반복해서 사용하여 길이가 긴 벡터와 맞추어 비교합니다.

```
> x <- c(1, 2, 3)
> y <- c(1, 2)
> x <= y
[1]  TRUE  TRUE FALSE

경고 메시지(들):
In x <= y : 두 객체의 길이가 서로 배수 관계에 있지 않습니다
```

짧은 쪽 벡터에 대해 긴 쪽 벡터가 짝이 맞지 않는다는(배수 관계가 아님) 경고 메시지와 함께 1 <= 1, 2 <= 2, 3 <= 1의 비교 연산을 적용하여 TRUE TRUE FALSE가 출력되었습니다.

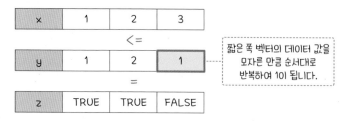

그림 6-10 | 길이가 다른 벡터의 비교 연산

4 논리 연산자

논리 연산자는 논리식을 이용하여 참(TRUE)과 거짓(FALSE)을 판별합니다. 논리 연산자의 종류는 다음 표와 같습니다.[3]

표 6-4 | 논리 연산자의 종류

연산자	의미	설명	예시	결과
&	and	그리고(벡터 개별 값끼리)	c(TRUE, TRUE) & c(TRUE, FALSE)	TRUE FALSE
&&	and	그리고(벡터 첫 번째 값만)	c(TRUE, TRUE) && c(TRUE, FALSE)	TRUE
¦	or	또는(벡터 개별 값끼리)	c(TRUE, TRUE) ¦ c(TRUE, FALSE)	TRUE TRUE
¦¦	or	또는(벡터 첫 번째 값만)	c(TRUE, TRUE) ¦¦ c(TRUE, FALSE)	TRUE
!	not	논리 부정, 기존 값에 대해 부정	!(c(TRUE, TRUE) ¦¦ c(TRUE, FALSE))	FALSE
%in%	like	포함 여부 확인	"a" %in% c("a", "b")	TRUE

&와 ¦ 연산자부터 예시로 알아보겠습니다.

---

3   논리 연산이 어렵게 느껴진다면 UNIT 04 마지막에 있는 TIP을 확인하세요.

```
> x <- c(TRUE, TRUE)
> y <- c(TRUE, FALSE)

> x & y
[1]  TRUE FALSE

> x | y
[1]  TRUE TRUE
```

& 연산자는 벡터의 개별 데이터 값에 대해 and(그리고) 논리를 적용합니다. 따라서 TRUE and TRUE는 TRUE, TRUE and FALSE는 FALSE라고 출력됩니다.

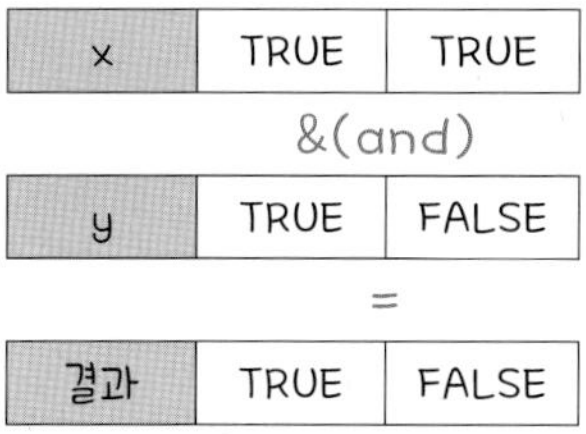

x	TRUE	TRUE
&(and)		
y	TRUE	FALSE
=		
결과	TRUE	FALSE

그림 6-11 | &(and) 논리 연산자

| 연산자는 벡터의 개별 데이터 값에 대해 or(또는) 논리를 적용합니다. 따라서 TRUE or TRUE는 TRUE, TRUE or FALSE는 TRUE라고 출력됩니다.

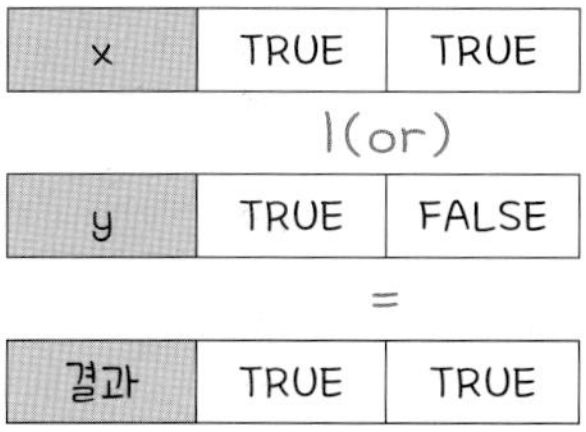

x	TRUE	TRUE
|(or)		
y	TRUE	FALSE
=		
결과	TRUE	TRUE

그림 6-12 | |(or) 논리 연산자

그럼 &&와 || 연산자는 어떻게 다를까요? &&와 || 연산자는 똑같이 and와 or 논리를 적용하지만, 벡터에 있는 데이터 값 중 첫 번째 데이터 값에만 논리가 적용됩니다.

```
> x && y
[1] TRUE
> x || y
[1] TRUE
```

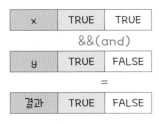

그림 6-13 | &&와 || 논리 연산자

첫 번째 데이터 값에만 논리가 적용된 것을 확인할 수 있습니다. R에서는 일반적으로 &&나 || 연산자보다는 &나 | 연산자를 사용할 일이 더 많습니다. &&와 || 연산자가 있다는 것 정도만 알아 둡니다.

지금까지 논리 연산자의 예시는 참과 거짓 값을 직접 비교했지만 다음과 같이 응용할 수도 있습니다.

```
> c(1 == 1, 2 == 2) & c(1 == 1, 3 == 4)    # c(TRUE, TRUE) & c(TRUE, FALSE)와 같음
[1]   TRUE FALSE
```

앞 예시는 c(TRUE, TRUE) & c(TRUE, FALSE)와 의미가 같기 때문에 TRUE, FALSE가 출력되었습니다. 이외에도 변수에 할당하여 비교하는 등 얼마든지 확장해서 사용할 수 있습니다. 결과를 반대로 만들고 싶다면 어떻게 해야 할까요? ! 연산자를 사용하면 됩니다.

```
> !(c(1 == 1, 2 == 2) & c(1 == 1, 3 == 4))
[1] FALSE   TRUE
```

기존 논리 반환값은 TRUE FALSE였기 때문에 ! 연산의 결과는 FALSE TRUE로 바뀝니다.

그림 6-14 | !(논리 부정) 논리 연산자

이외에도 %in% 연산자는 특정 데이터 값을 포함하는지 확인할 때 사용합니다. 다음은 x 변수에 a 값이 포함되어 있는지 확인하는 예시입니다.

```
> x <- c("a", "b")
> "a" %in% x
[1] TRUE
```

x 변수가 a 값을 포함하고 있기 때문에 TRUE가 출력되었습니다. 벡터 구조는 R 연산의 기본임을 잊지 마세요.

TIP

논리 연산 쉽게 이해하기

and와 or에 대한 논리 연산 결과가 헷갈린다면 다음 표를 참고합니다. 논리 연산은 다음 표와 같이 참과 거짓에 대해 연산합니다.

표 6-5 | 논리 연산자 이해

x 값	y 값	x & y 결과(and)	x | y 결과(or)	!x 결과(not)
TRUE	TRUE	TRUE	TRUE	FALSE
TRUE	FALSE	FALSE	TRUE	FALSE
FALSE	TRUE	FALSE	TRUE	TRUE
FALSE	FALSE	FALSE	FALSE	TRUE

논리식이 어렵게 느껴진다면 다음과 같이 생각해 보세요.

"and는 거짓(FALSE)이고 싶은 성향이 있고, or은 참(TRUE)이고 싶은 성향이 있다."

1. and 조건은 모든 식을 만족해야 합니다. 하나라도 만족하지 않으면 거짓(FALSE)입니다. 가령 x and y라고 하면 'x와 y가 반드시 만족해서 참(TRUE)'이라는 의미입니다. or 조건은 하나만 만족해도 좋은 조건입니다. x와 y 중 하나만 만족해도 참(TRUE)입니다. 가령 x or y라고 하면 'x 또는 y 중 하나만 만족하면 참(TRUE)'이 되는 조건입니다. 'and는 엄격하고 or은 관대하다'고 생각해도 좋습니다.
2. 연산자를 우리 말로 바꾸어서 읽어 보면 좀 더 쉽습니다. 예를 들어 'TRUE & TRUE = TRUE'라는 식은 '참 그리고 참은 참'이고 'FALSE | TRUE = TRUE'라는 식은 '거짓 또는 참은 참'이라고 말이지요.

UNIT 03 데이터 가져오기와 내보내기

R DATA ANALYSIS FOR EVERYONE

당연하지만 데이터 분석을 하려면 데이터가 있어야 합니다. 데이터는 회사 내 데이터베이스 시스템에서 직접 가져올 수도 있고, 공공 기관 등에서 공개 제공하는 문서 파일을 내려받을 수도 있습니다. R로 데이터를 가져오는 가장 흔한 방법은 문서 파일 형태의 데이터를 R로 불러오는 것입니다. 이 UNIT 03에서는 문서 파일에서 데이터를 가져오고 내보내는 방법을 알아보겠습니다.

가져오기와 내보내기 주요 함수는 다음 표와 같습니다.

표 6-6 | 가져오기와 내보내기 주요 함수

함수	설명	예시
read.csv()	CSV 형식의 데이터 파일을 데이터 프레임으로 불러옴	read.csv("파일.csv")
write.csv()	데이터 프레임을 CSV 형식 파일로 내보냄	write.csv(x, "파일.csv")
read_excel()	엑셀 형식의 데이터 파일을 데이터 프레임으로 불러옴	read_excel("파일.xlsx")
write_excel()	데이터 프레임 데이터를 엑셀 형식 파일로 내보냄	write_excel(x, "파일.xlsx")
sink()	출력 결과를 계속 기록	시작: sink("파일.text") / 끝: sink()
cat()	분석 결과를 외부 파일로 내보냄	cat(summary(x), file = "파일.text")
save()	변수를 파일로 저장	save(x, file = "파일.Rdata")
load()	파일에서 저장된 변수를 불러옴	load(file = "파일.Rdata")

문서 파일에서 데이터를 가져오는 방법은 다음과 같습니다.

1. 함수를 사용하는 방법

2. RStudio 메뉴를 이용하는 방법

먼저 실습에 사용할 CSV는 책 앞부분에 있는 '예제 파일 내려받기'를 참고하여 내려받습니다. 윈도 탐색기에서 C:\R\practice_project 폴더에 r_practice 폴더를 새로 만듭니다. 그리고 이 폴더에 내려받은 CSV 파일과 엑셀 파일(~.xlsx)을 복사합니다.

이름	수정한 날짜	유형	크기
🅧 customer_r.xlsx	2020-05-31 오후 2:47	Microsoft Excel 워...	14KB
🅧 item_r.xlsx	2020-02-17 오후 1:12	Microsoft Excel 워...	5KB
🅧 order_info_r.xlsx	2020-01-27 오전 11:29	Microsoft Excel 워...	16KB
🅧 reservation_r.xlsx	2020-01-27 오전 11:28	Microsoft Excel 워...	18KB
🅧 reservation_r_csv.csv	2020-06-03 오전 10:46	Microsoft Excel 쉼...	18KB
🅧 reservation_r_excel.xlsx	2020-06-03 오전 10:46	Microsoft Excel 워...	26KB

> 내 PC › 로컬 디스크 (C:) › R › practice_project › r_practice

그림 6-15 | 실습용 파일 복사

함수를 사용해서 데이터를 가져오는 방법부터 차근차근 알아보겠습니다.

1 read.csv()와 read.excel(): 데이터 가져오기

■ read.csv() 함수로 CSV 파일 가져오기

R에서 다룰 수 있는 파일 형식은 대단히 많습니다. 그중 데이터 분석에 많이 사용하는 CSV(Comma-Separated Values)[4] 형식의 파일에서 데이터를 가져와 보겠습니다. CSV 형식의 파일은 read.csv() 함수를 사용하여 가져옵니다. 다음은 예제로 제공하는 reservation_r_csv.csv에서 데이터를 가져오는 예시입니다.

---

4 CSV 형식의 파일은 데이터를 쉼표(comma)로 구분한 파일 형식입니다. 때에 따라 탭이나 세미콜론, 스페이스로 구분하기도 합니다.

```
> x <- read.csv("C:/R/practice_project/r_practice/reservation_r_csv.csv")
> head(x)       # 데이터 앞부분을 확인
    RESERV_NO RESERV_DATE RESERV_TIME CUSTOMER_ID BRANCH VISITOR_CNT CANCEL
1 2019082701    20190827        1800    W1340914    마포           2      N
2 2019082602    20190826        1200     W341658    동작           5      N
3 2019082601    20190826        1800    W1328993    강북           4      N
4 2019082501    20190825        1800    W1340463    용산           2      N
5 2019082401    20190824        1200    W1344912    강동           3      N
6 2019082301    20190823        1800    W1344753  영등포           2      N
```

read.csv( ) 함수를 사용해서 reservation_r_csv.csv 파일에서 데이터를 가져와 x 변수에 담은 후 head( ) 함수로 어떤 데이터가 있는지 확인했습니다. read.csv( ) 함수 뒤에 경로(C:/R/ 이하 생략)는 reservation_r_csv.csv 파일이 있는 경로를 적어 줍니다. 책에서 안내한 경로가 아니라 다른 곳에 두었다면 해당 경로를 적어야 오류가 생기지 않습니다.

■ read_excel( ) 함수로 엑셀 파일 가져오기

read_excel( ) 함수의 사용법도 비슷합니다. 단 read_excel( ) 함수를 사용하려면 먼저 readxl 패키지를 설치해야 합니다. readxl 패키지를 설치하고 library( ) 함수로 패키지를 로드합니다.

```
> install.packages("readxl")      # 패키지 설치
WARNING: Rtools is required to build R packages but is not currently installed.
Please download and install the appropriate version of Rtools before proceeding
... 생략 ...
> library(readxl)                 # 패키지 로딩
```

이후에는 CSV 파일에서 데이터를 가져올 때와 마찬가지로 read_excel( ) 함수를 사용하여 엑셀 파일에서 데이터를 가져오면 됩니다.

```
> y <- read_excel("C:/R/practice_project/r_practice/reservation_r_excel.xlsx")
> head(y)
# A tibble: 6 x 7
  RESERV_NO  RESERV_DATE RESERV_TIME CUSTOMER_ID BRANCH VISITOR_CNT CANCEL
  <chr>      <chr>       <chr>       <chr>       <chr>        <dbl> <chr>
1 2019082701 20190827    1800        W1340914    마포             2 N
2 2019082602 20190826    1200        W341658     동작             5 N
3 2019082601 20190826    1800        W1328993    강북             4 N
4 2019082501 20190825    1800        W1340463    용산             2 N
5 2019082401 20190824    1200        W1344912    강동             3 N
6 2019082301 20190823    1800        W1344753    영등포           2 N
```

reservation_r_excel.xlsx 파일의 데이터를 가져와 y 변수에 담고 head( ) 함수를 사용하여 앞 내용이 출력되었습니다. 데이터를 잘 가져온 것을 확인할 수 있습니다.

▪ RStudio 메뉴로 CSV 파일 가져오기

이번에는 RStudio 메뉴를 사용하여 문서 파일 데이터를 가져오는 방법을 알아보겠습니다. 사실 RStudio 메뉴를 사용해도 read.csv( )나 read_excel( ) 함수로 데이터를 가져오는 것은 동일합니다. 다만 RStudio가 해당 함수를 사용하면서 그래픽 사용자 인터페이스(GUI) 형태로 다양한 옵션을 조정할 수 있게 도와주기 때문에, 사용자는 간단하게 파일 내 데이터를 가져올 수 있습니다. 따라서 RStudio 메뉴를 사용해서 데이터를 가져오는 방법이 함수를 직접 사용하는 방법보다 좀 더 편리합니다.

먼저 앞과 동일하게 CSV 예제 파일을 RStudio 메뉴를 사용해서 가져오는 방법입니다. 오른쪽 위의 환경 창에서 Import Dataset을 클릭하고 From Text (base)를 선택합니다.

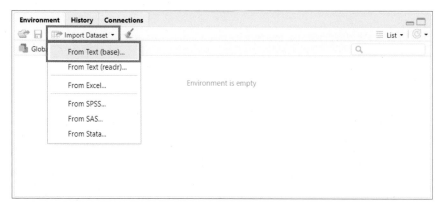

그림 6-16 | 데이터 가져오기

파일 선택 팝업 창이 열리면 경로를 찾아 파일을 선택하고 **Open**을 누릅니다. reservation_r_csv.csv 파일을 열겠습니다.

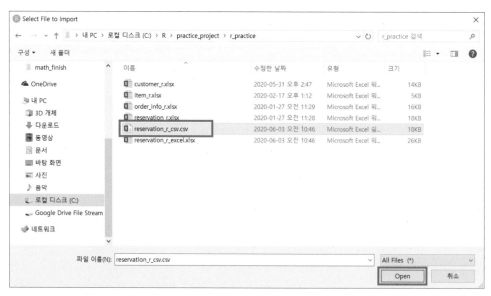

그림 6-17 | 파일 선택

그러면 데이터 가져오기 옵션 창이 나타납니다. 옵션 창 왼쪽(❶)에는 다양한 옵션을 조정할 수 있는 항목이 보입니다. 오른쪽 위(❷)에는 가져올 파일 내용을 표시하고, 오른쪽 아래(❸)에는 데이터 프레임으로 변환할 내용을 표시합니다. 별다른 옵션 조정 없이 **Import**를 누릅니다.

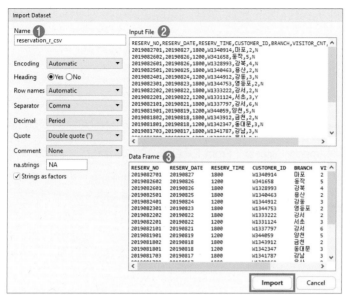

그림 6-18 | 데이터 가져오기 옵션 창

Import를 눌러 데이터 가져오기가 성공하면, 자동으로 콘솔 창에 지금까지 내용이 코드로 입력되고 실행됩니다. 그리고 소스 창에는 가져온 데이터 내용이 출력됩니다.

	RESERV_NO	RESERV_DATE	RESERV_TIME	CUSTOMER_ID	BRANCH	VISITOR_CNT	CANCEL
1	2019082701	20190827	1800	W1340914	마포	2	N
2	2019082602	20190826	1200	W341658	동작	5	N
3	2019082601	20190826	1800	W1328993	강북	4	N
4	2019082501	20190825	1800	W1340463	용산	2	N
5	2019082401	20190824	1200	W1344912	강동	3	N
6	2019082301	20190823	1800	W1344753	영등포	2	N
7	2019082202	20190822	1800	W1333222	강서	2	N
8	2019082201	20190822	1200	W1331124	서초	3	Y
9	2019082101	20190821	1800	W1337797	강서	6	N
10	2019081901	20190819	1200	W344059	양천	5	N
11	2019081802	20190818	1800	W1343912	금천	2	N
12	2019081801	20190818	1200	W1342347	동대문	3	N

Showing 1 to 12 of 396 entries

가져온 데이터 출력

Console   Terminal

C:/R/practice_project/

```
> reservation_r_csv <- read.csv("C:/R/practice_project/r_practice/reservation_r_csv.csv")
>   View(reservation_r_csv)
>
```

가져오기 작업 코딩 및 실행

그림 6-19 | CSV 데이터 가져오기 실행

CSV 파일의 데이터를 불러와 reservation_r_csv라는 데이터 프레임을 생성한 것을 확인할 수 있습니다.

■ RStudio 메뉴로 엑셀 파일 가져오기

다음은 RStudio 메뉴를 사용하여 엑셀 파일을 가져오는 예시입니다. 진행 방법은 CSV 파일과 동일합니다. 환경 창에서 Import Dataset > From Excel을 선택합니다(앞서 readxl 패키지를 설치하지 않았다면 설치 여부를 묻는 화면이 나타나고, 동의하면 readxl 패키지 설치를 시작할 것입니다).

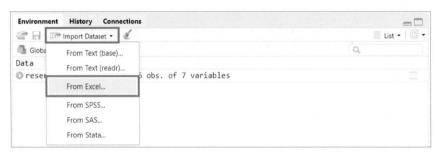

그림 6-20 | 엑셀 파일 가져오기

정상적으로 진행되었다면 다양한 옵션을 선택할 수 있는 엑셀 데이터 가져오기 옵션 창이 열립니다. reservation_r_excel.xlsx 파일을 가져오겠습니다.

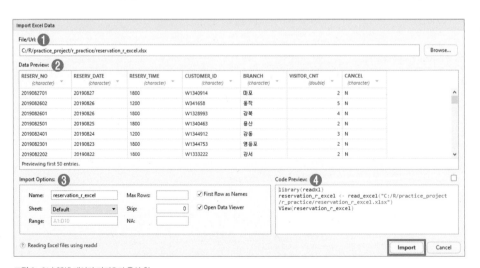

그림 6-21 | 엑셀 데이터 가져오기 옵션 창

❶ 파일 경로를 지정합니다. **Browse**를 눌러 파일 경로로 이동해서 원하는 파일을 선택합니다.

❷ 데이터 프레임으로 변환될 데이터 내용입니다. 열 이름을 클릭하면 자료형을 바꿀 수 있습니다.

❸ 데이터 시트나 범위, 데이터셋 첫 번째 행을 열 이름으로 처리할지 여부 등을 선택할 수 있습니다.

❹ 사용자가 선택한 내용이 코드로 어떻게 구현될지 미리 보여 줍니다. 해당 영역을 클릭하면 직접 수정할 수도 있습니다.

모두 확인한 후 **Import**를 누르면 CSV 가져오기 때와 마찬가지로 엑셀 파일에서 데이터를 가져옵니다. 가져오기가 성공하면, 자동으로 지금까지 내용이 코드로 입력되고 실행됩니다. 그리고 소스 창에는 엑셀 파일에서 가져온 데이터 내용이 출력됩니다.

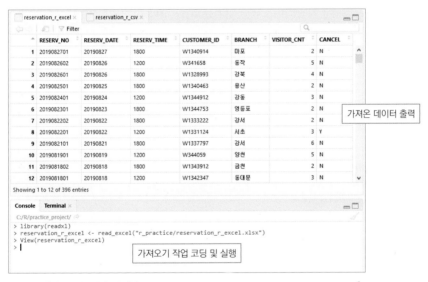

그림 6-22 | 엑셀 데이터 가져오기 실행

엑셀 파일의 데이터를 불러와서 reservation_r_excel이라는 데이터 프레임을 생성한 것을 확인할 수 있습니다.

2 write.csv()와 write_excel() 함수: 데이터 내보내기

■ write.csv() 함수로 csv 파일 내보내기

데이터를 내보낼 때는 write.csv()와 write.excel() 함수를 사용합니다. 먼저 write.csv() 함수로 데이터 프레임을 CSV 파일로 내보내겠습니다. 다음은 앞서 만든 reservation_r_csv 데이터 프레임 변수를 csv_output.csv라는 파일 이름으로 내보내는 예시입니다.

```
> write.csv(reservation_r_csv, "csv_output.csv")
```

파일 경로를 지정하지 않으면 기본으로 현재 워킹 디렉터리에 저장됩니다.

이 책은 C:\R\practice_project에 저장되며, 저장 위치는 콘솔 창에서 확인할 수 있습니다.

그림 6-23 | 파일 저장 위치

워킹 디렉터리에 csv_output.csv 파일이 만들어졌습니다.

이름	수정한 날짜	유형	크기
.Rproj.user	2020-06-04 오전 8:47	파일 폴더	
r_practice	2020-06-23 오후 1:07	파일 폴더	
.RData	2020-06-04 오전 9:35	R Workspace	3KB
.Rhistory	2020-06-04 오후 4:17	RHISTORY 파일	3KB
csv_output.csv	2020-06-23 오후 1:32	Microsoft Excel 쉼표로 ...	22KB
my_first_script.R	2020-06-04 오전 9:35	R 파일	1KB
practice_project.Rproj	2020-06-23 오후 12:56	R Project	1KB

내 PC › 로컬 디스크 (C:) › R › practice_project

그림 6-24 | 만들어진 csv_output.csv 파일

메모장을 열어 만들어진 파일을 확인해 보면(파일 위에서 **마우스 오른쪽 버튼 클릭 > 연결 프로그램 > 메모장**) 데이터 프레임의 데이터가 그대로 내보내진 것을 확인할 수 있습니다.

```
csv_output - 메모장                                                    ─    □    ×
파일(F)  편집(E)  서식(O)  보기(V)  도움말(H)
"","RESERV_NO","RESERV_DATE","RESERV_TIME","CUSTOMER_ID","BRANCH","VISITOR_CNT","CANCEL"
"1",2019082701,20190827,1800,"W1340914","마포",2,"N"
"2",2019082602,20190826,1200,"W341658","동작",5,"N"
"3",2019082601,20190826,1800,"W1328993","강북",4,"N"
"4",2019082501,20190825,1800,"W1340463","용산",2,"N"
"5",2019082401,20190824,1200,"W1344912","강동",3,"N"
"6",2019082301,20190823,1800,"W1344753","영등포",2,"N"
"7",2019082202,20190822,1800,"W1333222","강서",2,"N"
"8",2019082201,20190822,1200,"W1331124","서초",3,"Y"
"9",2019082101,20190821,1800,"W1337797","강서",6,"N"
"10",2019081901,20190819,1200,"W344059","양천",5,"N"
"11",2019081802,20190818,1800,"W1343912","금천",2,"N"
"12",2019081801,20190818,1200,"W1342347","동대문",3,"N"
"13",2019081703,20190817,1800,"W1341787","강남",3,"N"
```

그림 6-25 | CSV 형식으로 내보내진 데이터

■ write_excel( ) 함수로 엑셀 파일 내보내기

이번에는 write_excel( ) 함수를 사용하여 엑셀 파일로 내보내겠습니다. read_excel( ) 함수 때와 마찬가지로 엑셀 파일로 내보내려면 먼저 패키지를 설치해야 합니다. writexl 패키지를 설치하고 로드합니다.

```
> install.packages("writexl")        # 패키지 설치
WARNING: Rtools is required to build R packages but is not currently in-
stalled. Please download and install the appropriate version of Rtools
before proceeding
> library(writexl)                    # 패키지 로딩
```

앞서 만든 reservation_r_excel 데이터 프레임 변수를 excel_output.xlsx라는 파일 이름으로 내보내겠습니다.

```
> write_xlsx(reservation_r_excel, "excel_output.xlsx")    # 엑셀 파일로 내보냄
```

워킹 디렉터리(C:\R\practice_project)를 확인해 보면 excel_output.xlsx 파일이 만들어진 것을 확인할 수 있습니다.

그림 6-26 | 만들어진 excel_output.xlsx 파일

다음 그림은 엑셀 파일을 더블클릭해서 열어 본 결과입니다.

	A	B	C	D	E	F	G
1	RESERV_NO	RESERV_DATE	RESERV_TIME	CUSTOMER_ID	BRANCH	VISITOR_CNT	CANCEL
2	2019082701	20190827	1800	W1340914	마포	2	N
3	2019082602	20190826	1200	W341658	동작	5	N
4	2019082601	20190826	1800	W1328993	강북	4	N
5	2019082501	20190825	1800	W1340463	용산	2	N
6	2019082401	20190824	1200	W1344912	강동	3	N
7	2019082301	20190823	1800	W1344753	영등포	2	N
8	2019082202	20190822	1800	W1333222	강서	2	N
9	2019082201	20190822	1200	W1331124	서초	3	Y
10	2019082101	20190821	1800	W1337797	강서	6	N
11	2019081901	20190819	1200	W344059	양천	5	N
12	2019081802	20190818	1800	W1343912	금천	2	N
13	2019081801	20190818	1200	W1342347	동대문	3	N
14	2019081703	20190817	1800	W1341787	강남	3	N

그림 6-27 | excel 형식으로 내보내진 파일

데이터 프레임 내용이 엑셀 파일로 만들어진 것을 확인할 수 있습니다.

3 sink() 함수: 분석 결괏값 저장하기

sink( ) 함수는 편집 창이나 콘솔 창에서 실행한 R 코드의 결과를 콘솔 창에 출력하는 대신 외부 파일로 출력합니다. 분석한 결괏값만 출력해서 정리하고 싶을 때 유용하게 사용할 수 있습니다. sink("만들 파일이름")으로 파일을 만든 후 코드를 실행하여 결과 출력 기록 작업을 수행하고, sink( )로 파일 기록을 마칩니다. 파일은 역시 프로젝트의 워킹 디렉터리에 만들어집니다.

```
> sink("output.txt")        # 출력을 output.txt에 기록 시작
> x <- 1
> y <- 2
> x
> y            ·-----실행 결과를 output.txt에 기록
> x + y
> sink()                    # 기록 마침
```

워킹 디렉터리 내에 만들어진 output.txt 파일을 열어 보면 다음 그림과 같이 콘솔 창에 출력될 결과가 파일로 저장되어 있습니다.

```
output - Windows 메모장                          —   □   ×
파일(F)  편집(E)  서식(O)  보기(V)  도움말
[1] 1
[1] 2
[1] 3



                        Ln 1, Col 1     100%   Windows (CRLF)   UTF-8
```

그림 6-28 | output.txt 파일 내용

4 save()와 load() 함수

save()와 load() 함수는 생성한 변수[5]를 저장하거나 불러옵니다. R에서 변수를 만들면 해당 변수는 R에 기록됩니다. R에 기록했다고 해서 변수를 영구적으로 저장하는 것은 아닙니다. 저장하지 않고 R을 종료하면 변수도 사라집니다. R을 종료한 후에도 변수를 사용하길 원한다면 앞서 배운 대로 RStudio의 워크 스페이스를 저장하면 됩니다. 변수를 별도로 관리해야 한다면 수동으로 파일에 저장하고 불러올 수 있습니다. 이때 사용하는 함수가 save()와 load()입니다. save()는 변수를 파일에 저장하는 함수고, load()는 변수를 불러오는 함수입니다.

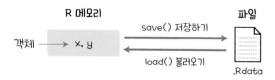

그림 6-29 | save()와 load() 함수

다음은 x와 y 변수를 save.Rdata 파일에 저장하고 불러오는 예시입니다.

```
> x <- c(1, 2, 3)
> y <- c(4, 5, 6)
> save(x, y, file = "save.Rdata")    # save.Rdata 파일에 x와 y 변수 내용 저장
```

save() 함수를 사용하여 x와 y 변수를 save.Rdata 파일에 저장했습니다.

rm(list = ls())를 사용하여 R 메모리에 있는 모든 변수를 삭제해 보겠습니다. rm()은 변수를 삭제하는 함수고, ls()는 모든 목록 이름을 반환하는 함수입니다.

```
> rm(list = ls())       # 메모리의 변수를 모두 삭제
```

---

5 save()나 load() 함수는 객체를 저장하고 불러옵니다. R에서 객체(object)란 숫자나 문자 데이터셋, 함수, 변수처럼 R에서 동작하는 '어떤 것'을 모두 아우르는 개념이지만, 이 책에서는 데이터셋이나 데이터 값을 담은 변수라고 생각해도 좋습니다.

그림 6-30 | 모든 변수가 삭제된 상태

rm(list = ls()) 명령어를 사용하여 모든 변수를 삭제했기 때문에 환경 창을 확인해도 변수가 없습니다. 즉, 메모리에 아무것도 없는 것을 확인할 수 있습니다.

그럼 이번에는 load() 함수를 사용하여 파일로 저장된 변수들을 메모리로 불러오겠습니다.

```
> load("save.Rdata")        # save.Rdata 내용을 불러옴
```

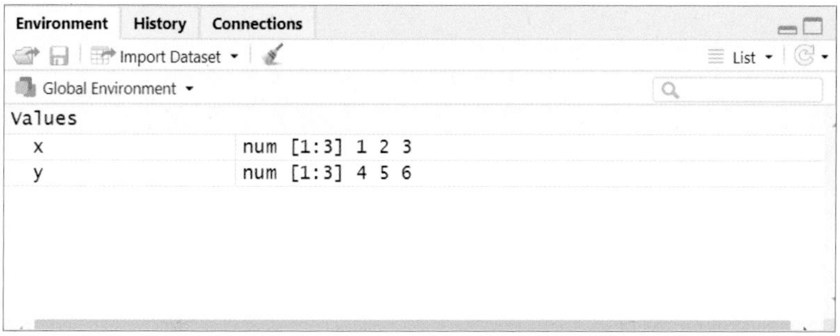

그림 6-31 | 저장된 변수 불러오기

load() 함수를 사용해서 save.Rdata 파일에 저장했던 변수를 다시 불러왔습니다.

현재 사용 중인 변수를 모두 저장하려면 list = ls() 구문을 응용합니다. 예를 들어 다음과 같이 사용합니다.

```
> x <- c(1, 2, 3)
> y <- c(4, 5, 6)
> z <- c(7, 8, 9)
> save(list = ls(), file = "save2.Rdata")      # 현재 변수들을 저장
         ┊‥‥‥ 모든 변수
```

현재 사용 중인 모든 변수를 save2.Rdata에 저장했습니다. 불러오기는 앞과 마찬가지로 load( ) 함수를 사용하면 됩니다.

NOTE

sink()와 비슷한 cat() 함수

cat( ) 함수는 숫자나 문자를 결합하여 출력하는데, 다음과 같이 외부 결과 출력용으로도 응용할 수 있습니다.

```
> connect <- file("result.txt", "w")      # 파일 설정
> x <- iris$Sepal.Length
> cat(summary(x), file = connect)          # summary 함수의 결과를 파일에 기록
> close(connect)                           # 파일 종료
```

워킹 디렉터리 내에 생성된 result.txt 파일을 열어 보면 다음 그림과 같은 내용이 저장되어 있습니다.

그림 6-32 | cat() 함수를 사용하여 저장한 출력 결과

sink( ) 함수는 콘솔 창에 출력되는 모든 결과가, cat( ) 함수는 출력을 원하는 변수의 결과가 외부 파일로 만들어진 것을 알 수 있습니다. 상황에 따라 적절히 선택하여 사용합니다.

UNIT 04 데이터 확인

R DATA ANALYSIS FOR EVERYONE

데이터를 분석하려면 어떤 데이터로 데이터셋이 어떻게 구성되어 있는지 확인하는 작업이 중요합니다. 데이터가 적다면 사람의 눈으로 일일이 확인 가능하겠지만, 열 수십 개와 행 수 천수만 개를 가진 데이터셋이라면 어떤 데이터들로 구성했는지 한눈에 알기가 매우 어려울 것입니다. R은 데이터셋을 쉽게 확인할 수 있는 다양한 함수를 제공하는데, 주요 함수는 다음 표와 같습니다.

표 6-7 | 데이터셋 확인하기 주요 함수

함수	설명	예시
head()	데이터셋 앞부분 출력	head(x, 출력행 개수)
tail()	데이터셋 뒷부분 출력	tail(x, 출력행 개수)
str()	데이터셋 구조 출력	str(x)
summary()	요약 통계량 출력	summary(x)
View()	소스 창으로 데이터와 구조 확인	View(x)
dim()	열과 행, 차원의 개수를 셈	dim(x)
ncol()	열 개수를 셈	ncol(x)
nrow()	행 개수를 셈	nrow(x)
length()	벡터 길이를 반환, 리스트나 데이터 프레임에서도 사용 가능	length(x)
ls()	지정된 전체 변수(객체)를 보여 줌	ls()
object.size	메모리상에서 변수(객체) 데이터의 크기 확인	object.size(x)

※ x는 데이터를 의미합니다.

UNIT 04부터 실습은 R에 기본으로 포함된 데이터셋인 iris[6]를 사용하겠습니다. iris는 데이터 프레임 구조로 되어 있으며, 붓꽃(iris)의 세 가지 종(species)에 대한 꽃받침(sepal), 꽃잎

---

6   library(help = datasets)로 R에 어떤 기본 데이터셋들이 있는지 확인할 수 있습니다.

(petal)의 넓이(width)와 길이(length)를 정리한 데이터입니다(행 150개). iris 데이터셋을 자세히 확인해 보면 다음 표와 같습니다.

표 6-8 | iris 데이터셋 구조

열 이름	의미	클래스(class)
Species	품종(setosa, versicolor, virginica)	팩터(factor) 구조
Sepal.Width	꽃받침 넓이	숫자형(number)
Sepal.Length	꽃받침 길이	숫자형(number)
Petal.Width	꽃잎 넓이	숫자형(number)
Petal.Length	꽃잎 길이	숫자형(number)

1 head()와 tail() 함수: 데이터 앞부분과 끝부분 확인하기

■ head() 함수: 데이터 앞부분 확인

head( ) 함수는 데이터셋의 맨 앞부분을 출력합니다. 기본은 6행까지 출력하지만, 옵션을 이용하면 n행까지 출력할 수 있습니다. 데이터셋(dataset)이란 데이터가 모여 있는 집합을 의미합니다. 즉, 벡터와 데이터 프레임 등 데이터 구조와 관계없이 정보 하나를 이루는 덩어리입니다.

```
> head(iris)      # 데이터셋의 앞부분을 출력
  Sepal.Length Sepal.Width Petal.Length Petal.Width Species
1          5.1         3.5          1.4         0.2  setosa
2          4.9         3.0          1.4         0.2  setosa
3          4.7         3.2          1.3         0.2  setosa
4          4.6         3.1          1.5         0.2  setosa
5          5.0         3.6          1.4         0.2  setosa
6          5.4         3.9          1.7         0.4  setosa
```

데이터셋의 맨 앞쪽 10행을 보고 싶다면 다음과 같이 합니다.

```
> head(iris, 10)
   Sepal.Length Sepal.Width Petal.Length Petal.Width Species
1           5.1         3.5          1.4         0.2  setosa
2           4.9         3.0          1.4         0.2  setosa
3           4.7         3.2          1.3         0.2  setosa
4           4.6         3.1          1.5         0.2  setosa
5           5.0         3.6          1.4         0.2  setosa
6           5.4         3.9          1.7         0.4  setosa
7           4.6         3.4          1.4         0.3  setosa
8           5.0         3.4          1.5         0.2  setosa
9           4.4         2.9          1.4         0.2  setosa
10          4.9         3.1          1.5         0.1  setosa
```

iris 데이터 중 맨 앞쪽 10행이 출력되었습니다.

■ **tail(): 데이터 끝부분 확인**

tail() 함수는 head() 함수와 반대로 데이터셋의 맨 뒤쪽 6행을 기본으로 출력합니다.

```
> tail(iris)        # 데이터셋의 뒷부분을 출력
    Sepal.Length Sepal.Width Petal.Length Petal.Width   Species
145          6.7         3.3          5.7         2.5 virginica
146          6.7         3.0          5.2         2.3 virginica
147          6.3         2.5          5.0         1.9 virginica
148          6.5         3.0          5.2         2.0 virginica
149          6.2         3.4          5.4         2.3 virginica
150          5.9         3.0          5.1         1.8 virginica
```

출력 행의 조절은 head() 함수와 같습니다. 마찬가지로 응용해 보기 바랍니다.

■ summary(): 요약 통계량 확인

summary( ) 함수는 데이터의 요약 통계량을 출력합니다. 요약 통계량이란 요약된 통계 값을 의미합니다. summary( ) 함수는 데이터를 사전 분석할 때 데이터 특성을 알고자 자주 사용합니다.

```
> summary(iris)      # iris 모든 열의 요약 통계량을 출력
  Sepal.Length    Sepal.Width     Petal.Length    Petal.Width          Species
 Min.   :4.300   Min.   :2.000   Min.   :1.000   Min.   :0.100   setosa    :50
 1st Qu.:5.100   1st Qu.:2.800   1st Qu.:1.600   1st Qu.:0.300   versicolor:50
 Median :5.800   Median :3.000   Median :4.350   Median :1.300   virginica :50
 Mean   :5.843   Mean   :3.057   Mean   :3.758   Mean   :1.199
 3rd Qu.:6.400   3rd Qu.:3.300   3rd Qu.:5.100   3rd Qu.:1.800
 Max.   :7.900   Max.   :4.400   Max.   :6.900   Max.   :2.500
```

대표적인 요약 통계량은 다음 표와 의미가 같습니다.

표 6-9 | 요약 통계량 의미

요약 통계량	의미	설명
Min	최솟값	데이터에서 가장 작은 값
1st Qu	1사분위수	하위 25%의 위치 값
Median	중앙값	50% 중앙의 위치 값
Mean	평균	모든 값을 더해서 개수로 나눈 값
3rd Qu	3사분위수	하위 75%의 위치 값
Max	최댓값	데이터에서 가장 큰 값

Sepal.Length 열의 최솟값은 4.300, 1사분위수는 5.100, 중앙값은 5.800, 평균은 5.843, 3사분위수는 6.400, 최댓값은 7.900인 것을 알 수 있습니다. 다음과 같이 열 하나에 대해서도 요약 통계량을 확인할 수 있습니다.

```
> summary(iris$Sepal.Length)
   Min. 1st Qu.  Median    Mean 3rd Qu.    Max.
  4.300   5.100   5.800   5.843   6.400   7.900
```

Sepal.Length 열에 대한 요약 통계량이 출력되었습니다.

 2 **str() 함수: 데이터셋 구조 확인하기**

str() 함수는 데이터셋의 구조를 출력합니다.

```
> str(iris)          # 데이터 구조 보기        ┌── 열 이름. num은 numeric인 숫자형을 의미합니다.
                                              └── 옆에 숫자들은 데이터 값들을 나타냅니다.
'data.frame':   150 obs. of  5 variables:
 $ Sepal.Length: num  5.1 4.9 4.7 4.6 5 5.4 4.6 5 4.4 4.9 ...
 $ Sepal.Width : num  3.5 3 3.2 3.1 3.6 3.9 3.4 3.4 2.9 3.1 ...
 $ Petal.Length: num  1.4 1.4 1.3 1.5 1.4 1.7 1.4 1.5 1.4 1.5 ...
 $ Petal.Width : num  0.2 0.2 0.2 0.2 0.2 0.4 0.3 0.2 0.2 0.1 ...
 $ Species     : Factor w/ 3 levels "setosa","versicolor",..: 1 1 1 1 1 1 1
 1 1 1 ...
```
데이터 프레임 구조로 관측치(행) 150개와 변수(열) 다섯 개로 구성됩니다.

str() 함수를 사용하여 iris는 열 다섯 개와 행 150개로 구성되어 있으며, 데이터 프레임 구조라는 것을 알 수 있습니다. 각 열 이름과 클래스 데이터 값들도 확인할 수 있습니다.

이처럼 head(), tail(), str() 함수를 조합해서 사용하면 데이터가 어떤 구조로 데이터셋을 구성하는지 알기 쉽습니다. head(), tail(), str() 함수는 데이터 분석 작업을 할 때 매우 빈번하게 사용합니다.

3 **View() 함수: 데이터셋 창을 띄워 확인하기**

View( ) 함수는 데이터셋 내용을 소스 창 화면에 별도로 띄워 줍니다. 데이터셋이 어떤 데이터 구조인지 상시 확인해야 하는 경우 별도로 소스 창에 띄워 놓고 참조하면 유용하게 사용할 수 있습니다. 다만 너무 큰 데이터셋은 출력이 어려울 수 있으므로 창 크기 등을 적당히 조절하여 사용합니다.

```
> View(iris)
```

	Sepal.Length	Sepal.Width	Petal.Length	Petal.Width	Species
1	5.1	3.5	1.4	0.2	setosa
2	4.9	3.0	1.4	0.2	setosa
3	4.7	3.2	1.3	0.2	setosa
4	4.6	3.1	1.5	0.2	setosa
5	5.0	3.6	1.4	0.2	setosa
6	5.4	3.9	1.7	0.4	setosa
7	4.6	3.4	1.4	0.3	setosa
8	5.0	3.4	1.5	0.2	setosa
9	4.4	2.9	1.4	0.2	setosa
10	4.9	3.1	1.5	0.1	setosa
11	5.4	3.7	1.5	0.2	setosa
12	4.8	3.4	1.6	0.2	setosa
13	4.8	3.0	1.4	0.1	setosa
14	4.3	3.0	1.1	0.1	setosa
15	5.8	4.0	1.2	0.2	setosa

Showing 1 to 16 of 150 entries, 5 total columns

그림 6-33 | 소스 창에 띄운 데이터셋

dim(), nrow(), ncol() 함수: 데이터 차원, 행, 열 확인하기

dim(), nrow(), ncol() 함수는 차원과 행 개수, 열 개수를 확인합니다. 각 함수를 사용하여 행과 열을 세어 보겠습니다.

```
> dim(iris)        # 차원을 셈, iris는 150행 5열
[1] 150     5

> nrow(iris)       # 행 개수를 셈
[1] 150

> ncol(iris)       # 열 개수를 셈
[1] 5
```

행과 열을 세어 출력했습니다. dim( ) 함수를 사용할 때 배열이라면 행과 열, 차원까지 출력합니다. R에서 기본 출력 기준은 행부터라는 것을 잊지 마세요.

 ## length() 함수: 데이터 길이 세기

length( ) 함수는 데이터셋 길이를 셉니다. 벡터나 리스트 등에서도 사용할 수 있습니다. 데이터 프레임에서 사용하면 열 길이를 세서 출력합니다.

```
> length(iris)     # iris 열의 길이를 셈
[1] 5
```

iris의 열 개수는 다섯 개라는 것을 알 수 있습니다. 벡터에 대해 사용하면 벡터 길이를 세어 출력합니다.

```
> x <- c(1, 2, 3, 4, 5, 6, 7, 8, 9, 10)
> x
 [1]  1  2  3  4  5  6  7  8  9 10

> length(x)          # x의 길이를 셈
[1] 10
```

벡터 구조의 x 변수는 데이터 값 10개를 담고 있기 때문에 10이 출력되었습니다.

 6 ls() 함수: 변수 목록 확인하기

ls() 함수는 현재 지정된 변수 목록을 반환합니다. 해당 내용은 RStudio 오른쪽 위의 환경
창에서도 확인할 수 있습니다.

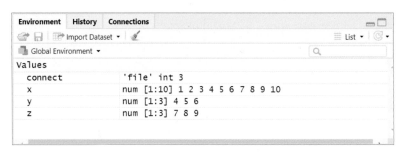

그림 6-34 | 환경 창에서 변수 확인

변수를 콘솔 창에 출력해 보겠습니다.

```
> ls()
[1] "connect" "x"        "y"        "z"
```

같은 내용이 출력되었습니다. ls() 함수는 단독으로 사용하기도 하지만, 앞서 살펴본 rm()
함수와 조합하여 변수(객체)를 모두 삭제하는 명령어인 rm(list = ls())로도 응용해서 자
주 사용합니다.

7 **object.size() 함수: 변수 크기 확인하기**

object.size( ) 함수는 변수 크기를 확인합니다. R은 데이터를 메모리에 올려놓고 작업하기 때문에 동작 능률이나 메모리 한계 등을 이유로 때때로 데이터 크기를 확인해서 작업해야 할 때가 있습니다. 이 경우 object.size( ) 함수를 사용합니다.

```
> x <- c(1, 2, 3, 4, 5)
> object.size(x)      # 변수 크기를 확인
96 bytes
```

x 변수의 크기는 96바이트로 확인되었습니다.

8 **데이터의 자료형과 데이터 구조를 확인하는 함수들**

데이터의 자료형이나 데이터 구조를 확인하는 데 is.~ 계열 함수들을 사용합니다. 종류가 많이 있는데, 주요한 함수 몇 가지를 소개합니다.

표 6–10 | 데이터 자료형과 데이터 구조 확인하기 주요 함수

함수	설명	예시
is.na( )	데이터가 NA(결측치)인지 확인, 개별 데이터 값에 대해 TRUE/FALSE를 반환	is.na(x)
is.null( )	데이터셋이 null인지 확인	is.null(x)
is.numeric( )	데이터셋이 숫자형인지 확인	is.numeric(x)
is.character( )	데이터셋이 문자형인지 확인	is.character(x)
is.logical( )	데이터셋이 논리형인지 확인	is.logical(x)
is.factor( )	데이터 구조가 팩터형인지 확인	is.factor(x)
is.data.frame( )	데이터 구조가 데이터 프레임인지 확인	is.data.frame(x)

```
> x <- c(1, 2, 3, 4, 5, 6, 7, 8, NA, 10)
> x
 [1]  1  2  3  4  5  6  7  8 NA 10

> is.na(x)                # 개별 데이터가 NA인지 확인
 [1] FALSE FALSE FALSE FALSE FALSE FALSE FALSE FALSE  TRUE
[10] FALSE

> is.null(x)              # 데이터셋이 null인지 확인
[1] FALSE

> is.numeric(x)           # 데이터셋이 숫자형인지 확인
[1] TRUE

> is.character(x)         # 데이터셋이 문자형인지 확인
[1] FALSE

> is.logical(x)           # 데이터셋이 논리형인지 확인
[1] FALSE

> is.factor(x)            # 데이터셋이 팩터 구조인지 확인
[1] FALSE

> is.data.frame(x)        # 데이터셋이 데이터 프레임 구조인지 확인
[1] FALSE
```

예시에서 x 변수는 결측치 하나를 포함한 숫자형 벡터 변수입니다. 다양한 is.~ 계열 함수를 사용해서 자료형이나 데이터 구조가 어떤 것인지 확인했습니다. is.na( ) 함수는 x 변수의 개별 데이터 값들에 대해 참/거짓 결과를 출력했고, 나머지 함수들은 x 변수 데이터셋에 대해 참/거짓 결과를 출력했습니다. 이 경우 NA는 결측치이므로 무시하고 확인합니다. 따라서 is.numeric은 TRUE로 결과가 출력되었습니다.

살펴본 바와 같이 확인 함수들은 데이터를 확인하는 데 사용할 수 있습니다. 또 출력 결과로 결괏값을 반환하기에, 결괏값을 변수에 할당하거나 함수에 적용하면 데이터 처리 과정에도 응용할 수 있습니다.

데이터 조작

조작 함수는 데이터를 나누고 합치고 선택하고 변형합니다. 조작 작업은 데이터 처리의 기본이라고 할 수 있습니다. 조작 함수에서 제공하는 많은 기능은 뒤에 배울 dplyr 패키지에서도 제공합니다. 하지만 R에서 기본으로 제공하는 조작 함수에 무엇이 있는지 아는 것도 중요하기 때문에 주요 함수 위주로 살펴보겠습니다.

표 6-11 | 데이터 조작하기 주요 함수

함수	설명	예시
rbind()	데이터 값을 행으로 취급하여 합침	rbind(x, y)
cbind()	데이터 값을 열로 취급하여 합침	cbind(x, y)
split()	분리할 열 팩터를 기준으로 분리	split(x, 분리할 기준열팩터)
subset()	조건식으로 데이터를 추출	subset(x, 조건식, select = [데이터 프레임의 경우 선택할 열])
substr()	데이터에서 일부 문자열을 선택해서 추출	substr(데이터(열이름), 시작위치, 종료위치)
merge()	데이터 프레임을 행 이름이나 열 이름으로 합침	merge(합치려는 데이터프레임1, 합치려는 데이터프레임2)
sort()	데이터 값의 순서를 정렬, 기본은 오름차순	sort(x, [decreasing = FALSE 또는 TRUE])
order()	데이터 값의 순서 인덱스를 반환, 기본은 오름차순	order(x, [decreasing = FALSE 또는 TRUE])
unique	유일 값을 반환	unique(x)
rm()	변수(객체)를 삭제	rm(x)
tapply	기준으로 대상을 그룹화하여 통계를 적용	tapply(함수적용대상, 그룹기준, 적용할 통계)
mapply	대상에 통계를 적용	mapply(적용할 통계, 함수적용대상)
aggregate()	특정 열을 기준으로 다른 열의 합계, 평균 등 통계치를 계산	aggregate(기준열 ~ 그룹화할 열, x, 적용할 통계)

1 rbind()와 cbind() 함수: 행끼리, 열끼리 묶기

bind라는 단어가 묶는다는 의미인 것처럼, rbind() 함수는 행(column)을 합치고 cbind() 함수는 열(row)을 합칩니다. 주로 벡터, 행렬, 데이터 프레임에 대해 적용하여 행렬 또는 데이터 프레임을 만드는 데 사용합니다. 분리된 데이터를 합쳐 데이터셋 하나로 만드는 데 유용하게 사용할 수 있습니다.

다음과 같이 행을 기준으로 묶을 수 있습니다.

```
> x <- c(1, 2, 3, 4, 5)
> y <- c(6, 7, 8, 9, 10)

> rbind(x, y)      # x와 y를 행으로 합침
  [,1] [,2] [,3] [,4] [,5]
x    1    2    3    4    5
y    6    7    8    9   10
```

x	1	2	3	4	5

y	6	7	8	9	10

↓

x	1	2	3	4	5
y	6	7	8	9	10

그림 6-35 | 행끼리 묶기

또는 다음과 같이 열을 기준으로 묶을 수도 있습니다.

```
> cbind(x, y)      # x와 y를 열로 합침
     x  y
[1,] 1  6
[2,] 2  7
[3,] 3  8
[4,] 4  9
[5,] 5 10
```

그림 6-36 | 열끼리 묶기

첫 번째 예시는 rbind( ) 함수를 사용해서 행으로 합쳤고, 두 번째 예시는 cbind( ) 함수를 사용해서 열로 합쳤습니다. 데이터 프레임에서 열을 만들어 합치는 예시도 살펴보겠습니다.

```
> df <- data.frame(name = c("a", "b"), score = c(80, 60))     # 데이터 프레임 생성
> df
  name score
1    a    80
2    b    60


> cbind(df, rank = c(1, 2))     # rank 열 추가
  name score rank
1    a    80    1
2    b    60    2
```

name	score
a	80
b	60

\+

rank
1
2

→

name	score	rank
a	80	1
b	60	2

그림 6-37 | 데이터 프레임 열끼리 묶기

df라는 데이터 프레임을 만들었고, rank라는 이름의 열을 만들어 cbind() 함수로 합쳤습니다.

2 split() 함수: 팩터 열로 나누기

split() 함수는 데이터셋에 대해 분리할 팩터 열을 기준으로 분리합니다.

```
> split(iris, iris$Species)      # Species 기준으로 데이터를 분리
$setosa
   Sepal.Length Sepal.Width Petal.Length Petal.Width Species
1           5.1         3.5          1.4         0.2  setosa
2           4.9         3.0          1.4         0.2  setosa
3           4.7         3.2          1.3         0.2  setosa
... 생략 ...
$versicolor
    Sepal.Length Sepal.Width Petal.Length Petal.Width    Species
51           7.0         3.2          4.7         1.4 versicolor
52           6.4         3.2          4.5         1.5 versicolor
53           6.9         3.1          4.9         1.5 versicolor
... 생략 ...
$virginica
    Sepal.Length Sepal.Width Petal.Length Petal.Width   Species
101          6.3         3.3          6.0         2.5 virginica
102          5.8         2.7          5.1         1.9 virginica
103          7.1         3.0          5.9         2.1 virginica
```

팩터 열인 Species 열 값을 기준으로 데이터가 분리되었습니다. 반환값은 리스트 구조입니다.

3 subset() 함수: 조건으로 데이터 선택하기

subset() 함수는 벡터, 배열, 데이터 프레임 데이터셋에 대해 조건에 만족하는 데이터를 선택합니다.

iris에 대해 Sepal.Length가 7 이상인 데이터 값만 선택해 보겠습니다.

```
> subset(iris, Sepal.Length >= 7)
    Sepal.Length Sepal.Width Petal.Length Petal.Width    Species
51           7.0         3.2          4.7         1.4 versicolor
103          7.1         3.0          5.9         2.1  virginica
106          7.6         3.0          6.6         2.1  virginica
... 생략 ...
```

조건식을 적용해서 출력되었습니다. 같은 조건으로 특정 열만 선택하여 출력해 보겠습니다.

```
> # Sepal.Length, Species 열만 선택
> subset(iris, Sepal.Length >= 7, select = c("Sepal.Length", "Species"))
    Sepal.Length    Species
51           7.0 versicolor
103          7.1  virginica
106          7.6  virginica
... 생략 ...
```

c() 함수를 함께 사용하여 Sepal.Length, Species 열만 선택해서 추출했습니다. 그림으로 확인하면 원리는 다음과 같습니다.

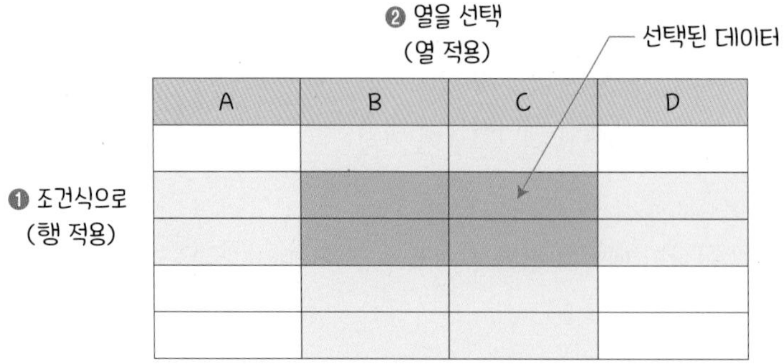

그림 속 텍스트:

❷ 열을 선택
(열 적용)

선택된 데이터

	A	B	C	D
❶ 조건식으로				
(행 적용)				

그림 6-38 | subset() 함수 적용 원리

4 substr() 함수: 지정한 자리만큼 문자열 선택하기

substr( ) 함수는 데이터에서 지정된 자리만큼 문자열을 선택할 때 사용합니다. 다음은 iris
의 Species 열 데이터에 대해 1에서 3까지 자리의 문자열을 선택해서 출력하는 예시입니다.

```
> substr(iris$Species, 1, 3)     # 첫 번째 자리부터 세 번째 자리까지 선택
  [1] "set" "set" "set" "set" "set" "set" "set" "set" "set" "set" "set"
"set" "set" "set" "set" "set" "set"
 [18] "set" "set" "set" "set" "set" "set" "set" "set" "set" "set" "set"
"set" "set" "set" "set" "set" "set"
 [35] "set" "set" "set" "set" "set" "set" "set" "set" "set" "set" "set"
"set" "set" "set" "set" "set" "ver"
 [52] "ver" "ver" "ver" "ver" "ver" "ver" "ver" "ver" "ver" "ver" "ver"
"ver" "ver" "ver" "ver" "ver" "ver"
 [69] "ver" "ver" "ver" "ver" "ver" "ver" "ver" "ver" "ver" "ver" "ver"
"ver" "ver" "ver" "ver" "ver" "ver"
 [86] "ver" "ver" "ver" "ver" "ver" "ver" "ver" "ver" "ver" "ver" "ver"
"ver" "ver" "ver" "ver" "vir" "vir"
[103] "vir" "vir" "vir" "vir" "vir" "vir" "vir" "vir" "vir" "vir" "vir"
"vir" "vir" "vir" "vir" "vir" "vir"
[120] "vir" "vir" "vir" "vir" "vir" "vir" "vir" "vir" "vir" "vir" "vir"
"vir" "vir" "vir" "vir" "vir" "vir"
[137] "vir" "vir" "vir" "vir" "vir" "vir" "vir" "vir" "vir" "vir" "vir"
"vir" "vir" "vir"
```

가장 앞의 세 문자까지만 선택해서 출력되었습니다. 이외에도 substr(iris$Species, 2, 4) 등 문자열에 대해 추출하고자 하는 시작 자리와 끝 자리를 지정하여 추출할 수 있습니다. substr( ) 함수는 데이터 값을 대푯값으로 변형하여 응용할 때 유용합니다.

 5 merge() 함수: 데이터 프레임 합치기

merge( ) 함수는 두 데이터 프레임의 공통 열 이름 또는 행 이름으로 데이터 프레임을 합칩니다.

> merge(합치려는 데이터프레임1, 합치려는 데이터프레임2)

다음 코드를 확인해 보겠습니다.

```
> # 데이터 프레임 생성
> x <- data.frame(name = c("a", "b", "c"), height = c(170, 180, 160))

> # name 순서가 반대로 되어 있음
> y <- data.frame(name = c("c", "b", "a"), weight = c(50, 70, 60))
> merge(x, y)      # 데이터 병합
  name height weight
1    a    170     60
2    b    180     70
3    c    160     50
```

공통 열인 name의 데이터 값을 기준으로 데이터 프레임을 합쳤습니다. 특히 y 변수의 name 데이터 값의 순서가 x 변수와는 반대로 되어 있음에도 같은 데이터 값끼리 찾아 합친 것을 확인할 수 있습니다.

x	
name	height
a	170
b	180
c	160

+

y	
name	weight
c	50
b	70
a	60

→ 합친 데이터 프레임

name	height	weight
a	170	60
b	180	70
c	160	50

그림 6-39 | 데이터 프레임 합치기

참고로 merge( ) 함수는 cbind( ) 함수와는 결과가 다릅니다.

```
> cbind(x, y)
  name height name weight
1    a    170    c     50
2    b    180    b     70
3    c    160    a     60
```

cbind( ) 함수는 공통 기준 열 없이 데이터 값 순서대로 합칠 뿐입니다. 이외에도 merge( ) 함수에는 다양한 사용법이 있지만, 뒤에 소개할 dplyr 패키지의 join 기법과 기능이 중복되므로 여기까지만 설명합니다.

6 sort()와 order() 함수

■ sort( ) 함수: 순서를 정렬해서 데이터 값 반환

sort( ) 함수는 데이터 값의 순서를 정렬해서 반환합니다. 기본은 오름차순입니다.

```
> x <- c(20, 10, 30, 50, 40)
> sort(x, decreasing = FALSE)    # 내림차순 정렬 아님(오름차순)
[1] 10 20 30 40 50
> sort(x, decreasing = TRUE)     # 내림차순 정렬
[1] 50 40 30 20 10
```

■ order() 함수: 순서를 정렬해서 인덱스 반환

order( ) 함수는 데이터 값의 순서를 정렬하는 것이 아니라, 데이터 값의 위치 인덱스를 정렬 방법대로 반환합니다. 기본은 오름차순입니다.

```
> x <- c(20, 10, 30, 50, 40)
> order(x, decreasing = FALSE)      # 오름차순 정렬일 때 인덱스 순서
[1] 2 1 3 5 4
> order(x, decreasing = TRUE)       # 내림차순 정렬일 때 인덱스 순서
[1] 4 5 3 1 2
```

처음에는 가장 작은 값 10은 2(두 번째)라는 인덱스를, 20은 1(첫 번째)이라는 인덱스를 갖습니다. 그래서 오름차순 정렬하면 2, 1, …식으로 정렬해서 인덱스가 출력되었습니다. 내림차순 정렬하면 50이 4, 40이 5라는 인덱스를 가지므로 4, 5, …식으로 정렬합니다.

인덱스를 반환하기 때문에 다음과 같이 데이터 프레임 구조 정렬에 응용할 수 있습니다.

```
                    ┌---- 오름차순으로 정렬된 인덱스로 행을 선택합니다.
                    │      즉, 오름차순으로 정렬해서 출력됩니다. 열은 모두 출력합니다.
> iris[order(iris$Sepal.Length), ]
      Sepal.Length  Sepal.Width  Petal.Length  Petal.Width   Species
14             4.3          3.0           1.1          0.1    setosa
9              4.4          2.9           1.4          0.2    setosa
39             4.4          3.0           1.3          0.2    setosa
43             4.4          3.2           1.3          0.2    setosa
42             4.5          2.3           1.3          0.3    setosa
... 생략 ...
```

7 unique() 함수: 유일 값 반환하기

벡터나 데이터 프레임에 대해 중복 값을 제거한 유일 값(unique)을 반환합니다.

```
> x <- c(1, 1, 2, 2, 3, 3)
> unique(x)
[1] 1 2 3
```

유일 값인 1, 2, 3이 반환되었습니다.

8 rm() 함수: 변수 제거하기

rm( ) 함수는 변수[7]를 메모리에서 제거합니다. 다음은 x와 y 변수를 생성했다가 rm( ) 함수로
변수를 제거하는 예시입니다.

```
> x <- 1
> y <- 2
> rm(x, y)      # x와 y 변수를 제거
```

rm( ) 함수는 모든 변수를 제거하는 rm(list = ls( )) 형식으로 많이 씁니다.

9 aggregate() 함수: 그룹별로 통계 적용하기

기준 열로 그룹화하여 특정 열에 대해 요약 통계를 적용한 값을 반환합니다. 요약 통계란 최
대(max), 최소(min), 평균(mean), 중앙값(median) 등 집단이 요약된 값을 의미합니다.

---

7   엄밀히 말하면 rm( ) 함수가 다루는 것은 객체라는 개념이지만 이 책에서는 변수라고 생각하면 됩니다.

```
aggregate(기준열 ~ 그룹화할 열, x, 적용할 통계)
```

다음은 Species(품종)를 기준으로 그룹화하여 Petal.Length(꽃잎 길이)에 대해 평균값을 구하는 예시입니다.

```
> aggregate(Petal.Length ~ Species, iris, mean)
     Species Petal.Length
1     setosa        1.462
2 versicolor        4.260
3  virginica        5.552
```

품종별로 Petal.Length의 평균 길이를 구했습니다. 여러 열을 선택하려면 다음과 같이 응용하면 됩니다.

```
> aggregate(cbind(Petal.Length, Sepal.Length) ~ Species, iris, mean)
     Species Petal.Length Sepal.Length
1     setosa        1.462        5.006
2 versicolor        4.260        5.936
3  virginica        5.552        6.588
```

cbind( ) 함수로 열을 묶어서 해당 열에 대해 평균을 구했습니다.

10 apply() 계열 함수: 조건으로 함수 적용하기

apply( ) 계열 함수에는 apply( ), sapply( ), lapply( ), tapply( ), mapply( )가 있는데 데이터셋에 특정 요약 통계를 적용하여 결과를 반환하는 기능을 합니다. apply 계열 함수들은 각각 받아서 처리하는 값인 인수와 반환하는 결괏값에 차이가 있습니다.

먼저 알아볼 tapply( ) 함수는 그룹별로 요약 통계를 적용합니다. 다음은 꽃잎 넓이(Petal. Width)로 그룹화하여 꽃잎 길이(Petal.Length)의 평균(mean)을 구하는 예시입니다.

```
> x <- unique(iris$Petal.Width)        # Petal.Width의 유일 값을 확인
> sort(x)                              # x 값을 정렬해서 확인
[1] 0.1 0.2 0.3 0.4 0.5 0.6 1.0 1.1 1.2 1.3 1.4 1.5 1.6 1.7 1.8 1.9 2.0 2.1
2.2 2.3 2.4 2.5

                    ┌----- 함수가 적용될 대상 열        ┌----- 그룹화 기준 열
> # iris$Petal.Width를 그룹으로 iris$Petal.Length 평균을 구함
> tapply(iris$Petal.Length, iris$Petal.Width, mean)
      0.1       0.2       0.3       0.4       0.5       0.6         1       1.1       1.2
      1.3       1.4       1.5       1.6                     └----- 적용될 함수, 여기에서는 평균 함수
1.380000 1.444828 1.428571 1.571429 1.700000 1.600000 3.628571 3.566667 4.240000
4.176923 4.637500 4.658333 5.025000
      1.7       1.8       1.9         2       2.1       2.2       2.3       2.4       2.5
4.750000 5.333333 5.320000 5.550000 5.783333 6.033333 5.700000 5.433333 5.933333
```

먼저 tapply( ) 함수가 어떻게 열을 그룹화하는지 비교해서 확인하는 작업을 했습니다. unique( ) 함수를 사용해서 Petal.Width의 유일 값을 x 변수에 담고 sort( ) 함수로 정렬해서 확인해 보았더니, 유일한 데이터 값이 0.1~2.5였습니다. 즉, 그룹화할 수 있는 데이터 값이 0.1에서 2.5라는 의미입니다.

이후 tapply( ) 함수를 사용하여 데이터셋에 대해 Petal.Width를 기준 열로 그룹화한 후(❶) 대상 열 Petal.Length에 대해(❷) 지정한 요약 통계(❸)를 출력했습니다. 앞서 비교하고자 unique( ) 함수를 적용하여 살펴본 대로, x 변수처럼 0.1부터 2.5에 대해 그룹화하여 각각 mean을 적용한 결괏값이 출력되었습니다. 즉, Petal.Width 그룹별 Petal.Length 평균이 출력되었습니다(그림 6-40은 이해를 돕기 위해 결과와는 다르게 1.36, 1.4, 1.45로 표현했습니다).

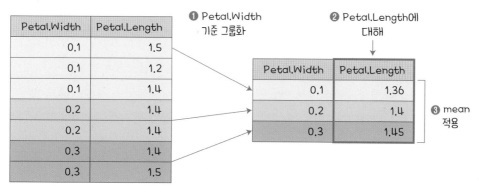

그림 6-40 | tapply() 함수로 그룹별 함수 적용

다음은 mapply( ) 함수를 사용하는 예시입니다. mapply( ) 함수는 각 대상 인수(arguments) (받는 값)에 대해 지정한 요약 통계를 적용합니다. iris 데이터의 각 1~4열에 대해 최댓값을 구하는 요약 통계인 max를 적용하는 예를 살펴보겠습니다.

```
                         1~4번째 열을 인수로 적용
> mapply(max, iris[, 1:4])
Sepal.Length   Sepal.Width   Petal.Length   Petal.Width
         7.9           4.4            6.9           2.5
```

그림 6-41 | max 요약 통계가 적용되는 원리

각 열의 가장 큰 값을 구했습니다.

apply 계열 함수가 조금 어려운가요? 그렇다면 넘어가도 좋습니다. 뒤에 배울 dplyr 패키지로 좀 더 쉽게 할 수 있거든요.

11 **as.~ 계열 함수: 형 변환 함수**

자료형과 데이터 구조에 대해 형 변환이 필요할 때는 as.~ 계열 함수들을 사용합니다. 형 변환이란 숫자형 자료형을 문자형으로 바꾼다든지 팩터 구조를 데이터 프레임 구조로 바꾸는 등 형(type)의 변환 행위를 의미합니다. 다음은 형 변환 함수를 사용하여 숫자형으로 시작해서 논리형까지 변환하는 예시입니다.

표 6-12 | 형 변환하기 주요 함수

함수	설명	예시
as.character(x)	문자형으로 변환	as.character(x)
as.numeric(x)	숫자형으로 변환	as.numeric(x)
as.factor(x)	팩터 구조로 변환	as.factor(x)
as.data.frame(x)	데이터 프레임 구조로 변환	as.data.frame(x)
as.logical(x)	논리형으로 변환	as.logical(x)

```
> x <- c(1, 1, 1, 2, 2, 2)        # 숫자형으로 생성
> x
[1] 1 1 1 2 2 2
> class(x)                         # 숫자형으로 출력됨
[1] "numeric"

> x <- as.character(x)            # 문자형으로 변환
> x                                # 문자에 " "(큰따옴표)가 붙음을 확인
[1] "1" "1" "1" "2" "2" "2"
> class(x)                         # 문자형으로 출력됨
[1] "character"

> x <- as.numeric(x)              # 숫자형으로 변환
> x
[1] 1 1 1 2 2 2
> class(x)                         # 숫자형으로 출력됨
[1] "numeric"

> x <- as.factor(x)               # 팩터 구조로 변환
> x                                # 수준(Levels)이 출력됨
```

```
[1] 1 1 1 2 2 2
Levels: 1 2
> class(x)                        # 팩터 구조로 출력
[1] "factor"

> x <- as.data.frame(x)          # 데이터 프레임 구조로 변환
> x    x
1 1
2 1
3 1
4 2
5 2
6 2
> class(x)                        # 데이터 프레임 구조로 출력됨
[1] "data.frame"

> # 진릿값 할당
> x$x <- TRUE                     # x 열에 참(TRUE) 값을 할당
> x
      x
1 TRUE
2 TRUE
3 TRUE
4 TRUE
5 TRUE
6 TRUE
> class(x)                        # 여전히 데이터 프레임 구조로 출력
[1] "data.frame"

> y <- as.logical(x$x)           # 논리형으로 변환
> y
[1] TRUE  TRUE  TRUE  TRUE  TRUE  TRUE
> class(y)                        # 논리형으로 출력됨
[1] "logical"
```

형 변환은 예를 들어 문자형 날짜를 숫자로 변환해서 계산하거나, 특정 문자나 숫자를 범주
형인 팩터 구조로 변환하여 연산하는 등의 데이터 분석을 할 때 자주 사용합니다.

데이터 계산

R이 통계 분석을 위해 탄생한 프로그램인 만큼 R에서 사용할 수 있는 수학 함수의 종류는 매우 다양합니다. 주요 기초 수학 함수는 다음 표와 같습니다.

표 6-13 | 데이터 계산하기 주요 함수

함수	설명	예시
round	값을 반올림함	round(x, 반올림할 자리)
floor	소수점 이하를 내림	floor(x)
ceiling	소수점 이하를 올림	ceiling(x)
trunc	소수점 이하는 잘라서 버림	trunc(x)
abs	절댓값을 구함	abs(x)
log	로그 값을 구함	log(x)
sqrt	제곱근을 구함	sqrt(x)
exp	지수 변환	exp(x)
sum( )	합계를 구함	sum(x)
mean( )	평균을 구함	mean(x)
median( )	중앙값을 구함	median(x)
max( )	최댓값을 구함	max(x)
min( )	최솟값을 구함	min(x)
range( )	최댓값과 최솟값을 구함	range(x)
sd( )	표준편차를 구함	sd(x)
var( )	분산을 구함	var(x)

```
> x <- c(1, 2, 3, 4, 5) / 4      # x를 4로 나눔
> x
[1] 0.25 0.50 0.75 1.00 1.25

> round(x, 0)                     # 소수점 첫째 자리에서 반올림
[1] 0 0 1 1 1

> floor(x)                        # 소수점 이하를 내림
[1] 0 0 0 1 1

> ceiling(x)                      # 소수점 이하를 올림
[1] 1 1 1 1 2

> trunc(x)                        # 소수점 아래 값 버림
[1] 0 0 0 1 1

> abs(-10)                        # 절댓값
[1] 10

> log(10, base = 2)               # 밑이 2인 로그
[1] 3.321928

> sqrt(10)                        # 제곱근
[1] 3.162278

> exp(10)                         # 지수로 변환
[1] 22026.47

> x <- c(1, 2, 3, 4, 5)

> sum(x)                          # 합계
[1] 15

> mean(x)                         # 평균
[1] 3
```

```
> median(x)                    # 중앙값
[1] 3

> max(x)                       # 최댓값
[1] 5

> min(x)                       # 최솟값
[1] 1

> range(x)                     # 범위
[1] 1 5

> sd(x)                        # 표준편차
[1] 1.581139

> var(x)                       # 분산
[1] 2.5
```

이 중 round 함수는 다음 그림과 같은 규칙으로 반올림합니다.

그림 6-42 | round() 함수 자릿수로 반올림을 적용하는 법

예시에서 확인할 수 있듯이 반올림할 자리는 숫자를 사용해서 표현하는데, 0은 소수점 첫
번째 자리에서 반올림하겠다는 의미입니다. 0.25 0.50 0.75 1.00 1.25의 경우 소수점 첫
번째 자리에서 반올림해서 0 0 1 1 1의 결괏값이 출력되었습니다. R에서는 앞서 소개한 수
학 함수 외에 매우 다양한 통계 함수를 제공합니다.

데이터 그리기

R은 그래프를 그릴 수 있는 많은 함수를 제공합니다. R의 기본 그래프 함수들은 단순한 문법으로도 사용할 수 있기 때문에 빠르게 데이터 현황을 파악할 때도 유용하게 활용할 수 있습니다. UNIT 07에서는 내장 데이터셋인 iris(붓꽃) 데이터를 이용해서 그래프를 그려 보겠습니다.[8]

표 6-14 | 데이터 그리기 주요 함수

함수	설명	예시
plot()	산점도 그래프	plot(x)
pairs()	행렬 산점도 그래프	pairs(x)
hist()	히스토그램 그래프	hist(x)
barplot()	막대 그래프	barplot(x)
pie()	파이 그래프	pie(x)
boxplot	상자 그림 그래프	boxplot(x)

그래프를 그릴 때는 매우 다양한 옵션을 사용할 수 있는데, 그중 가장 기본적인 옵션들을 정리하면 다음 표와 같습니다. 다만 그래프에 따라 사용할 수 있는 경우와 그렇지 않은 경우가 있으므로 참고하기 바랍니다.

표 6-15 | 데이터 그리기 주요 옵션

옵션	설명	예시
main	그래프 이름	main = "title"
col	색상	col = "red", col = iris$Species
xlab, ylab	x축과 y축 이름	xlab = "x", ylab = "y"

계속

---

8 그래프를 그릴 때 "Error in plot.new() : figure margins too large"라는 오류가 발생하면 파일 창에서 Plots 탭의 창 크기를 키웁니다.

옵션	설명	예시
xlim, ylim	x축과 y축 범위	ylim = c(0, 10) # c(최솟값, 최댓값)
pch	점 종류	pch = 3 또는 pch = "+" # example(points)로 확인
cex	점 크기	cex = 0.5 # 기본값은 1
type	그래프 유형 점(p), 선(l), 점선 모두(b), (o)	type = "b"
lty	선 유형	lty = 3 또는 lty = "dotted"

 plot() 함수: 산점도 그리기

산점도(scatter plot)는 데이터를 x축과 y축에 점으로 표시하는 그래프입니다. 실제 값들을 표현해서 데이터 분포나 관계를 확인하는 데 유용합니다. 산점도를 그릴 때는 plot( ) 함수를 사용하는데, 축을 별도로 지정하지 않으면 데이터 순서(인덱스)대로 그래프가 그려집니다.

```
> plot(iris$Petal.Length)
```

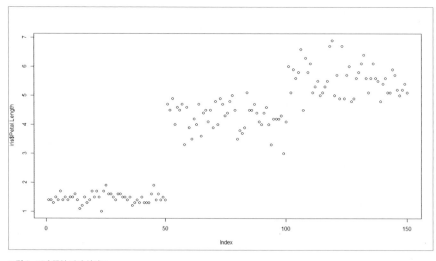

그림 6-43 | 꽃잎 길이 산점도

꽃잎 길이(Petal.Length)의 산점도가 그려졌습니다.

다음은 iris 꽃잎의 길이와 넓이를 x축, y축을 기준으로 산점도로 그리는 예시입니다.

```
> plot(iris$Petal.Length, iris$Petal.Width)
```

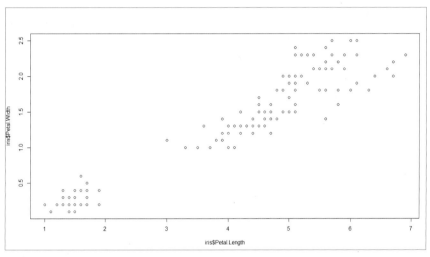

그림 6-44 | 꽃잎의 길이와 넓이 산점도

꽃잎 길이(Petal.Length)와 넓이(Petal.Width)를 축으로 산점도가 그려졌습니다. 그래프에 'iris data'라는 제목을 붙이고 x축과 y축에도 이름을 붙여 보겠습니다. 또 품종(Species)별로 색상을 입혀 보겠습니다.

```
> # 품종에 따른 색상 분류 추가       그래프 제목       x축 이름
> plot(iris$Petal.Length, iris$Petal.Width, main = "iris data", xlab =
"Petal Length", ylab = "Petal Width", col = iris$Species)
                          y축 이름                    품종을 기준으로 색상 입힘
```

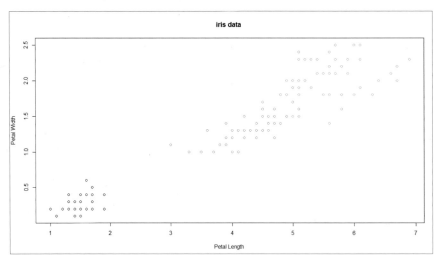

그림 6-45 | 산점도에 색상 입히기

데이터를 산점도로 그려 보면 각 품종의 꽃잎 길이와 넓이 간 일정한 관계, 즉 상관관계가 있다는 것을 짐작할 수 있습니다. 또 품종별로 꽃잎 길이와 넓이는 무리를 이루고 있다는 것도 알 수 있습니다.

2 pairs() 함수: 행렬 산점도 그리기

산점 행렬도는 산점도 그래프를 변수 여러 개로 조합하여 나타내는 행렬 형태의 그래프입니다. 행렬 산점도를 이용하면 변수 간 관계를 파악하여 산점도를 그릴 수 있기 때문에 변수 간 특징을 쉽게 찾을 수 있습니다.

```
> pairs(~ Sepal.Width + Sepal.Length + Petal.Width + Petal.Length, data =
iris, col = iris$Species)
```

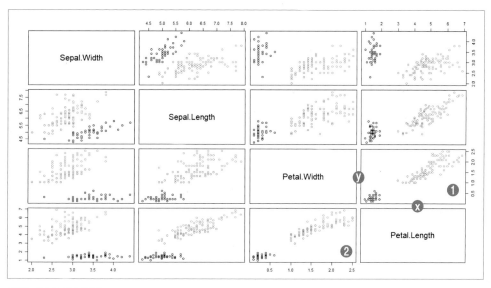

그림 6-46 | iris 행렬 산점도

행렬 산점도를 보는 방법을 간단히 살펴보겠습니다. 쉽게 설명하면 대각선의 각 열 이름(= 변수 이름, Sepal.Width 등)을 기준으로 상호 교차하는 지점의 그래프를 x축과 y축으로 생각하고 그래프를 해석하면 됩니다. 예를 들어 ❶ 그래프는 Petal.Width를 y축으로 Petal.Length를 x축으로 그린 그래프로, 앞서 살펴본 산점도와 같은 결과를 나타내고 있습니다. 반대쪽 대칭 부분의 ❷ 그래프는 x축과 y축만 바뀌었지 같은 그래프입니다.

3 hist() 함수: 히스토그램 그리기

값의 범위마다 빈도를 표현한 것이 히스토그램입니다. 히스토그램은 데이터가 모여 있는 정도(분포)를 확인하기에 좋습니다.

다음은 iris의 꽃받침 넓이(Sepal.Width)의 빈도를 그리는 히스토그램입니다.

```
> hist(iris$Sepal.Width)
```

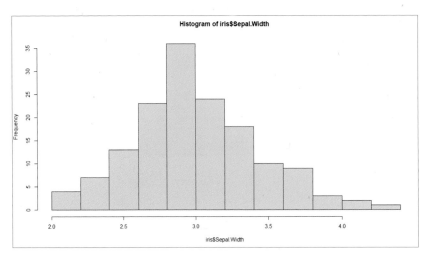

그림 6-47 | 꽃받침 넓이의 빈도 히스토그램

기본적으로 히스토그램은 데이터 개수, 즉 빈도(frequency)를 출력합니다. 예시의 히스토그램은 2.5에서 3.0 사이의 꽃받침 넓이를 가진 개체가 많다는 것을 나타냅니다. 확률 밀도로 확인하고 싶다면 freq = FALSE 옵션을 추가합니다. 이렇게 하면 각 구간에 얼마큼 데이터가 속해 있는지 나타냅니다. 각 구간을 합친 확률 밀도의 합은 1입니다.

```
> hist(iris$Sepal.Width, freq = FALSE)
```

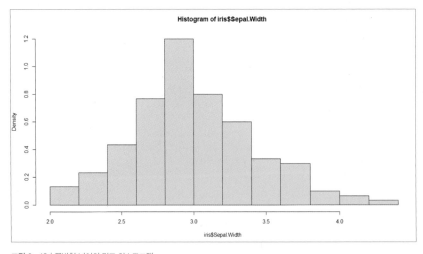

그림 6-48 | 꽃받침 넓이의 밀도 히스토그램

y축을 밀도(density)로 표현하고 있습니다.

 4 barplot(): 막대 그래프 그리기

막대 그래프를 그려 보겠습니다. 막대 그래프는 데이터 크기를 막대 길이로 표현한 것입니다. 집단 간 차이를 확인하고자 할 때 유용합니다. 다음은 aggregate( ) 함수를 사용해서 품종별 꽃잎 길이의 평균을 구한 후 막대 그래프로 그리는 예시입니다.

```
> # 품종별 꽃잎 길이의 평균을 구함
> x <- aggregate(Petal.Length ~ Species, iris, mean)
> barplot(x$Petal.Length, names = x$Species)     # 막대 그래프 이름으로 품종 지정
                          └------ 막대 그래프에 이름을 붙이는 옵션
```

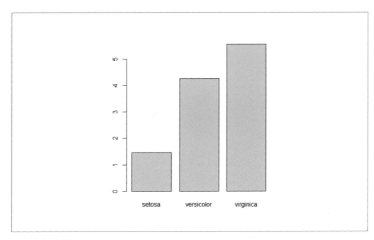

그림 6-49 | 품종별 꽃잎 길이의 평균 막대 그래프

품종별로 막대 그래프가 그려졌습니다.

5 pie() 함수: 파이 차트 그리기

파이 차트는 데이터 비율을 표현하는 데 유용합니다. iris 품종별로 꽃잎 길이의 합이 전체 꽃잎 길이에서 차지하는 정도가 어떻게 되는지 확인해 보겠습니다.

```
> x <- aggregate(Petal.Length ~ Species, iris, sum)    # 품종별로 꽃잎 길이 합산
> pie(x$Petal.Length, labels = x$Species)    # 품종 이름을 붙여 파이 그래프를 그림
```

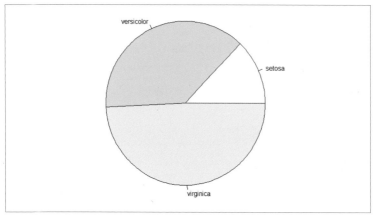

그림 6-50 | 꽃잎 길이의 합 비율 파이 차트

virginica가 꽃잎 길이의 합이 차지하는 비율이 가장 크다는 것과 setosa 꽃잎 길이의 합이 차지하는 비율이 가장 작다는 것을 확인할 수 있습니다. 평균으로 확인해도 유사한 결과가 나타납니다.

6 plot() 함수 o 옵션: 선 그래프 그리기

선 그래프는 시간에 따른 데이터 추이를 확인하는 데 유용합니다. 꽃잎 넓이(Petal.Width)를 기준으로 그룹화한 후 꽃잎 길이(Petal.Length)의 평균값을 구하고 x 변수에 담아서 선 그래프를 그려 보겠습니다.

```
> # iris$Petal.Width를 그룹으로 iris$Petal.Length 평균을 구함
> x <- tapply(iris$Petal.Length, iris$Petal.Width, mean)
> x      # x를 확인
     0.1      0.2      0.3      0.4      0.5      0.6        1      1.1
     1.2      1.3
1.380000 1.444828 1.428571 1.571429 1.700000 1.600000 3.628571 3.566667
4.240000 4.176923
     1.4      1.5      1.6      1.7      1.8      1.9        2      2.1
     2.2      2.3
4.637500 4.658333 5.025000 4.750000 5.333333 5.320000 5.550000 5.783333
6.033333 5.700000
     2.4      2.5
5.433333 5.933333

> plot(x, type = 'o')     # 선 그래프 옵션
```

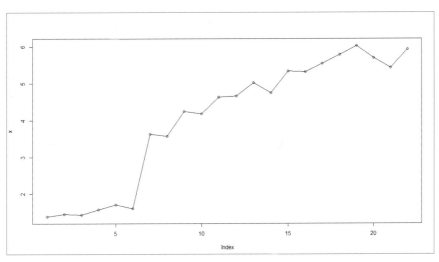

그림 6-51 | 꽃잎 길이와 넓이의 선 그래프

plot( ) 함수로 데이터를 표현함과 동시에 type = "o" 옵션을 적용하여 선 그래프를 그렸습니다. 그래프를 확인해 보면, 꽃잎 넓이가 커짐에 따라 꽃잎 길이도 커집니다.

 7 boxplot() 함수: 상자 그림 그리기

상자 그림(box plot(박스 플롯))은 최댓값, 최솟값, 중앙값, 사분위수, 이상치 등을 알아보기 쉽게 나타내는 그래프입니다. 상자 그림은 데이터 분포를 확인하는 데 요긴하게 사용할 수 있습니다. 박스 아랫면 라인은 데이터 값의 1사분위수(=Q1, 25% 위치), 박스 중앙 라인은 2사분위수(=Q2, 중앙값, 50% 위치), 박스 윗면 라인은 3사분위수(=Q3, 75% 위치)를 가리킵니다. 위아래로 뻗은 선을 수염(whisker)이라고 하며, 수염 밖을 벗어난 점을 이상치(outlier)라고 합니다. (Q1 - 1.5 * 사분위수 범위)보다 작거나 (Q3 + 1.5 * 사분위수 범위)보다 크면 그 값을 이상치라고 하는데, 통계적으로 정상 범주에서 벗어난 값이라고 알아 둡니다.

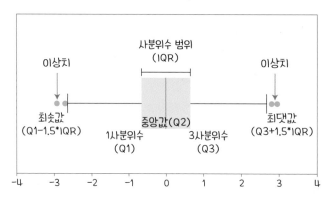

그림 6-52 | 상자 그림 의미

다음은 꽃받침 넓이(Sepal.Width)를 상자 그림으로 그린 예시입니다.

```
> boxplot(iris$Sepal.Width)
```

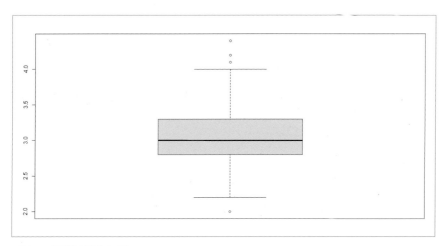

그림 6-53 | 꽃받침 넓이 상자 그림

1사분위수는 약 2.8, 중앙값은 약 3.0, 3사분위수는 약 3.3입니다. 하위 수염은 약 2.2에 이보다 작은 이상치는 한 개, 상위 수염은 약 4.0이며 이보다 큰 이상치는 세 개로 확인됩니다. 이것으로 꽃받침 넓이(Sepal.Width)의 전체적인 데이터 분포를 알 수 있습니다.

UNIT 08 조건문과 반복문

다음으로 알아 두면 좋은 조건문과 반복문을 사용하는 방법을 알아보겠습니다. 조건문과 반복문은 복잡한 데이터 분석 및 R 프로그래밍을 할 때 사용합니다. 기본 함수 사용법에 익숙해진 후 익히면 좋은 개념들로, R에는 이런 것도 있다는 정도만 알아 둡니다.

1 조건문

조건문은 특정 조건이 참이거나 거짓인 경우를 판별하여 실행하는 논리 구문을 의미합니다. 대표적으로 if 문과 ifelse 문, switch 문이 있는데 이 중 if 문과 ifelse 문을 알아보겠습니다.

다음은 if 조건문을 이용해서 x 변수가 2일 때 "x is two"가 출력되는 예시입니다.

```
> x <- 2
> if (x == 2) {
+         print("x is two")
+     } else {
+         print("x is not two")
+ }
[1] "x is two"
```

x 값이 2이기 때문에 "x is two"가 출력되었습니다. else 이하 {}는 생략할 수 있습니다.

ifelse 문은 다수의 데이터에 대해 참과 거짓을 판별할 때 사용합니다. 다음은 x 변수가 2일 때는 TRUE가 출력되고, 이외에는 FALSE 값이 선택 출력되는 예시입니다.

```
> x <- c(1, 2, 3, 4, 5)
> ifelse (x == 2, TRUE, FALSE)
[1] FALSE   TRUE FALSE FALSE FALSE
```

x 값이 2일 때만 TRUE가 출력되었습니다.

2 반복문

반복문은 특정 조건을 만족할 때까지 반복하여 수행하는 명령문을 의미합니다. 대표적으로 for와 while, repeat 문이 있습니다. 반복문은 {}과 함께 사용하는데, {} 안의 문장을 실행하는 중에 break 문을 만나면 수행을 멈추고, next 문을 만나면 문장을 건너뜁니다.

다음 예시는 1부터 5까지 값을 증가시키면서 출력하는 예시입니다.

```
> for (i in 1:5) {       # 1부터 5까지 증가
+     print(i)
+ }
[1] 1
[1] 2
[1] 3
[1] 4
[1] 5
```

for 문은 다음과 같이 응용할 수도 있습니다.

```
> sum <- 0
> for (i in seq(1, 5, by = 1)) {      # seq 함수는 순차 값을 생성하는 함수
+     sum <- sum + i
+ }
> sum
[1] 15
```

seq 함수를 사용해서 1부터 5까지 1씩 증가하게 만들고 sum 변수에 누적 덧셈하여 15가 출력되었습니다.

다음은 1부터 5까지 출력하는 while 문입니다. 5보다 작거나 같을 때까지 {} 안을 실행하므로 5까지만 출력하고 while 문을 멈춥니다.

```
> i <- 1
> while (i <= 5) {       # 5보다 작거나 같을 경우
+     print(i)
+     i <- i + 1
+ }
[1] 1
[1] 2
[1] 3
[1] 4
[1] 5
```

다음은 while 반복문에 next 문을 적용한 예시입니다.

```
> i <- 1
> while (i <= 5) {
+     i <- i + 1
+     if (i == 2) {
```

```
+            next        # i가 2이면, while 문 처음으로 돌아감
+        }
+    print(i)
+ }
[1] 3
[1] 4
[1] 5
[1] 6
```

while 반복문의 { } 안을 실행하다 i가 2를 만나면 다음 문장을 수행하지 않고 while 반복문의 처음으로 돌아갑니다. 결과로 2를 누락해서 출력했습니다.

다음은 repeat 문을 알아보겠습니다. 다음 예시는 내부의 if 조건문을 이용해서 i가 5보다 커지면 break 명령을 수행하여 멈추는 예시입니다.

```
> i <- 1
> repeat {
+    print(i)
+    if (i >= 5) {
+        break      # 5보다 크거나 같으면 멈춤
+    }
+    i <- i + 1
+ }
[1] 1
[1] 2
[1] 3
[1] 4
[1] 5
```

조건에 따라 1부터 5까지 출력되었습니다.

이 장에서는 R에서 주요한 기본 함수들만 일부 소개했습니다. 이외에도 많은 함수가 있습니다. 어떤 상황에 어떤 함수를 꼭 써야 한다는 정의는 없습니다. 상황에 맞게 선택해서 사용하면 됩니다. 다만 이 장에서 소개한 함수들은 R 기본 시스템에 내장된 유용한 함수들이므로, 기본이라 생각하고 알아 두기 바랍니다.

TIP 함수 문법 익히기

R 함수의 문법을 한 번에 모두 외우려고 하지 마세요. 외우기도 어렵고, 외웠다 해도 쓰지 않으면 잊어버리게 됩니다. 문법을 효율적으로 익히는 방법은 자연스럽게 습득하는 것입니다. 이 책에서 필자가 분류하여 그룹으로 묶은 함수 문법은 대체로 유사한데, 그룹별로 함수를 쓰는 방법을 익히고 상황에 따라 도움말 기능을 사용하여 추가 옵션을 적용하면 효율적입니다. 그렇게 하면 자연스럽게 내가 자주 사용하는 함수와 쓰는 방법을 익히게 될 것입니다. 그리고 필요할 때마다 역시 같은 방법으로 필요한 함수 문법을 익혀 나가면 됩니다.

NOTE 데이터, 데이터셋, 데이터 프레임, 테이블

어떤 독자는 '데이터, 데이터셋, 데이터 프레임, 테이블'이라는 용어가 헷갈릴 것입니다. 결론부터 말하면 약간 차이가 있지만, 모두 같은 용어로 생각해도 됩니다. 데이터가 모여 있으면 데이터셋이고, 데이터셋이 데이터 프레임 구조로 되어 있으면 데이터 프레임이며, 2차원 데이터베이스 구조로 저장되어 있다면 테이블입니다. 상황에 따라 그때그때 이름만 바뀔 뿐 모두 '데이터'를 지칭하는 용어로 생각하세요.

UNIT 09 정리

* R에는 데이터 처리를 위한 연산자와 기본 함수가 있습니다.

* R에서 연산은 R의 기본 데이터 구조인 벡터 연산 방법을 따릅니다.

* 연산에는 산술 연산, 비교 연산, 논리 연산 등이 있습니다.

* R에는 데이터 분석을 위한 기본 함수가 내장되어 있습니다. 기본 함수만으로도 데이터 분석이 가능합니다.

* 사용 목적에 따라 기본 함수의 기능을 분류하면 다음과 같습니다. 각 함수를 조합해서 데이터 분석을 진행합니다.

  • 가져오기, 내보내기 함수: read.csv( ), write.csv( ), read_excel( ), write_excel( ) 등
  • 확인하기 함수: head( ), tail( ), str( ), summary( ) 등
  • 조작하기 함수: rbind( ), cbind( ), split( ), subset( ) 등
  • 계산하기 함수: round( ), floor( ), ceiling( ), trunc( ) 등
  • 그리기 함수: plot( ), pairs( ), hist( ), barplot( ) 등

이외에도 조건문과 반복문이 있습니다.

필독! 7~9장 비즈니스 데이터 실습을 하기 전 사전 작업

R DATA ANALYSIS FOR EVERYONE

7~9장을 실습할 때는 다음과 같이 1. **작업 환경 만들기**와 2. **실습용 데이터 가져오기**를 진행하고 저장하면서 작업해야 합니다. 모두 앞서 익힌 내용이지만, 데이터를 분석할 때 실제로 적용한다는 생각으로 새롭게 진행해 보겠습니다.

1. 작업 환경 만들기: 새로운 프로젝트 만들기

7~9장은 같은 비즈니스 데이터셋을 가지고 실습을 진행하므로, 앞 장 실습으로 만들어진 변수가 다음 장 실습 변수에 엉뚱한 값을 전달하는 경우가 있을 수 있습니다. 따라서 각 장을 시작할 때마다 앞서 배웠듯이 RStudio에서 새로운 프로젝트를 만드는 것이 좋습니다. 즉, 소스 창과 환경 창에 아무것도 기록하지 않은 상태에서 실습하면 좋다는 말입니다. 이를 위해 다음과 같이 각 장마다 3장 UNIT 03의 '7. R 프로젝트 생성'을 참고하여 새로운 프로젝트를 만들어 실습합니다.

① RStudio에서 File 〉 New Project를 선택한 후 New Project Wizard 창이 뜨면 **New Directory** 〉 **New Project**를 클릭합니다. Directory name에 프로젝트 이름을 입력하고 **Create Project**를 누릅니다. 책에서는 프로젝트 이름을 part7_project로 정했습니다(8장에서는 part8_project, 9장에서는 part9_project로 프로젝트를 새로 만듭니다).

그림 1 | 새 프로젝트 만들기

2️⃣ 프로젝트가 만들어지면 소스 창이 닫혀 있는 상태이므로 소스 창의 오른쪽 위에서 🗖 아이콘을 클릭하여 소스 창을 여는 것을 잊지 마세요. 소스 창을 열면 자동으로 소스 창에 Untitled1 스크립트 탭이 열리면서 최종적으로 아무것도 기록되지 않은 다음 화면을 보여 줍니다.

그림 2 | 실습 화면 시작 상태

③ 이후부터는 새롭게 열린 소스 창의 스크립트 탭에서 자유롭게 실습하면 됩니다. 7장부터는 실습 코드가 길어지므로 콘솔 창이 아닌 소스 창에서 실습을 진행하겠습니다.

2. 실습용 데이터 가져오기

7~9장은 본격적으로 비즈니스 데이터를 사용해서 실습을 진행합니다.

① 실습용 파일인 r_practice.zip을 임의의 폴더에서 압축을 풀고, 6장 UNIT 03에서 익힌 RStudio 메뉴를 사용하여 엑셀 파일 데이터를 가져옵니다. 필자는 6장에서 이미 실습용 파일을 'C:\R\practice_project\r_practice' 폴더에 복사했으므로 이 폴더에서 실습용 데이터를 가져오겠습니다.

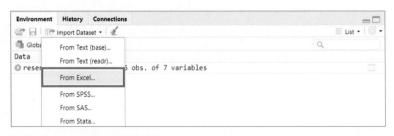

그림 3 | 가져올 실습용 파일들

즉, 다음 그림과 같이 RStudio 환경 창(Environment 탭)의 Import Dataset > From Excel을 선택한 후 customer_r.xlsx, reservation_r.xlsx, order_info_r.xlsx, item_r.xlsx 파일 데이터 네 개를 R로 가져옵니다.

그림 4 | RStudio 환경 창에서 실습 데이터 가져오기

❷ 엑셀 파일 네 개를 모두 불러왔다면 소스 창과 환경 창에 다음 그림과 같이 데이터셋들이 나타납니다(환경 창을 확인해서 데이터셋이 변수에 잘 담겨 있는지 살펴봅니다).

그림 5 | 불러온 실습용 데이터셋

실습용 데이터는 2019년 하반기 패밀리 레스토랑의 온라인 예약 및 매출 데이터와 관련한 데이터입니다. 각 데이터셋 내용을 간단하게 소개하면 다음 표와 같습니다.[1]

표 1 | 실습용 데이터셋

데이터셋	내용	행 수(데이터 개수)
customer_r	고객 정보	183
item_r	메뉴 상품 정보	10
reservation_r	주문 예약, 취소 정보	396
order_info_r	주문 상세 정보	391

---

1 자세한 실습용 데이터셋 내용을 미리 알고 싶다면 9장을 확인하세요.

③ 소스 창 Untitled1 탭에 다음 그림과 같이 코드를 작성하고 실행합니다. 실습할 때마다 열 이름을 대문자로 입력하는 수고를 덜기 위해 테이블의 열 이름을 소문자로 바꾸겠습니다.[2] 소스 창의 코드를 실행하려면 실행하려는 코드를 블록으로 선택한 후 [Ctrl]+[Enter]를 누르거나 코드 라인에 커서를 두고 [Ctrl]+[Enter]를 누릅니다. 그러면 결과가 콘솔 창에 나타납니다(경우에 따라서는 결과가 출력되지 않을 수도 있습니다).

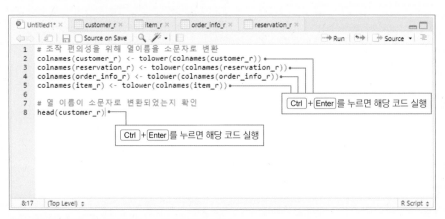

그림 6 | 열 이름을 모두 소문자로 변경하는 코드를 소스 창에서 실행

```
# 조작 편의성을 위해 열 이름을 소문자로 변환(결과 출력하지 않음)

colnames(customer_r) <- tolower(colnames(customer_r))  ······ [Ctrl]+[Enter]

colnames(reservation_r) <- tolower(colnames(reservation_r))  ······ [Ctrl]+[Enter]

colnames(order_info_r) <- tolower(colnames(order_info_r))  ······ [Ctrl]+[Enter]

colnames(item_r) <- tolower(colnames(item_r))  ······ [Ctrl]+[Enter]


# 열 이름이 소문자로 변환되었는지 확인(결과 출력)

head(customer_r)  ······ [Ctrl]+[Enter]


# A tibble: 6 x 9
```

---

2   실제 업무에서 사용하는 데이터셋에는 대·소문자를 혼용해서 사용합니다. 그래서 조금 번거롭지만, 이 과정을 거치도록 구성했습니다.

········ 열 이름이 소문자로 변환됩니다.

```
  customer_id customer_name phone_number  email            first_reg_date
sex_code birth    job     zip_code
  <chr>       <chr>        <chr>         <chr>            <chr>
<chr>     <chr>     <chr>    <chr>
1 W1346506     고객71         010-1111-1181 scust71@sfnb.co.kr 19/09/01
F         19820922 자영업  122100
2 W1347648     고객72         010-1111-1182 scust72@sfnb.co.kr 19/09/04
M         19940812 학생     140100
3 W1347756     고객73         010-1111-1183 scust73@sfnb.co.kr 19/09/05
M         19931217 NA      152100
4 W1347984     고객74         010-1111-1184 scust74@sfnb.co.kr 19/09/06
M         19810822 자영업  130100
5 W1348303     고객75         010-1111-1185 scust75@sfnb.co.kr 19/09/07
M         19900611 NA      121100
6 W1348424     고객76         010-1111-1186 scust76@sfnb.co.kr 19/09/08
M         19730422 NA      139100
```

실습용 데이터의 열 이름이 모두 소문자로 바뀌었습니다.

❹ 여기까지 하면 실습할 준비가 완료된 것입니다. 실습을 마치고 RStudio를 종료할 때는 저장하는 것이 좋습니다.

그림 7 | 종료 전 저장

❺ 저장하면 RStudio를 종료하더라도 프로젝트 파일( part7_project)을 더블클릭해서 실행하면(7장에서는 part7_project를 생성했으므로 C:\R\part7_project\part7_project 파일) 바로 전에 실습했던 내용들을 그대로 불러올 수 있습니다.

그림 8 | 실습한 내용 그대로 불러오기

'1. 작업 환경 만들기'와 '2. 실습용 데이터 가져오기'는 8장과 9장을 실습할 때도 마찬가지로 진행해야 하는 작업입니다. 환경 창에서 데이터셋이 변수에 제대로 담겨 있는지 확인하는 것도 잊지 마세요.

우리는 이 과정을 거쳐 프로젝트 만들기와 데이터 불러오기, 데이터 분석을 위한 간단한 데이터 처리 작업까지 진행했습니다. 실무에서 데이터를 분석할 때 사전 작업 과정도 별반 다르지 않습니다.

7장

재료 다루는 법 익히기:
데이터 처리를 위한 dplyr 패키지

6장에서는 요리의 핵심이라고 할 수 있는 기초 요리법 익히기,
즉 연산자와 기본 함수를 사용하는 방법을 알아보았습니다.
좀 더 나아가 이 장에서는 요리 재료인 데이터를 쉽게
다룰 수 있게 도와주는 요리 도구 세트인 dplyr 패키지를
알아보겠습니다. dplyr 패키지는 데이터 조작과 처리를 위한
유용한 함수를 다수 포함하고 있습니다. 7장에서 다루는 많은
내용은 RStudio 제작사에서 배포한 dplyr 치트 시트
내용을 근거로 다시 정리했습니다.

UNIT 01
dplyr 패키지 설치와 파이프 연산자

R DATA ANALYSIS FOR EVERYONE

"요리 재료를 이용하여 본격적인 요리 시작"

기초 요리법을 익혔으니 이제 진짜 요리를 시작해야겠지요? 하지만 기본 요리 도구가 이탈리안 요리를 하는 데 조금 부족한 것 같으니, 셰프협회에서 제공하는 dplyr이라는 요리 도구 패키지를 사용하기로 해요. dplyr 패키지에는 요리에 쓸 수 있는 다양한 도구뿐만 아니라, 파스타를 건져 내는 면국자, 소고기를 갈아 주는 미트 그라인더, 치즈를 가는 치즈 분쇄기도 포함되어 있어요. 이탈리안 요리에 딱이지요. 소문에는 사용하기도 쉽다니 정말 괜찮은 선택인 것 같아요. 자 그럼, 요리 재료와 도구까지 모두 준비했으니 본격적으로 요리 재료를 사용해서 미트볼 파스타를 만들어 볼게요.

---

dplyr 패키지는 데이터 조작과 처리에 특화된 R 패키지입니다(필자는 '디플라이알'이라고 부릅니다). 물론 R은 데이터를 처리할 수 있는 다양한 기본 함수를 제공하지만, 다른 프로그래밍 언어에 비해 문법이 다소 익숙하지 않아서 접근하기 어려웠습니다. 반면에 dplyr 패키지는 표준화된 문법을 제공할 뿐만 아니라, 사용법이 직관적이고 해독하기도 쉬워서 R에서 데이터를 처리하는 주요 패키지로 자리 잡았습니다.

실습을 하기 전 사전 작업

224쪽에서 설명한 대로 1. 새 프로젝트를 만들고 2. 실습용 데이터셋 파일을 네 개(customer_r.xlsx, reservation_r.xlsx, order_info_r.xlsx, item_r.xlsx) 가져옵니다. 그리고 다음 코드를 활용하여 대문자를 소문자로 변경하는 것도 잊지 마세요. 자세한 내용은 224쪽 '필독! 7~9장 비즈니스 데이터 실습을 하기 전 사전 작업'을 참고하세요.

```
# 조작 편의성을 위해 열 이름을 소문자로 변환(결과 출력하지 않음)
colnames(customer_r) <- tolower(colnames(customer_r))
colnames(reservation_r) <- tolower(colnames(reservation_r))
colnames(order_info_r) <- tolower(colnames(order_info_r))
colnames(item_r) <- tolower(colnames(item_r))

# 열 이름이 소문자로 변환되었는지 확인(결과 출력)
head(customer_r)
```

1 dplyr 패키지 설치하기

dplyr 패키지 함수들을 사용하려면 dplyr 패키지를 설치해야 합니다. 앞서 이미 한 번 설치했지만 다시 한번 진행해 보겠습니다.[1] 앞서 이야기한 대로 실습하기 편하도록 7장부터는 소스 창에서 코드를 실행할 것입니다.[2] 패키지를 설치하려면 소스 창에 코드를 입력하고 Ctrl +Enter를 눌러 실행합니다(콘솔 창에서 실행해도 결과는 같습니다).

---

1 이미 설치한 상태라도 재설치하면 되므로 상관없지만, 번거롭다면 이 과정은 건너뛰어도 괜찮습니다.

2 소스 창에서 실행하는 코드도 마찬가지로 파란색으로 표시했습니다.

```
# dplyr 패키지 설치
install.packages("dplyr")  ●-----[Ctrl]+[Enter]


WARNING: Rtools is required to build R packages but is not currently
installed. Please download and install the appropriate version of Rtools
before proceeding:


https://cran.rstudio.com/bin/windows/Rtools/
trying URL 'https://cran.rstudio.com/bin/windows/contrib/3.5/
dplyr_0.8.3.zip'
Content type 'application/zip' length 3256875 bytes (3.1 MB)
downloaded 3.1 MB


... 생략 ...
The downloaded binary packages are in
    C:\Users\Administrator\AppData\Local\Temp\RtmpAtnibY\downloaded_packages
```

패키지이기 때문에 사용하려면 library(dplyr)로 로드해야 한다는 점도 잊지 마세요.

```
# 패키지 로딩
library(dplyr)  ●-----[Ctrl]+[Enter]


다음 패키지를 부착합니다: 'dplyr'


The following objects are masked from 'package:stats':


    filter, lag


The following objects are masked from 'package:base':


    intersect, setdiff, setequal, union
```

dplyr 패키지를 설치했고, 로드까지 완료했습니다. 이제 dplyr 패키지의 모든 함수를 사용할 수 있습니다.

2 파이프 연산자(%>%): 데이터 전달하기

dplyr 패키지를 로딩하면 파이프 연산자를 사용할 수 있습니다. 파이프 연산자(%>%)는 체인 연산자(chain operator) 또는 줄여서 파이프라고도 하는데, 물길을 연결하는 파이프처럼 데이터와 데이터를 연결하는 dplyr 패키지의 핵심 연산자입니다. '데이터를 전달한다'고 생각해도 됩니다. 즉, 앞서 연산된 결괏값이나 데이터를 다음으로 전달하는 역할을 하는 것이 파이프 연산자입니다.

A를	전달	받아서 B를 처리
A	%>%	B

그림 7-1 | 파이프 연산자 원리

예를 들어 결과 A를 다음으로 전달하면 이 데이터를 받아 작업 B를 할 수 있습니다. 파이프 연산자를 여러 개 사용하면, 복잡한 결과라도 연결 고리를 거쳐 정리하면서 뒤로 전달하여 원하는 형태로 만들 수 있습니다. 논리도 코드도 이해하기 쉽게 만들 수 있다는 말입니다.

다음은 customer_r 데이터셋을 전달해서 count() 함수에 적용한 예시입니다. 지금부터는 Ctrl + Enter 로 코드를 실행한다는 내용은 생략합니다. 파란색 코드를 실행하면 됩니다.

```
# dplyr 패키지 count() 함수는 데이터를 세는 함수
customer_r %>% count()

# A tibble: 1 x 1
      n
  <int>
1   183
```

customer_r 데이터셋을 count( ) 함수로 전달해서 행 값 183개를 세었습니다. 파이프 연산자는 콘솔 창이나 소스 창에서 Ctrl + Shift + M 을 눌러 간단하게 입력할 수 있습니다.

그럼 본격적으로 데이터를 처리하는 주요 dplyr 패키지 함수들을 알아보겠습니다. 함수들은 단일로도 사용하지만, 파이프 연산자로 함수끼리 묶어서도 많이 사용합니다.

UNIT 02 행 요약과 그룹화

R DATA ANALYSIS FOR EVERYONE

데이터 분석에 쓰는 데이터는 데이터 프레임처럼 행과 열을 갖는 2차원 형태의 데이터를 주로 사용합니다. 이런 2차원 데이터 구조의 데이터를 테이블(table)[3]이라고도 합니다.

테이블의 행 값을 요약하는 summarise( ) 함수부터 알아보겠습니다.

1 summarise() 함수: 행 요약하기

summarise( ) 함수는 열 전체를 입력 값으로 해서 함수를 계산하여 요약 값을 출력합니다.

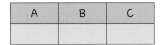

A	B	C

→

A	B	C

그림 7-2 | summarise() 함수 원리

다음은 주문 테이블에서 매출(sales)의 평균값을 구하는 예시입니다.

```
summarise(order_info_r, avg = mean(sales))

# A tibble: 1 x 1
```

---

3 테이블은 가장 널리 쓰는 데이터베이스 종류인 관계형 데이터베이스의 기본 저장 구조이기도 합니다. 넓게 보면 데이터셋과 의미가 같습니다.

```
         avg
       <dbl>
  1   63829.
```

order_info_r 테이블 내 sales 열의 평균값이 출력되었습니다. 평균 매출이 6만 3829인 것을 알 수 있습니다.[4] 함수 부분에는 다음과 같이 sum( ), mean( ), median( ), max( ), min( ), n( )[5] 등 요약 함수를 적용할 수 있습니다.

```
summarise(order_info_r, min_value = min(sales), max_value = max(sales))

# A tibble: 1 x 2
   min_value max_value
       <dbl>     <dbl>
  1     6000    552000
```

sales 열의 최솟값과 최댓값을 구해서 출력했습니다. 파이프 연산자를 사용해서 다음과 같이 코드를 바꿀 수도 있습니다.

```
order_info_r %>% summarise(min_value = min(sales), max_value = max(sales))

# A tibble: 1 x 2
   min_value max_value
       <dbl>     <dbl>
  1     6000    552000
```

summarise( ) 함수 내 order_info_r을 기술하지 않고 파이프 연산자를 이용해서 앞과 똑같은 결과가 출력되었습니다. 이외에도 모든 열에 대해 요약 값을 출력하는 summarise_

---

4 결괏값 밑에 밑줄은 숫자 자릿수 구분 기호입니다.

5 n( )은 행을 세는 함수입니다.

all( ), 특정 열에 대해 요약 값을 출력하는 summarise_at( ) 같은 파생 함수가 있습니다. 상황에 맞게 응용해 보기 바랍니다.

2 group_by() 함수: 행 그룹화하기

group_by( ) 함수는 지정한 열을 기준으로 행을 그룹화합니다. 쉽게 표현하면 다음 그림과 같습니다.

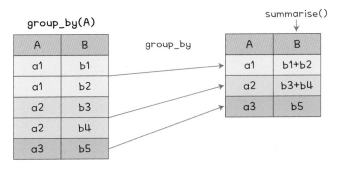

그림 7-3 | group_by() 함수 원리

앞서 배운 summarise( ) 함수와 함께 응용해 보겠습니다. 다음은 예약 테이블(reservation_r)에서 고객 번호(customer_id)로 그룹화하여(group_by) 평균값(mean)을 구하는 예시입니다.

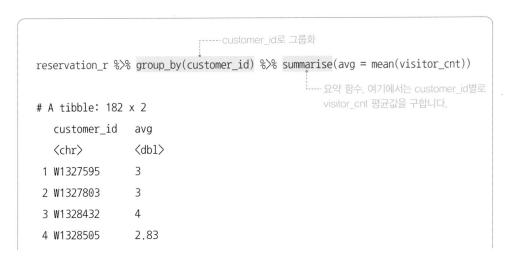

```
 5 W1328786      1
 6 W1328985      3
 7 W1328993      4
 8 W1329560      2
 9 W1329954      2
10 W1329962      2
# ... with 172 more rows
```

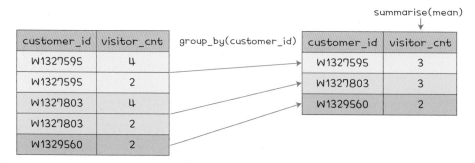

그림 7-4 | group_by() 함수 설명

각 고객별로 예약했던 고객 수(visitor_cnt)의 평균값을 구했습니다. 좀 더 자세히 살펴보면
W1327595 고객은 각각 네 명, 두 명을 예약했었고, 이 값들을 묶어 평균값을 구했더니 3이 되었
습니다. W1329560 고객은 값이 한 개밖에 없어 그대로 출력된 것을 알 수 있습니다. group_
by() 함수는 자주 사용하므로 확실하게 알아 두면 좋습니다.

UNIT 03 행 조작

R DATA ANALYSIS FOR EVERYONE

dplyr 패키지는 행과 열로 구성된 테이블을 조작하는 데 최적화되어 있습니다. 먼저 행부터 조작해 보겠습니다.

 ## 1 filter() 함수: 조건으로 행 선택하기

filter( ) 함수는 특정 조건을 만족하는 데이터를 필터링하여 반환합니다. 앞서 배운 기본 함수 subset( )과 유사합니다.

그림 7-5 | filter() 함수 원리

다음은 item_id 값이 M0001인 행만 선택하여 출력하는 예시입니다.

```
order_info_r %>% filter(item_id == "M0001")

# A tibble: 59 x 5
   order_no            item_id reserv_no  quantity  sales
   <chr>               <chr>   <chr>         <dbl>  <dbl>
1 191228137837810010  M0001   2019122806       10 240000
```

```
 2 191230137865010010 M0001    2019123003     8 192000
 3 191231137864710010 M0001    2019123105     8 192000
 4 191216107839010010 M0001    2019121605     3  72000
 5 191216107298910010 M0001    2019121606     2  48000
 6 191217137851110010 M0001    2019121704     9 216000
 7 19121954C005210020 M0001    2019121903     2  48000
 8 191220674084100100 M0001    2019122002    23 552000
 9 191220567442210010 M0001    2019122003     2  48000
10 191221517267210010 M0001    2019122102     8 192000
# ... with 49 more rows
```

논리 연산자로 조건을 추가할 수도 있습니다.

```
order_info_r %>% filter(item_id == "M0001" & sales >= 150000)
                                              └┈┈┈┈┈ 논리 연산자 조건 추가

# A tibble: 11 x 5
   order_no            item_id reserv_no  quantity  sales
   <chr>               <chr>   <chr>         <dbl>  <dbl>
 1 191228137837810010 M0001    2019122806      10 240000
 2 191230137865010010 M0001    2019123003       8 192000
 3 191231137864710010 M0001    2019123105       8 192000
 4 191217137851110010 M0001    2019121704       9 216000
 5 191220674084100100 M0001    2019122002      23 552000
 6 191221517267210010 M0001    2019122102       8 192000
 7 191226137440910010 M0001    2019122602      11 264000
 8 191226137864110010 M0001    2019122604      11 264000
 9 191010678376100100 M0001    2019101001       7 168000
10 191202578574100100 M0001    2019120202      10 240000
11 191209674238100100 M0001    2019120901       9 216000
```

& 조건을 추가해서 item_id가 M0001이면서 sales가 150000 이상인 경우를 선택하여 출력
했습니다. 이외에도 filter() 함수는 여러 가지 조건을 계속해서 추가할 수 있습니다.

2 **distinct() 함수: 유일 값 행 선택하기**

distinct( ) 함수는 중복 행 값을 제거하여 반환합니다.

A	B	C

→

A	B	C

그림 7-6 | distinct( ) 함수 원리

다음 예시를 살펴봅시다.

```
head(order_info_r)
                        중복 값이 있습니다.
# A tibble: 6 x 5
  order_no           item_id reserv_no  quantity  sales
  <chr>              <chr>   <chr>         <dbl>  <dbl>
1 191228137840110000 M0003   2019122805        1  17000
2 191228137837810000 M0001   2019122806       10 240000
3 191228547385810000 M0003   2019122807        2  34000
4 191228567831310000 M0008   2019122808        1  10000
5 191228567430310000 M0005   2019122809        4 140000
6 191228137860010000 M0005   2019122810        2  70000
```

order_info_r은 다양한 item_id를 여러 행 가지고 있는 것을 확인할 수 있습니다. item_id를 종류별로 하나만(유일 값(unique value)) 알고 싶을 때는 어떻게 해야 할까요? 이때는 distinct( ) 함수를 사용합니다.

```
order_info_r %>% distinct(item_id)

# A tibble: 10 x 1
   item_id
   <chr>
 1 M0003
 2 M0001
 3 M0008
 4 M0005
 5 M0009
 6 M0006
 7 M0007
 8 M0002
 9 M0004
10 M0010
```

중복 행들을 제거하여 10종류의 item_id가 있는 것을 알 수 있습니다.

 3 slice() 함수: 선택 행 자르기

slice( ) 함수는 해당 위치의 행을 잘라서 선택합니다.

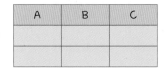

그림 7-7 | slice() 함수 원리

다음은 order_info_r 테이블에서 2~4행만 잘라서 반환하는 예시입니다.

```
order_info_r %>% slice(2:4)

# A tibble: 3 x 5
  order_no          item_id reserv_no  quantity  sales
  <chr>             <chr>   <chr>         <dbl>  <dbl>
1 1912281378378100010 M0001  2019122806       10 240000
2 1912285473858100010 M0003  2019122807        2  34000
3 1912285678313100010 M0008  2019122808        1  10000
```

2~4행만 잘라서 출력했습니다. 다음과 같이 특정 행만 잘라 반환할 수도 있습니다.

```
order_info_r %>% slice(c(1, 3))

# A tibble: 2 x 5
  order_no          item_id reserv_no  quantity sales
  <chr>             <chr>   <chr>         <dbl> <dbl>
1 1912281378401100010 M0003  2019122805        1 17000
2 1912285473858100010 M0003  2019122807        2 34000
```

1행과 3행만 잘라서 출력했습니다.

 4 **arrange() 함수: 행 정렬하기**

arrange() 함수는 행을 작은 값에서 큰 값으로 정렬(오름차순)하거나 큰 값에서 작은 값으로 정렬(내림차순)합니다. 기본은 오름차순입니다.

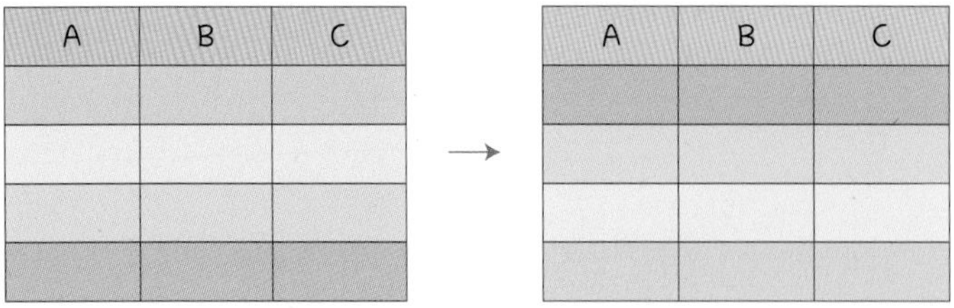

그림 7-8 | arrange() 함수 원리

다음은 sales 값을 오름차순으로 정렬하는 예시입니다.

```
order_info_r %>% arrange(sales)

# A tibble: 391 x 5
   order_no           item_id reserv_no   quantity sales
   <chr>              <chr>   <chr>          <dbl> <dbl>
 1 1907211372075100010 M0010  2019072101         1  6000
 2 1912301873797100010 M0009  2019123006         1  8000
 3 1906265783411001000 M0009  2019062601         1  8000
 4 1908085783831001000 M0009  2019080801         1  8000
 5 1908111378381100010 M0009  2019081101         1  8000
 6 1912285678313100010 M0008  2019122808         1 10000
 7 1912221810005240100 M0008  2019122205         1 10000
 8 1912251874347100010 M0008  2019122505         1 10000
 9 1906201372038100010 M0008  2019062001         1 10000
10 1907111072022100010 M0008  2019071101         1 10000
# ... with 381 more rows
```

내림차순으로 정렬하고 싶으면 desc 옵션을 추가합니다.

```
order_info_r %>% arrange(desc(sales))      # desc 내림차순

# A tibble: 391 x 5
```

```
      order_no            item_id reserv_no   quantity    sales
      <chr>               <chr>   <chr>            <dbl>   <dbl>
 1 1912206740841000000 M0001    2019122002          23  552000
 2 1912261374348100000 M0005    2019122601          12  420000
 3 1912025785741000000 M0005    2019120202          12  420000
 4 1910041373393100000 M0005    2019100401           8  280000
 5 1911211373676100000 M0005    2019112101           8  280000
 6 1911215378532100000 M0005    2019112102           8  280000
 7 1912261374409100000 M0001    2019122602          11  264000
 8 1912261378641100000 M0001    2019122604          11  264000
 9 1912281378378100000 M0001    2019122806          10  240000
10 1912025785741000000 M0001    2019120202          10  240000
# ... with 381 more rows
```

desc() 옵션을 적용하여 sales 값이 내림차순으로 정렬된 것을 확인할 수 있습니다. 열 순서대로 정렬하려면 열 이름을 계속 나열합니다.

```
order_info_r %>% arrange(reserv_no, item_id)

# A tibble: 391 x 5
      order_no            item_id reserv_no   quantity    sales
      <chr>               <chr>   <chr>            <dbl>   <dbl>
 1 1906035783411001000 M0005    2019060301           4  140000
 2 1906066071896100100 M0005    2019060601           4  140000
 3 1906066071896100100 M0010    2019060601           2   12000
 4 1906076718961001000 M0001    2019060701           2   48000
 5 1906161372005100100 M0005    2019061601           3  105000
 6 1906181071863100100 M0001    2019061801           2   48000
 7 1906201372038100100 M0008    2019062001           1   10000
 8 1906223783111001000 M0001    2019062201           2   48000
 9 1906265783411001000 M0009    2019062601           1    8000
10 1906291078328100100 M0002    2019062901           2   24000
# ... with 381 more rows
```

reserv_no,
item_id 순으로 정렬됩니다.

reserv_no 순서대로 오름차순 정렬한 후 다시 item_id로 오름차순 정렬한 것을 확인할 수 있습니다.

5 add_row() 함수: 행 추가하기

add_row( ) 함수는 새로운 행을 추가합니다.

A	B	C

→

A	B	C

그림 7-9 | add_row() 함수 원리

다음은 새로운 행을 추가하는 예시입니다.

```
table_added_row <- order_info_r %>% add_row(order_no = "1", item_id = "1",
reserv_no = "1")
```
⋯⋯⋯ 새로운 행을 생성하여 table_added_row 변수에 할당합니다.
```
table_added_row %>% arrange(order_no)


# A tibble: 392 x 5
    order_no          item_id reserv_no  quantity  sales
    <chr>             <chr>   <chr>         <dbl>  <dbl>
 1 1                 1       1                NA     NA ⋯⋯⋯ 지정하지 않으면
                                                            NA 값이 됩니다.
 2 190603578341100100 M0005   2019060301        4 140000
 3 190606607189610010 M0005   2019060601        4 140000
 4 190606607189610010 M0010   2019060601        2  12000
 5 190607671896100100 M0001   2019060701        2  48000
 6 190616137200510010 M0005   2019061601        3 105000
 7 190618107186310010 M0001   2019061801        2  48000
 8 190620137203810010 M0008   2019062001        1  10000
```

```
 9 190622378311100100 M0001    2019062201         2  48000
10 190626578341100100 M0009    2019062601         1   8000
# ... with 382 more rows
```

각 열마다 데이터 값 1을 갖는 새로운 행이 생성되었습니다.

 6 ## sample_frac(), sample_n() 함수: 무작위로 샘플 행 뽑기

sample_frac()와 sample_n() 함수는 테이블에서 무작위로 샘플을 뽑습니다. sample_frac() 함수는 추출 샘플 개수를 비율로 지정하고, sample_n() 함수는 샘플 개수를 행 개수로 지정한다는 차이가 있습니다. sample_frac() 함수를 예로 살펴보겠습니다.

A	B	C

→

A	B	C

그림 7-10 | sample_frac() 함수 원리

다음은 sample_frac() 함수를 사용하여 order_info_r 테이블에서 샘플 데이터를 추출하는 예시입니다.[6]

---

6 코드의 결괏값은 매번 다르게 나옵니다.

```
order_info_r %>% sample_frac(0.1, replace = TRUE)

# A tibble: 39 x 5
   order_no             item_id reserv_no  quantity  sales
   <chr>                <chr>   <chr>         <dbl>  <dbl>
 1 1911121137367610000  M0009   2019112101       16 128000
 2 1907123723901000000  M0002   2019071201        2  24000
 3 1910186784061000000  M0005   2019101802        2  70000
 4 1908136783221000000  M0002   2019081302        2  24000
 5 1912315678347100000  M0006   2019123102        4 100000
 6 1909035783981000000  M0005   2019090302        2  70000
 7 1911295785711000000  M0006   2019112907        3  75000
 8 1912071374198100000  M0003   2019120701        3  51000
 9 1908016072498100000  M0006   2019080101        2  50000
10 1912096742381000000  M0001   2019120901        9 216000
# ... with 29 more rows
```

order_info_r 테이블에는 행이 총 391개 있는데 0.1(10%) 비율로, 또 replace = TRUE 옵션을 설정하여 복원 추출 방식으로 샘플을 추출했습니다(39개). 랜덤 추출이기 때문에 실행할 때마다 샘플을 뽑는 결과가 달라집니다. 여기에서 복원 추출은 최초 추출했던 샘플을 다시 추출할 수 있는 방식이고, 비복원 추출은 추출했던 샘플을 제외하고 추출하는 방식입니다. sample_n() 함수는 비율 대신 행 개수로 추출한다는 점 외에 사용법은 동일합니다.

UNIT 04 열 조작

R DATA ANALYSIS FOR EVERYONE

행 조작과 관련한 주요 함수를 익혔으므로, 이번에는 열 조작과 관련한 주요 함수를 알아보겠습니다.

 ## 1 select() 함수: 열 선택하기

select( ) 함수는 테이블에서 열을 선택합니다.

A	B	C

→

A

그림 7-11 | select() 함수 원리

order_info_r 테이블에서 reserv_no 열과 sales 열을 선택해 보겠습니다.

```
order_info_r %>% select(reserv_no, sales)

# A tibble: 391 x 2
   reserv_no    sales
   <chr>        <dbl>
 1 2019122805   17000
 2 2019122806  240000
 3 2019122807   34000
 4 2019122808   10000
 5 2019122809  140000
 6 2019122810   70000
 7 2019122810   16000
 8 2019122901  140000
 9 2019122901   32000
10 2019122902   34000
# ... with 381 more rows
```

reserv_no 열과 sales 열이 선택되었습니다.

2 mutate() 함수: 열 조작해서 새로운 열 생성하기

mutate() 함수는 테이블의 기본 열을 조작하여 새로운 열을 생성합니다. 조작에는 함수를 적용할 수 있으며, 같은 행 길이의 열이 생성됩니다.

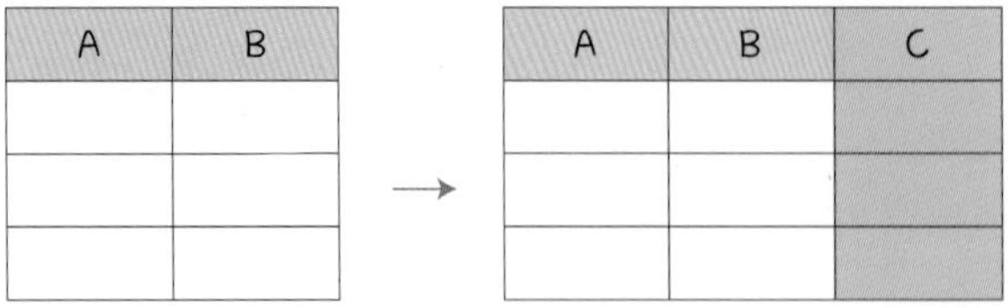

그림 7-12 | mutate() 함수 원리

order_info_r 테이블에서 sales 값은 매출 값입니다. mutate( ) 함수를 사용하여 예약 번호(reserv_no)별로 평균 매출을 확인해 보겠습니다.

```
order_info_r %>% group_by(reserv_no) %>% mutate(avg = mean(sales))

# A tibble: 391 x 6
# Groups:   reserv_no [337]  ⋯⋯ 그룹 337개                      ⋯⋯ 새로 만들어진 열
   order_no            item_id reserv_no  quantity  sales    avg
   <chr>               <chr>   <chr>         <dbl>  <dbl>  <dbl>
 1 191228137840110000  M0003   2019122805        1  17000  17000
 2 191228137837810000  M0001   2019122806       10 240000 240000
 3 191228547385810000  M0003   2019122807        2  34000  34000
 4 191228567831310000  M0008   2019122808        1  10000  10000
 5 191228567430310000  M0005   2019122809        4 140000 140000
 6 191228137860010000  M0005   2019122810        2  70000  43000
 7 191228137860010000  M0009   2019122810        2  16000  43000
 8 191229107864610000  M0005   2019122901        4 140000  86000
 9 191229107864610000  M0009   2019122901        4  32000  86000
10 191229137425710000  M0003   2019122902        2  34000  34000
# ... with 381 more rows
```

코드를 풀어서 살펴보면 다음과 같습니다.

① order_info_r %>% ② group_by(reserv_no) %>% ③ mutate(avg = mean(sales))

먼저 ① order_info_r 테이블의 데이터 값을 다음으로 넘기고, ② reserv_no 열을 기준으로 그룹으로 묶습니다. 이후 그룹으로 묶인 sales 열에 대해 ③ mutate( ) 함수로 mean( ) 함수를 적용해서 avg라는 새로운 열을 생성하여 출력합니다. 결과적으로 reserv_no 2019122810의 sales 합은 86000이고, reserv_no를 두 개 가지고 있으므로 평균은 43000이 됩니다.

3 transmute() 함수: 원래 열 빼고 새로운 열 생성하기

transmute() 함수는 mutate() 함수와 기능이 동일하지만, 기존 테이블의 열을 반환하지 않는다는 차이가 있습니다.

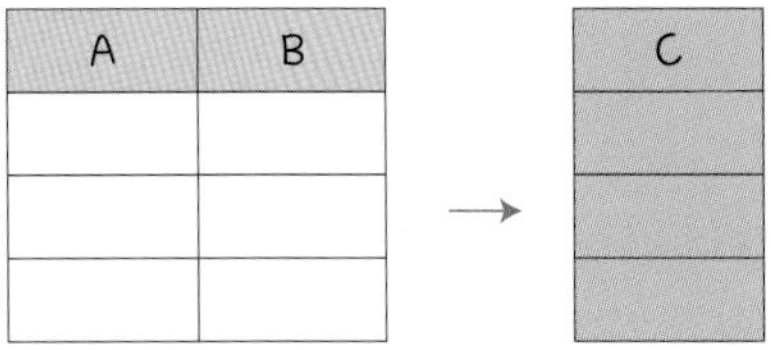

그림 7-13 | transmute() 함수 원리

앞서 mutate() 함수 예시와 동일한 예시에 transmute() 함수를 적용해 보겠습니다.

```
order_info_r %>% group_by(reserv_no) %>% transmute(avg = mean(sales))

# A tibble: 391 x 2
# Groups:   reserv_no [337]
   reserv_no      avg
   <chr>        <dbl>
 1 2019122805   17000
 2 2019122806  240000
 3 2019122807   34000
 4 2019122808   10000
 5 2019122809  140000
 6 2019122810   43000
 7 2019122810   43000
 8 2019122901   86000
 9 2019122901   86000
10 2019122902   34000
# ... with 381 more rows
```

mutate() 함수 예시와 동일하게 평균값을 계산하여 avg 열을 출력했지만, 그룹화된 열인 reserv_no 외 기존 테이블의 열들은 출력되지 않은 것을 확인할 수 있습니다.

4 mutate_all() 함수: 모든 열 조작해서 새로운 열 생성하기

mutate_all() 함수는 모든 열을 조작하여 새로운 열을 생성합니다. 사용할 함수를 지정하는 funs() 옵션을 함께 사용합니다. 다음은 테이블의 각 열 값에 대한 최댓값을 찾는 예시입니다.

A	B

→

A	B
max	max
max	max
max	max

그림 7-14 | mutate_all() 함수 원리

```
order_info_r %>% mutate_all(funs(max))
                          사용할 함수를 지정        최댓값
# A tibble: 391 x 5
   order_no           item_id reserv_no  quantity  sales
   <chr>              <chr>   <chr>         <dbl>  <dbl>
 1 1912316078646410000 M0010  2019123107       23 552000
 2 1912316078646410000 M0010  2019123107       23 552000
 3 1912316078646410000 M0010  2019123107       23 552000
 4 1912316078646410000 M0010  2019123107       23 552000
 5 1912316078646410000 M0010  2019123107       23 552000
 6 1912316078646410000 M0010  2019123107       23 552000
 7 1912316078646410000 M0010  2019123107       23 552000
 8 1912316078646410000 M0010  2019123107       23 552000
 9 1912316078646410000 M0010  2019123107       23 552000
10 1912316078646410000 M0010  2019123107       23 552000
# ... with 381 more rows
```

각 열의 최댓값을 찾아 출력했습니다. 참고로 숫자형 데이터뿐만 아니라 문자형(예 A~Z)이나 날짜형(예 2020-01-01~2020-01-31)도 순서를 가지며, 문자형이나 날짜형을 순서에 따라 출력할 수도 있습니다.

5 mutate_if() 함수: 특정 조건 열만 조작해서 새로운 열 생성하기

mutate_if( ) 함수는 특정 조건을 만족하는 열만 조작해서 새로운 열을 생성합니다. 다음은
열이 숫자형일 경우 로그(log)로 바꾸는 예시입니다.

```
order_info_r %>% mutate_if(is.numeric, funs(log(.)))
        판별식, dbl 형(double)도 숫자형 ······            ······ 적용할 함수
# A tibble: 391 x 5
   order_no            item_id reserv_no  quantity sales
   <chr>               <chr>   <chr>         <dbl> <dbl> ····· 숫자형 열에 로그(log) 적용
 1 191228137840110000 M0003   2019122805        0  9.74
 2 191228137837810000 M0001   2019122806     2.30  12.4
 3 191228547385810000 M0003   2019122807    0.693  10.4
 4 191228567831310000 M0008   2019122808        0  9.21
 5 191228567430310000 M0005   2019122809     1.39  11.8
 6 191228137860010000 M0005   2019122810    0.693  11.2
 7 191228137860010000 M0009   2019122810    0.693  9.68
 8 191229107864610000 M0005   2019122901     1.39  11.8
 9 191229107864610000 M0009   2019122901     1.39  10.4
10 191229137425710000 M0003   2019122902    0.693  10.4
```

숫자형(is.numeric 결과가 TRUE)[7]인 열만 로그 함수가 적용되었습니다.

 6 mutate_at() 함수: 특정 열만 조작해서 새로운 열 생성하기

mutate_all( ) 함수가 모든 열에 대해 조작하는 함수라면, mutate_at( ) 함수는 지정한 열만
조작합니다.

7　is.numeric은 판별식으로 자료형을 확인합니다. dbl 형(double)은 숫자형입니다.

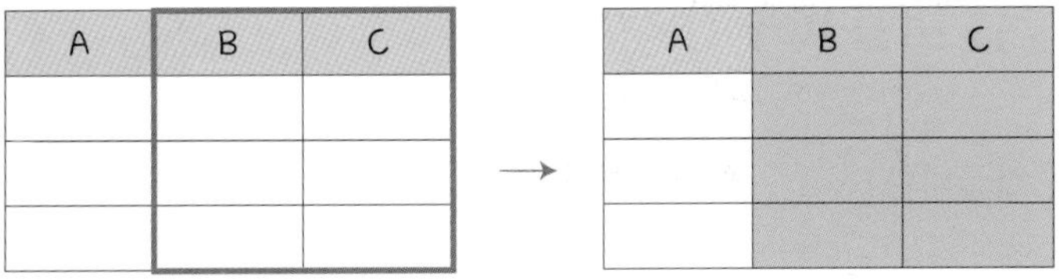

그림 7-15 | mutate_at() 함수 원리

다음은 mutate_at() 함수를 사용하여 지정한 열에 대해 최댓값을 구하는 max 함수를 적용하는 예시입니다.

```
order_info_r %>% mutate_at(vars(sales), funs(max))
                             └┈┈┈ 최댓값을 찾을 열(var)

# A tibble: 391 x 5
    order_no             item_id reserv_no  quantity  sales
    <chr>               <chr>   <chr>          <dbl>  <dbl>
 1 1912281378401100000 M0003   2019122805         1 552000
 2 1912281378378100000 M0001   2019122806        10 552000
 3 1912285473858100000 M0003   2019122807         2 552000
 4 1912285678313100000 M0008   2019122808         1 552000
 5 1912285674303100000 M0005   2019122809         4 552000
 6 1912281378600100000 M0005   2019122810         2 552000
 7 1912281378600100000 M0009   2019122810         2 552000
 8 1912291078646100000 M0005   2019122901         4 552000
 9 1912291078646100000 M0009   2019122901         4 552000
10 1912291374257100000 M0003   2019122902         2 552000
# ... with 381 more rows
```

mutate_all() 함수가 열을 지정하지 않아 모든 열에 대해 조작 함수를 적용한데 반해 mutate_at() 함수는 sales 열(var[8])에 대해서만 최댓값을 구해서 출력했습니다. vars()에 열을 여러 개 나열하면 나열한 열에 대해 조작 함수가 적용됩니다. 다양하게 응용해 보세요.

---

8 4장 데이터 프레임에서 설명했듯이 열(column)은 var(변수, variable)이라고도 합니다. 이 책에서는 가급적 열이라고 합니다.

7 rename() 함수: 열 이름 바꾸기

rename() 함수는 열 이름을 바꿉니다.

A	B

→

A'	B

그림 7-16 | rename() 함수 원리

다음은 sales 열 이름을 amt로 바꾸는 예시입니다.

```
order_info_r %>% rename(amt = sales)
                        바꿀 열 이름        바뀔 열 이름

# A tibble: 391 x 5
     order_no            item_id reserv_no  quantity   amt
     <chr>               <chr>   <chr>         <dbl> <dbl>
 1 1912281378401100000 M0003   2019122805        1  17000
 2 1912281378378100000 M0001   2019122806       10 240000
 3 1912285473858100000 M0003   2019122807        2  34000
 4 1912285678313100000 M0008   2019122808        1  10000
 5 1912285674303100000 M0005   2019122809        4 140000
 6 1912281378600100000 M0005   2019122810        2  70000
 7 1912281378600100000 M0009   2019122810        2  16000
 8 1912291078646100000 M0005   2019122901        4 140000
 9 1912291078646100000 M0009   2019122901        4  32000
10 1912291374257100000 M0003   2019122902        2  34000
# ... with 381 more rows
```

열 이름 sales가 열 이름 amt로 바뀌었습니다.

행과 열을 조작하는 주요 함수를 알아보았습니다. 이번에는 행과 열로 구성된 테이블을 조작하는 함수를 알아보겠습니다.

1 bind_cols() 함수: 테이블 열 붙이기

bind_cols() 함수는 테이블의 열을 붙입니다.

A	B
a	1
b	2
c	3

+

A	D
a	3
b	2
d	1

=

A	B	A	D
a	1	a	3
b	2	b	2
c	3	d	1

그림 7-17 | bind_cols() 함수 원리

order_info_r과 똑같은 tmp_order_info_r 테이블을 만들어서 두 테이블을 붙여 보겠습니다.

```
tmp_order_info_r <- order_info_r ················ order_info_r 테이블 값을 tmp_order_info_r
bind_cols(order_info_r, tmp_order_info_r)          테이블에 담습니다(복제한 효과).

New names:
* order_no -> order_no...1
* item_id -> item_id...2
```

```
* reserv_no -> reserv_no...3
* quantity -> quantity...4
* sales -> sales...5
* ...
# A tibble: 391 x 10 ------열 붙임으로 열이 10개
   order_no...1      item_id...2 reserv_no...3 quantity...4 sales...5
order_no...6      item_id...7 reserv_no...8 quantity...9 sales...10
   <chr>            <chr>         <chr>              <dbl>     <dbl>
<chr>               <chr>         <chr>              <dbl>     <dbl>
 1 1912281378401 10010 M0003      2019122805             1     17000
191228137840110010 M0003         2019122805         1     17000
 2 191228137837810010 M0001      2019122806            10    240000
191228137837810010 M0001         2019122806        10    240000
 3 191228547385810010 M0003      2019122807             2     34000
191228547385810010 M0003         2019122807         2     34000
 4 191228567831310010 M0008      2019122808             1     10000
191228567831310010 M0008         2019122808         1     10000
 5 191228567430310010 M0005      2019122809             4    140000
191228567430310010 M0005         2019122809         4    140000
 6 191228137860010010 M0005      2019122810             2     70000
191228137860010010 M0005         2019122810         2     70000
 7 191228137860010010 M0009      2019122810             2     16000
191228137860010010 M0009         2019122810         2     16000
 8 191229107864610010 M0005      2019122901             4    140000
191229107864610010 M0005         2019122901         4    140000
 9 191229107864610010 M0009      2019122901             4     32000
191229107864610010 M0009         2019122901         4     32000
10 191229137425710010 M0003      2019122902             2     34000
191229137425710010 M0003         2019122902         2     34000
# ... with 381 more rows
```

order_info_r과 똑같은 tmp_order_info_r 테이블을 만들어서 두 개를 서로 붙였습니다. 열 이름이 같을 때는 새로운 이름으로 바뀐다는 메시지와 함께 열 이름 뒤에 숫자가 붙어 출력되었습니다(R 4.0 미만 버전에서는 ~1로 열 이름이 바뀝니다). 다만 bind_cols() 함수는 행 개수가 같아야 함수를 적용할 수 있습니다. 행 개수가 다르면 어떻게 될까요?

```
bind_cols(order_info_r, reservation_r)

에러: Can't recycle `..1` (size 391) to match `..2` (size 396).
Run `rlang::last_error()` to see where the error occurred.
```

order_info_r 테이블은 391행이고 reservation_r 테이블은 396행이라서 테이블 열을 붙이지 않습니다. 그럼 행 개수가 다른 테이블을 붙이려고 하면 어떻게 될까요? 이때는 뒤에서 배울 조인(join) 기법을 사용해야 합니다.

2 bind_rows() 함수: 테이블 행 붙이기

이번에는 테이블 행을 붙여 보겠습니다. bind_rows() 함수를 사용합니다.

A	B
a	1
b	2
c	3

A	B
c	3
d	4

→

A	B
a	1
b	2
c	3
c	3
d	4

그림 7-18 | bind_rows() 함수 원리

```
tmp_order_info_r <- order_info_r
bind_rows(order_info_r, tmp_order_info_r)
```
······ 행 붙임으로 행이 782개

```
# A tibble: 782 x 5
    order_no          item_id reserv_no  quantity  sales
    <chr>             <chr>   <chr>         <dbl>  <dbl>
 1 191228137840110010 M0003  2019122805        1  17000
 2 191228137837810010 M0001  2019122806       10 240000
 3 191228547385810010 M0003  2019122807        2  34000
 4 191228567831310010 M0008  2019122808        1  10000
 5 191228567430310010 M0005  2019122809        4 140000
 6 191228137860010010 M0005  2019122810        2  70000
 7 191228137860010010 M0009  2019122810        2  16000
 8 191229107864610010 M0005  2019122901        4 140000
 9 191229107864610010 M0009  2019122901        4  32000
10 191229137425710010 M0003  2019122902        2  34000
# ... with 772 more rows
```

두 테이블의 행이 붙어서 총 782행이 되었습니다. bind_rows( ) 함수는 열 이름이나 개수가
같지 않더라도 테이블끼리 붙입니다.

```
bind_rows(order_info_r, reservation_r)
```
······ 두 테이블의 행을 붙입니다.

```
# A tibble: 787 x 11
```
······ order_info_r 테이블의 열   ······ reservation_r 테이블의 열
```
    order_no  item_id reserv_no quantity  sales reserv_date reserv_time
customer_id branch visitor_cnt cancel
    <chr>      <chr>   <chr>        <dbl> <dbl> <chr>       <chr>
<chr>       <chr>       <dbl> <chr>
 1 191228137~ M0003  20191228~        1  17000 NA          NA
NA          NA            NA NA
 2 191228137~ M0001  20191228~       10 240000 NA          NA
NA          NA            NA NA
```

```
    3 191228547~ M0003      20191228~         2  34000 NA          NA
NA          NA              NA NA
    4 191228567~ M0008      20191228~         1  10000 NA          NA
NA          NA              NA NA
    5 191228567~ M0005      20191228~         4 140000 NA          NA
NA          NA              NA NA
    6 191228137~ M0005      20191228~         2  70000 NA          NA
NA          NA              NA NA
    7 191228137~ M0009      20191228~         2  16000 NA          NA
NA          NA              NA NA
    8 191229107~ M0005      20191229~         4 140000 NA          NA
NA          NA              NA NA
    9 191229107~ M0009      20191229~         4  32000 NA          NA
NA          NA              NA NA
   10 191229137~ M0003      20191229~         2  34000 NA          NA
NA          NA              NA NA
# ... with 777 more rows
```

열 이름이 같지 않더라도 열 이름을 생성해서 행들을 붙인 것을 확인할 수 있습니다. 즉,
NA(Not Available)로 붙었으며, 'NA는 값이 측정되지 않아 사용할 수 없음, 즉 값이 없다'는
의미입니다.

3 inner_join() 함수: 일치하는 데이터 연결하기

inner_join(), left_join(), right_join(), full_join()은 조인 함수입니다. 조인이란
흩어져 있는 테이블의 데이터를 연결 매개체가 되는 키(key)로 서로 연결하는 기법입니다.

테이블 A

A	B	C	D

테이블 B

D	E	F	G

조인된 테이블

	A	B	C	D	E	F	G	
테이블 A								테이블 B

그림 7-19 | 조인 기법

조인은 관계형 데이터베이스에서 많이 쓰는 기법인데, 조인 기법을 사용하면 한 개 이상의 테이블과 테이블을 서로 연결하여 다른 테이블에 담겨 있는 다양한 정보를 조작할 수 있습니다. 주요 조인의 종류를 정리하면 다음 표와 같습니다.

표 7-1 | 주요 조인의 종류

조인		설명
이너 조인		조인 조건이 정확히 일치하는 경우 결과 출력(동등 조인)
아웃터 조인	레프트 조인	조인 조건이 정확히 일치하지 않아도 결과 출력(왼쪽 기준 모두 출력)
	라이트 조인	조인 조건이 정확히 일치하지 않아도 결과 출력(오른쪽 기준 모두 출력)
	풀 조인	가능한 모든 행 조인(레프트 조인+라이트 조인)

조인 기법은 dplyr 패키지에서도 사용할 수 있습니다. 먼저 이너 조인 기법을 사용하는 inner_join( ) 함수부터 알아보겠습니다. inner_join( ) 함수는 데이터 값이 일치할 때만 연결하는 이너 조인(inner join)[9]을 사용합니다.

A	B
a	1
b	2
c	3

조인 →

A	C
a	3
b	2
d	1

→

A	B	C
a	1	3
b	2	2

그림 7-20 | 이너 조인 원리

─────────

9 내부 조인, 동등 조인(equi-join)이라고도 합니다.

예약 정보를 담고 있는 reservation_r 테이블과 주문 정보를 담고 있는 order_info_r 테이블을 예약 번호 reserv_no 열을 키로 연결해 보겠습니다.

```
inner_join(reservation_r, order_info_r, by = "reserv_no") %>% arrange(reserv_
no, item_id)                          연결할 키(매개 데이터)
연결 키(key)                                reserv_no, item_id 순으로 오름차순 정렬
# A tibble: 391 x 11        행 391개가 조인됩니다.
   reserv_no  reserv_date reserv_time customer_id branch visitor_cnt cancel
order_no          item_id quantity  sales
   <chr>      <chr>       <chr>       <chr>       <chr>        <dbl> <chr>
<chr>             <chr>      <dbl>  <dbl>
 1 2019060301 20190603    1800        W1327803    서초            4 N
1906035783411001~ M0005          4 140000
 2 2019060601 20190606    1800        W1328432    마포            4 N
1906066071896100~ M0005          4 140000
 3 2019060601 20190606    1800        W1328432    마포            4 N
1906066071896100~ M0010          2  12000
 4 2019060701 20190607    1800        W1328432    종로            4 N
1906076718961001~ M0001          2  48000
 5 2019061601 20190616    1200        W1330464    서대문          3 N
1906161372005100~ M0005          3 105000
 6 2019061801 20190618    1800        W1327595    영등포          2 N
1906181071863100~ M0001          2  48000
 7 2019062001 20190620    1200        W1331108    광진            1 N
1906201372038100~ M0008          1  10000
 8 2019062201 20190622    1800        W1328505    강남            2 N
1906223783111001~ M0001          2  48000
 9 2019062601 20190626    1200        W1333008    중구            1 N
1906265783411001~ M0009          1   8000
10 2019062901 20190629    1800        W1330211    서초            4 N
1906291078328100~ M0002          2  24000
# ... with 381 more rows
```

두 테이블에 대해 reserv_no가 일치하는 행들만 출력된 것을 확인할 수 있습니다. select( ) 함수를 사용해서 알아보기 쉽게 열 몇 개만 선택해 보겠습니다. 지금부터는 코드가 길어지기 때문에 파이프 연산자(%>%)를 기준으로 Enter를 입력해서 줄 바꾸기를 적용하겠습니다. 실행 방법은 앞과 마찬가지로 실행하려는 코드 라인에 커서를 두고 Ctrl+Enter를 누르거나 실행하려는 코드를 블록으로 선택해서 Ctrl+Enter를 누릅니다.

```
inner_join(reservation_r, order_info_r, by = "reserv_no") %>%   ·----- Enter
    arrange(reserv_no, item_id) %>%   ·----- Enter
    select(reserv_no, customer_id, visitor_cnt, cancel, order_no, item_id, sales) ·
          '----- 지정하는 열만 출력                                              Ctrl+Enter
```

```
# A tibble: 391 x 7           ·----- reservation_r 테이블         ·----- order_info_r 테이블
   reserv_no  customer_id visitor_cnt cancel order_no              item_id  sales
   <chr>      <chr>             <dbl> <chr>  <chr>                  <chr>    <dbl>
 1 2019060301 W1327803             4 N      190603578341100100     M0005   140000
 2 2019060601 W1328432             4 N      190606607189610010     M0005   140000
 3 2019060601 W1328432             4 N      190606607189610010     M0010    12000
 4 2019060701 W1328432             4 N      190607671896100100     M0001    48000
 5 2019061601 W1330464             3 N      190616137200510010     M0005   105000
 6 2019061801 W1327595             2 N      190618107186310010     M0001    48000
 7 2019062001 W1331108             1 N      190620137203810010     M0008    10000
 8 2019062201 W1328505             2 N      190622378311100100     M0001    48000
 9 2019062601 W1333008             1 N      190626578341100100     M0009     8000
10 2019062901 W1330211             4 N      190629107832810010     M0002    24000
# ... with 381 more rows
```

좀 더 편하게 확인할 수 있게 되었습니다. 출력 결과를 살펴보면, 예약 정보와 주문 정보를 이너 조인해서 각 주문 번호에 대한 고객 번호(customer_id)와 방문 고객 수(visitor_cnt) 정보, 주문 정보를 확인할 수 있습니다. 예약 번호 2019060601은 메뉴 M0005, M0010 두 개를 주문한 것까지 알 수 있습니다. 이너 조인 원리를 자세히 살펴보면 다음 그림과 같습니다.

reservation_r 테이블

reserv_no	customer_id
2019060301	W1327803
2019060601	W1328432
2019060701	W1328432
2019061501	W1330211

order_info_r 테이블

reserv_no	order_no	item_id	sales
2019060301	190603578341100100	M0005	140000
2019060601	190606607189610010	M0005	140000
2019060601	190606607189610010	M0010	12000
2019060701	190607671896100100	M0001	48000
NA	NA	NA	NA

그림 7-21 | 이너 조인의 상세 설명

reserv_no가 일치하는 데이터만 조인해서 출력되었습니다. 즉, 이너 조인을 통해 어떤 예약 번호가 어떤 주문 번호를 갖는지 알 수 있습니다. 다른 말로 하면 이너 조인을 통해 주문이 완료된 예약 번호만 출력할 수 있습니다.

4 left_join() 함수: 왼쪽 기준 모든 데이터 연결하기

inner_join() 함수는 일치하는 값만 조인해서 확인할 수 있습니다. order_info_r 테이블 이 예약 및 주문 완료된 정보만 담고 있으므로, 예약이 취소된 건들은 이너 조인으로 주문 테이블과 연결되지 않습니다(주문이 없기 때문이며 inner_join() 함수의 출력 결과에서 모두 예약 취소 여부(cancel)가 아닌(N) 것에 주목합니다). 즉, 예약은 취소될 수도 있기 때문에 예약 정보와 주문 정보가 꼭 일치하는 것은 아닙니다.

그럼 예약 취소 포함, 전체 예약 건 중에 얼마나 주문되었는지 알고 싶다면 어떻게 해야 할까요? 이 경우에는 일치하지 않더라도 기준 테이블의 모든 내용을 출력하는 레프트 조인(left join)이나 라이트 조인(right join)[10] 기법을 사용합니다. 다음 그림은 왼쪽 테이블을 기준으로 모든 데이터를 연결하는 레프트 조인 원리를 나타냅니다.

---

10 레프트 조인이나 라이트 조인은 아우터 조인(outer join) 혹은 외부 조인이라고도 합니다.

왼쪽 테이블

A	B
a	1
b	2
c	3

조인

오른쪽 테이블

A	C
a	3
b	2
d	1

→

A	B	C
a	1	3
b	2	2
c	3	NA

그림 7-22 | 레프트 조인 원리

레프트 조인을 위해 사용하는 것이 left_join( ) 함수입니다. left_join( ) 함수를 사용하여 왼쪽 테이블을 기준으로 모든 데이터를 조인해서 출력하는 예시를 살펴보겠습니다.

```
                ┈┈┈ 왼쪽 테이블
left_join(reservation_r, order_info_r, by = "reserv_no") %>%
    arrange(reserv_no, item_id) %>%
    select(reserv_no, customer_id, visitor_cnt, cancel, order_no, item_id, sales)

# A tibble: 450 x 7     ┈┈┈ reservation_r 테이블      ┈┈┈ order_info_r 테이블
   reserv_no customer_id visitor_cnt cancel order_no            item_id  sales
   <chr>     <chr>             <dbl> <chr>  <chr>               <chr>    <dbl>
 1 2019060301 W1327803            4 N      190603578341100100  M0005   140000
 2 2019060601 W1328432            4 N      190606607189610010  M0005   140000
 3 2019060601 W1328432            4 N      190606607189610010  M0010    12000
 4 2019060701 W1328432            4 N      190607671896100100  M0001    48000
 5 2019061501 W1330211            4 Y      NA                  NA          NA
 6 2019061601 W1330464            3 N      190616137200510010  M0005   105000
 7 2019061602 W1330463            3 Y      NA                  NA          NA
 8 2019061801 W1327595            2 N      190618107186310010  M0001    48000
 9 2019062001 W1331108            1 N      190620137203810010  M0008    10000
10 2019062201 W1328505            2 N      190622378311100100  M0001    48000
# ... with 440 more rows
```

왼쪽에 해당하는 reservation_r 테이블을 기준으로 연결해서 출력되었습니다(예약 취소 여부 cancel 열의 데이터 값이 Y인 것에 주목합니다). 왼쪽 테이블을 기준으로 일치하는 데이터가 없더라도 연결되기 때문에 order_info_r 테이블에 정보가 없을 때는 모두 NA로 출력되었습니다. 레프트 조인 원리를 자세히 살펴보면 다음 그림과 같습니다.

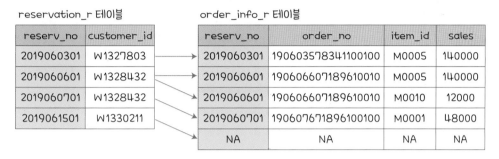

그림 7-23 | 레프트 조인의 원리 상세 설명

reserv_no 2019061501은 order_info_r 테이블에 연결될 데이터가 없음에도 출력된 것을 확인할 수 있습니다.

5 right_join() 함수: 오른쪽 기준 모든 데이터 연결하기

right_join( ) 함수는 라이트 조인 기법을 사용합니다. right_join( ) 함수는 레프트 조인 기법을 사용하는 left_join( ) 함수와 원리가 같습니다. 연결 기준 테이블이 오른쪽(right)이라는 점만 다를 뿐입니다.

왼쪽 테이블

A	B
a	1
b	2
c	3

조인

오른쪽 테이블

A	C
a	3
b	2
d	1

→

A	B	C
a	1	3
b	2	2
d	NA	1

그림 7-24 | 라이트 조인 원리

```
right_join(reservation_r, order_info_r, by = "reserv_no") %>%
    arrange(reserv_no, item_id) %>%  ┈┈┈┈ 오른쪽 테이블
    select(reserv_no, customer_id, visitor_cnt, cancel, order_no, item_id, sales)

# A tibble: 391 x 7
   reserv_no  customer_id visitor_cnt cancel order_no           item_id sales
   <chr>      <chr>             <dbl> <chr>  <chr>             <chr>   <dbl>
 1 2019060301 W1327803              4 N      190603578341100100 M0005  140000
 2 2019060601 W1328432              4 N      190606607189610010 M0005  140000
 3 2019060601 W1328432              4 N      190606607189610010 M0010   12000
 4 2019060701 W1328432              4 N      190607671896100100 M0001   48000
 5 2019061601 W1330464              3 N      190616137200510010 M0005  105000
 6 2019061801 W1327595              2 N      190618107186310010 M0001   48000
 7 2019062001 W1331108              1 N      190620137203810010 M0008   10000
 8 2019062201 W1328505              2 N      190622378311100100 M0001   48000
 9 2019062601 W1333008              1 N      190626578341100100 M0009    8000
10 2019062901 W1330211              4 N      190629107832810010 M0002   24000
# ... with 381 more rows
```

라이트 조인은 오른쪽 테이블인 order_info_r을 기준으로 모두 연결하는 조인이기 때문에 모든 order_info_r에 연결되는 reservation_r 테이블 정보를 조인해서 출력되었습니다. 출력 내용을 살펴보면 inner_join() 함수의 예시와 동일한 결과가 출력되었는데, 이것으로 order_info_r 테이블에는 reservation_r 테이블과 연결되는 모든 정보가 존재한다는 것을 알 수 있습니다.

 6 **full_join() 함수: 양쪽 모든 데이터 연결하기**

full_join() 함수는 양쪽 테이블의 모든 데이터를 연결하는 풀 조인 기법을 사용합니다.

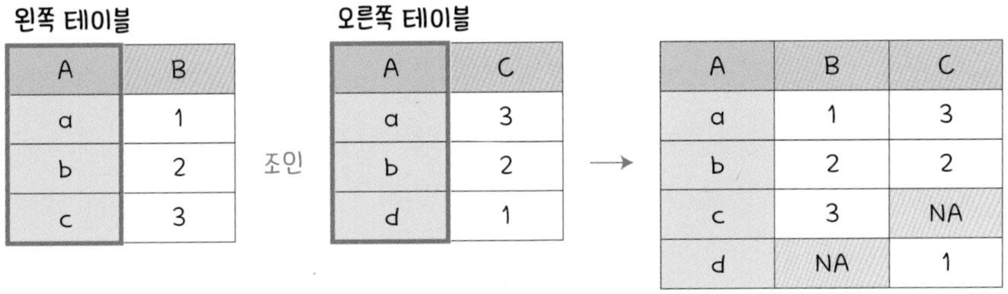

그림 7-25 | 풀 조인 원리

앞서 설명한 add_row( ) 함수를 사용하여 order_info_r 테이블에 임의의 reserv_no인 1을 생성해서 풀 조인해 보겠습니다.

```
# 새로운 행 생성
table_added_row <- order_info_r %>%
    add_row(order_no = "1", item_id = "1", reserv_no = "1", sales = 1)
            └----- 새로운 행을 생성하여 table_added_row 변수에 할당
full_join(reservation_r, table_added_row, by = "reserv_no") %>%
    arrange(reserv_no, item_id) %>%
    select(reserv_no, customer_id, visitor_cnt, cancel, order_no, item_id, sales)


# A tibble: 451 x 7
   reserv_no  customer_id visitor_cnt cancel order_no              item_id  sales
   <chr>      <chr>             <dbl> <chr>  <chr>                 <chr>    <dbl>
 1 1          NA                   NA NA     1                     1            1
 2 2019060301 W1327803              4 N      190603578341100100    M0005   140000
 3 2019060601 W1328432              4 N      190606607189610010    M0005   140000
 4 2019060601 W1328432              4 N      190606607189610010    M0010    12000
 5 2019060701 W1328432              4 N      190607671896100100    M0001    48000
 6 2019061501 W1330211              4 Y      NA                    NA          NA
 7 2019061601 W1330464              3 N      190616137200510010    M0005   105000
 8 2019061602 W1330463              3 Y      NA                    NA          NA
 9 2019061801 W1327595              2 N      190618107186310010    M0001    48000
10 2019062001 W1331108              1 N      190620137203810010    M0008    10000
# ... with 441 more rows
```

left_join( ) 함수의 예시와 유사한 결과가 출력되었지만, order_info_r 테이블에만 있는 1이라는 reserv_no도 함께 출력된 것을 확인할 수 있습니다(총 451행). 즉, reserv_no로 연결되는 reservation_r과 order_info_r 테이블의 모든 데이터가 출력됩니다. 다른 쪽 테이블에 데이터가 없다면 NA 값으로 출력됩니다. 풀 조인 원리를 자세히 살펴보면 다음 그림과 같습니다.

reservation_r 테이블

reserv_no	customer_id
NA	NA
2019060301	W1327803
2019060601	W1328432
2019060701	W1328432
2019061501	W1330211

order_info_r 테이블

reserv_no	order_no	item_id	sales
1	1	1	1
2019060301	190603578341100100	M0005	140000
2019060601	190606607189610010	M0005	140000
2019060601	190606607189610010	M0010	12000
2019060701	190607671896100100	M0001	48000
NA	NA	NA	NA

그림 7-26 | 풀 조인의 원리 상세 설명

모든 행을 조인해서 출력했습니다.

7 intersect() 함수: 데이터 교집합 구하기

intersect( ) 함수는 양쪽 테이블에 똑같이 존재하는 데이터 집합을 추출합니다. 교집합(∩) 원리와 같습니다.

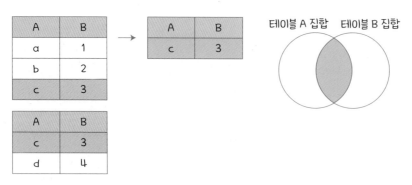

그림 7-27 | intersect() 함수 원리

```
# reservation_r의 reserv_no 추출
reservation_r_rsv_no <- select(reservation_r, reserv_no)

# order_info_r의 reserv_no 추출
order_info_r_rsv_no <- select(order_info_r, reserv_no)

# 양쪽 데이터셋에 존재하는 reserv_no
intersect(reservation_r_rsv_no, order_info_r_rsv_no)

 # A tibble: 337 x 1
   reserv_no
   <chr>
 1 2019082701
 2 2019082602
 3 2019082601
 4 2019082501
 5 2019082401
 6 2019082301
 7 2019082202
 8 2019082101
 9 2019081901
10 2019081802
# ... with 327 more rows
```

reservation_r과 order_info_r 테이블에서 reserv_no 중 총 337개가 같은 데이터 값인 것을 알 수 있습니다.

8 setdiff() 함수: 데이터 빼기

setdiff( ) 함수는 첫 번째 테이블에서 두 번째 테이블 집합의 데이터 집합을 뺀 결과를 출력합니다. −(마이너스) 원리와 같습니다.

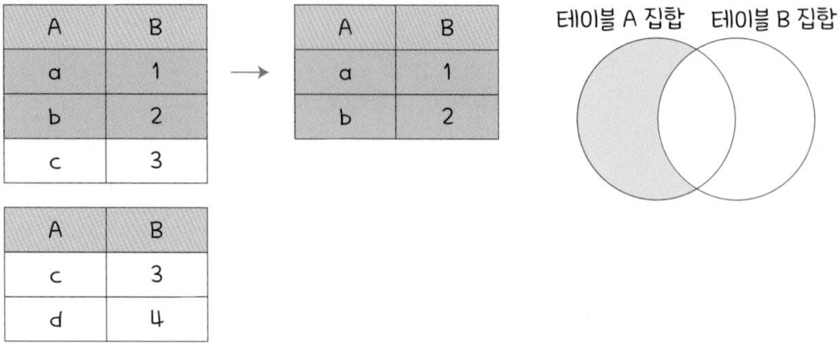

그림 7-28 | setdiff() 함수 원리

reservation_r_rsv_no와 order_info_r_rsv_no 변수를 계속 써서 setdiff() 함수를 사용해 보겠습니다.

```
setdiff(reservation_r_rsv_no, order_info_r_rsv_no)

# A tibble: 59 x 1
   reserv_no
   <chr>
 1 2019082201
 2 2019081501
 3 2019080102
 4 2019073101
 5 2019072601
 6 2019072001
 7 2019071301
 8 2019070701
 9 2019070301
10 2019061602
# ... with 49 more rows
```

setdiff() 함수를 사용해서 마이너스 집합을 구한 결과 reserv_no 데이터가 59개 남아 있습니다. 즉, reservation_r 테이블에는 order_info_r과 일치하지 않는 reserv_no가 59개 있다는 것을 알 수 있습니다.

9 union() 함수: 중복을 제거해서 데이터 합치기

union( ) 함수는 테이블의 데이터 집합을 하나로 묶을 때 사용하며, 합집합(∪) 원리와 같습니다. 다만 중복 데이터는 하나만 남깁니다.

A	B
a	1
b	2
c	3

A	B
c	3
d	4

→

A	B
a	1
b	2
c	3
d	4

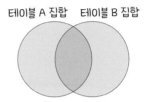

테이블 A 집합   테이블 B 집합

그림 7-29 | union() 함수 원리

```
union(reservation_r_rsv_no, order_info_r_rsv_no)

# A tibble: 396 x 1
   reserv_no
   <chr>
 1 2019082701
 2 2019082602
 3 2019082601
 4 2019082501
 5 2019082401
 6 2019082301
 7 2019082202
 8 2019082201
 9 2019082101
10 2019081901
# ... with 386 more rows
```

중복을 제거한 합집합 데이터가 총 396개라는 것을 알 수 있습니다.

dplyr 패키지 함수를 잘 사용하는 법

R DATA ANALYSIS FOR EVERYONE

지금까지 살펴본 바와 같이 dplyr 패키지 함수의 문법은 R 기본(base) 함수보다 간결하고 직관적입니다. dplyr 패키지에는 소개한 함수 외에도 다양한 함수가 있지만, 사실 많이 사용하는 함수는 몇 가지 정도입니다. 이 책에서는 이것들을 dplyr 기초 함수라고 하겠습니다. dplyr 기초 함수는 다음 표와 같습니다.

표 7-2 | dplyr 기초 함수

함수	설명
group_by( )	행을 그룹으로 묶기
summarise( )	열 전체를 입력 값으로 해서 함수를 적용하여 요약
filter( )	특정 조건을 만족하는 행 필터링
mutate( )	기존 열에 조작을(함수를) 적용한 새로운 열 생성
select( )	특정 열을 선택하여 출력
arrange( )	기준 열로 데이터 정렬

dplyr 패키지로 데이터를 잘 조작하려면 dplyr 기초 함수를 사용해서 패턴을 생각해 보고, 논리(logic)에 따라 함수를 추가하거나 함수 순서를 바꾸어서 코드를 작성하면 됩니다.

예를 들어 다음 과제가 있다면 dplyr 패키지를 이용하여 코드처럼 작성할 수 있습니다.

- reservation_r 테이블에서 평균 방문 고객 수(visitor_cnt)가 세 명 이상인 고객을 구하되, 평균 방문 고객 수가 높은 고객부터 출력하세요.

```
reservation_r %>%
    group_by(customer_id) %>%
    summarise(avg = mean(visitor_cnt)) %>%
    filter(avg >= 3) %>%
    arrange(desc(avg))

# A tibble: 113 x 2
   customer_id    avg
   <chr>        <dbl>
 1 W357565       13.5
 2 W1373867      12
 3 W359156       12
 4 W365779       12
 5 W363739       11.3
 6 W1375678      11
 7 W335138        9
 8 W346987        9
 9 W1356560       8.67
10 W1375244       8.5
# ... with 103 more rows
```

앞서 소개한 함수들을 사용해서 원하는 결과가 출력되었습니다. 코드를 풀이해 보면 다음 표와 같습니다.

표 7-3 | 예약 고객 수 세 명 이상인 고객 출력 코드 풀이

코드	설명
① reservation_r %>%	reservation_r 테이블을 선택해서 데이터를 전달하고
② group_by(customer_id) %>%	고객 번호로 그룹화해서
③ summarise(avg = mean(visitor_cnt)) %>%	방문 고객 수(visitor_cnt)의 평균을 avg라는 열로 요약
④ filter(avg >= 3) %>%	요약된 값이 3 이상인 행만 선택하여
⑤ arrange(desc(avg))	큰 숫자에서 작은 숫자 순(내림차순)으로 정렬

앞 예시를 다음과 같이 변형해서 코드를 작성해도 동일한 결과를 얻을 수 있습니다.

```
reservation_r %>%
    group_by(customer_id) %>%
    mutate(avg = mean(visitor_cnt)) %>%
    select(customer_id, avg) %>%
    filter(avg >= 3) %>%
    distinct(customer_id, avg) %>%
    arrange(desc(avg))


# A tibble: 113 x 2
# Groups:   customer_id [113]
   customer_id    avg
   <chr>        <dbl>
 1 W357565       13.5
 2 W365779       12
 3 W359156       12
 4 W1373867      12
 5 W363739       11.3
 6 W1375678      11
 7 W335138        9
 8 W346987        9
 9 W1356560       8.67
10 W1375244       8.5
# ... with 103 more rows
```

코드를 풀이하면 다음 표와 같습니다.

표 7-4 | 변형된 코드 풀이

코드	설명
① reservation_r %>%	reservation_r 테이블을 선택해서 데이터를 전달하고
② group_by(customer_id) %>%	고객 번호로 그룹화해서
③ mutate(avg = mean(visitor_cnt)) %>%	방문 고객 수(visitor_cnt)의 평균을 avg라는 열로 생성(각 행에)
④ select(customer_id, avg) %>%	고객 번호와 평균 열을 선택하고(불필요한 코드)
⑤ filter(avg >= 3) %>%	요약된 값이 3 이상인 행만 선택하여
⑥ distinct(customer_id, avg) %>%	고객 번호와 평균 열의 유일 값만
⑦ arrange(desc(avg))	큰 숫자에서 작은 숫자 순(내림차순)으로 정렬

동일한 결과가 출력되는 것을 확인할 수 있습니다. 다만 더 간결할 수 있는 코드에 불필요한 함수를 사용하기도 했고, 코드도 더 길어지고 논리도 복잡해졌습니다. 바람직한 코드는 아닙니다. 어찌 되었든 결과는 동일하게 출력되었습니다. 이처럼 dplyr 기초 함수를 바탕으로, 사용자 의도에 따라 패턴을 달리해 가며 코드를 작성하면 대부분의 논리 코드를 작성할 수 있습니다. 물론 dplyr 기초 함수 외에 상황에 맞게 다른 dplyr 함수나 R 기본 함수를 함께 사용할 수도 있습니다.

정리하면 dplyr 패키지를 잘 사용하는 방법은 다음과 같습니다.

1. dplyr 기초 함수로 로직을 구성합니다.

2. 목적에 맞게 함수를 선택하고 순서를 배치합니다.

3. 필요한 추가 함수를 사용하거나 R 기본 함수를 함께 사용합니다.

그럼 마지막으로 지금까지 배운 다양한 요리 재료를 다루는 방법을 응용하여 요리를 하나 만들어 보겠습니다. 만들 요리는 order_info_r 테이블의 메뉴(item_id)별, 월별 평균 매출을 계산한 후 메뉴별, 월별로 오름차순 정렬해서 출력하는 **메뉴 아이템별 월 평균 매출**입니다. 기초 요리법에서 익힌 R 기본 함수도 같이 응용해 보겠습니다. 결과는 my_first_cook이란 변수에 담아 출력하겠습니다(잠깐! 독자 여러분도 어떻게 하면 원하는 결과를 얻을 수 있는지 코드를 한 번 고민해 보세요).

```
my_first_cook <- order_info_r %>%
    mutate(reserv_month = substr(reserv_no, 1, 6)) %>%
    group_by(item_id, reserv_month) %>%
    summarise(avg_sales = mean(sales)) %>%
    arrange(item_id, reserv_month)


my_first_cook

# A tibble: 65 x 3
# Groups:   item_id [10]
   item_id reserv_month avg_sales
   <chr>   <chr>              <dbl>
```

```
 1 M0001    201906        48000

 2 M0001    201907        68000

 3 M0001    201908        56000

 4 M0001    201909        66000

 5 M0001    201910        92000

 6 M0001    201911        68308.

 7 M0001    201912       153143.

 8 M0002    201906        24000

 9 M0002    201907        38000

10 M0002    201908        21600

# ... with 55 more rows
```

각 메뉴 아이템에 대해 월별로 평균 매출이 계산되어 오름차순으로 정렬하여 출력되었습니다. 코드를 풀이하면 다음 표와 같습니다.

표 7-5 | 메뉴 아이템별 월 평균 매출 코드 풀이

코드	설명
① order_info_r %>%	order_info_r 테이블을 선택해서 데이터를 전달하고
② substr(reserv_no, 1, 6)	reserv_no 값을 첫 번째부터 여섯 번째까지 선택해서 (년 월이 됨)
③ mutate(reserv_month = substr(reserv_no, 1, 6)) %>%	reserv_month라는 열을 생성하며
④ group_by(item_id, reserv_month) %>%	메뉴 아이템과 년 월로 그룹화해서
⑤ summarise(avg_sales = mean(sales)) %>%	매출 평균을 요약하여 avg_sales라는 열에 담아
⑥ arrange(item_id, reserv_month)	메뉴 이름과 년 월 빠르기 순으로 오름차순 출력

코드가 길어져 가독성이 좋지 않다면 앞의 풀이 과정처럼 파이프 연산자를 기준으로 Enter 를 눌러 줄을 바꾸어 코드를 입력하는 것도 가독성을 높일 수 있는 좋은 방법입니다(해당 my_first_cook 코드는 8장 UNIT 09에서 다시 사용합니다).

어떤가요? 여러분의 첫 요리를 잘 만들었나요? 그렇다면 다행입니다. 하지만 생각만큼 잘되지 않았어도 괜찮습니다. 처음부터 잘할 수는 없죠. 포기하지 않고 계속 연습하다 보면 언젠가는 훌륭한 요리를 만들 수 있을 것입니다.

잠깐만요

진화된 데이터 프레임 구조 티블

티블(tibble)은 데이터 프레임을 사용하기 편리하게 변형한 데이터 구조입니다. 데이터 프레임이지만 활용하기 쉽게 약간 손을 본 데이터 구조라고 생각해도 좋습니다. 티블은 데이터를 간략하게 표현하므로 대용량 데이터를 다루는 데 유리합니다. dplyr 패키지가 속한 tydiverse 생태계 내에서 사용합니다.

앞서 다룬 iris 데이터셋을 출력해 보겠습니다. 모든 실습은 dplyr 패키지가 로드된 상태에서 진행합니다.

```
iris
... 생략 ...
143        5.8        2.7        5.1        1.9  virginica
144        6.8        3.2        5.9        2.3  virginica
145        6.7        3.3        5.7        2.5  virginica
146        6.7        3.0        5.2        2.3  virginica
147        6.3        2.5        5.0        1.9  virginica
148        6.5        3.0        5.2        2.0  virginica
149        6.2        3.4        5.4        2.3  virginica
150        5.9        3.0        5.1        1.8  virginica
```

iris의 기본 구조인 데이터 프레임으로 출력하면 행이 150개이기에 앞부분이 대부분 표현되지 못해서 어떤 데이터 값이 어떤 열의 것인지 알 수 없습니다.

이번에는 티블 구조 형태로 변환해서 출력해 보겠습니다. as_tibble 함수로 iris를 티블 구조로 변환하여 tb에 담아 출력했습니다. as_tibble 함수는 데이터셋을 티블 구조로 변환합니다.

```
tb <- as_tibble(iris)      # as_tibble(): 티블 구조로 변환하는 함수
tb
```

tibble 구조, 150행 5열을 가짐 ┈┈┈┈ 자료형이나 데이터 구조, fct는 팩터 구조,
열 이름 ┈┈┈┈ dbl은 double(실수)로 숫자형에 속합니다.

```
# A tibble: 150 x 5
  Sepal.Length Sepal.Width Petal.Length Petal.Width Species
         <dbl>       <dbl>        <dbl>       <dbl> <fct>
1          5.1         3.5          1.4         0.2 setosa
2          4.9         3            1.4         0.2 setosa
3          4.7         3.2          1.3         0.2 setosa
4          4.6         3.1          1.5         0.2 setosa
5          5           3.6          1.4         0.2 setosa
6          5.4         3.9          1.7         0.4 setosa
```

데이터 값

계속

```
7         4.6          3.4          1.4          0.3 setosa
8         5            3.4          1.5          0.2 setosa
9         4.4          2.9          1.4          0.2 setosa
10        4.9          3.1          1.5          0.1 setosa
# ... with 140 more rows    ····· 행이 140개 더 있습니다.


class(tb)
[1] "tbl_df"       "tbl"          "data.frame"
```

여기에서 tbl은 dplyr 패키지가 사용하는 테이블 형태의 클래스를 의미합니다.
tbl_df는 (tbl을 상속받는) data.frame에서 파생한 하위 클래스입니다. 그냥 간단하게
tibble 클래스는 데이터 프레임이 변형된 데이터 구조(클래스)라고 생각하면 됩니다.

어떤가요? 훨씬 보기 쉬워졌지요? 데이터 프레임 구조인 iris가 출력되었을 때보다 훨씬 보기 좋고 간결하게 출력된 것을 확인할 수 있습니다.

데이터 프레임은 모든 데이터를 출력하는 데 반해 tibble은 처음 행 10개와 화면 넓이에 적합한 열만 출력합니다. 또 데이터 구조와 열 이름, 자료형을 같이 출력하기 때문에 데이터셋의 상태를 확인하기가 훨씬 수월합니다. 대용량 데이터를 출력할 때 실수로 너무 많은 데이터를 출력하는 것을 방지할 수도 있습니다.

행을 15개 이상 보고 싶을 때는 어떻게 해야 할까요? print( ) 함수와 같이 사용하면 됩니다.

```
print(as_tibble(iris), n = 15)
                          ····· 15행을 출력
# A tibble: 150 x 5
   Sepal.Length Sepal.Width Petal.Length Petal.Width Species
          <dbl>       <dbl>        <dbl>       <dbl> <fct>
 1          5.1         3.5          1.4         0.2 setosa
 2          4.9         3            1.4         0.2 setosa
 3          4.7         3.2          1.3         0.2 setosa
 4          4.6         3.1          1.5         0.2 setosa
 5          5           3.6          1.4         0.2 setosa
... 생략 ...

11          5.4         3.7          1.5         0.2 setosa
12          4.8         3.4          1.6         0.2 setosa
13          4.8         3            1.4         0.1 setosa
14          4.3         3            1.1         0.1 setosa
15          5.8         4            1.2         0.2 setosa
# ... with 135 more rows
```

계속 ▶

tibble로 변환한 후 'n = 행숫자' 옵션을 지정해서 행이 15개 출력되었습니다.

tibble에서 데이터를 선택하려면 '데이터$열이름'이나 '데이터[인덱스]', '데이터[[인덱스]]'를 사용합니다.

```
tb$Sepal.Length      # Sepal.Length의 데이터 값 전체 출력

  [1] 5.1 4.9 4.7 4.6 5.0 5.4 4.6 5.0 4.4 4.9 5.4 4.8 4.8 4.3 5.8 5.7
5.4 5.1 5.7 5.1 5.4 5.1 4.6 5.1 4.8
 [26] 5.0 5.0 5.2 5.2 4.7 4.8 5.4 5.2 5.5 4.9 5.0 5.5 4.9 4.4 5.1 5.0
4.5 4.4 5.0 5.1 4.8 5.1 4.6 5.3 5.0
 [51] 7.0 6.4 6.9 5.5 6.5 5.7 6.3 4.9 6.6 5.2 5.0 5.9 6.0 6.1 5.6 6.7
5.6 5.8 6.2 5.6 5.9 6.1 6.3 6.1 6.4
 [76] 6.6 6.8 6.7 6.0 5.7 5.5 5.5 5.8 6.0 5.4 6.0 6.7 6.3 5.6 5.5 5.5
6.1 5.8 5.0 5.6 5.7 5.7 6.2 5.1 5.7
[101] 6.3 5.8 7.1 6.3 6.5 7.6 4.9 7.3 6.7 7.2 6.5 6.4 6.8 5.7 5.8 6.4
6.5 7.7 7.7 6.0 6.9 5.6 7.7 6.3 6.7
[126] 7.2 6.2 6.1 6.4 7.2 7.4 7.9 6.4 6.3 6.1 7.7 6.3 6.4 6.0 6.9 6.7
6.9 5.8 6.8 6.7 6.7 6.3 6.5 6.2 5.9
```

iris의 Sepal.Length 열이 선택되었습니다(iris[[1]]과 tb[["Sepal.Length"]]도 같은 결과를 출력합니다).

R에서 자주 쓰는 데이터 구조와 리스트

데이터 구조 중에서 가장 많이 쓰는 것은 벡터와 데이터 프레임(그리고 티블)입니다. 벡터는 R 데이터 구조의 가장 기본이며, 데이터 프레임은 R 외의 다른 프로그램에서도 많이 쓰는 구조입니다. 사실 리스트는 일반적인 비즈니스 데이터 영역에서 자주 쓰는 데이터 구조가 아닙니다. 이 책에서는 리스트 설명에 지면을 많이 할애했는데, 리스트는 다른 데이터 구조들을 포함할 수 있을 뿐만 아니라 인덱스 특징까지 갖고 있기 때문입니다. 대부분 리스트 구조 개념이 난해해서 설명을 생략하는 경우가 많은데, 리스트는 R 데이터 구조의 기본을 이루므로 나중에라도 알아 두면 좋습니다. 또 이런 개념들은 데이터 테이블의 데이터 구성과 데이터 선택 방법과도 연결됩니다. 그렇지만 리스트가 너무 어렵게 느껴진다면 벡터와 데이터 테이블부터 익히는 것도 좋습니다.

tidyverse란

티블은 R의 내부 생태계인 tidyverse의 기본 데이터 구조이기도 합니다. tidyverse란 R 발전에 크게 공헌한 해들리 위컴 박사가 제안한 데이터를 저장하고 관리하는 표준 체계입니다. tidyverse 내 패키지들은 기존 R에서 부족하거나 불편한 요소들을 개선하여 표준화한 출력과 기능을 제공하며, 사상을 공유합니다. R의 기본 시스템은 아니지만 좀 더 데이터를 효율적으로 다룰 수 있게 개선해 놓은 새로운 시스템이라고 할까요? tidyverse에는 우리가 다루는 dplyr, ggplot2 패키지가 포함되어 있습니다.

그림 7-30 | R 생태계와 tidyverse

UNIT 07 정리

7장에서 다룬 dplyr 패키지의 주요 함수를 정리하면 다음 표와 같습니다.

기능	함수	설명	예시
행 요약	summarise()	행 요약하기	summarise(order_info_r, avg = mean(sales))
	group_by()	행 그룹화하기	group_by(customer_id)
행 조작	filter()	조건으로 행 추출하기	filter(item_id == "M0001")
	distinct()	중복 행 제거해서 반환하기	distinct(item_id)
	slice()	선택 행 자르기	slice(2:4)
	arrange()	행 정렬하기	arrange(sales)
	add_row()	행 추가하기	add_row(order_no = "1", item_id = "1")
	sample_frac()	무작위로 샘플 행 뽑기	sample_frac(0.1, replace = TRUE)
열 조작	select()	열 선택하기	select(reserv_no, sales)
	mutate()	열 조작해서 새로운 열 생성하기	mutate(avg = mean(sales))
	transmute()	원래 열 빼고 새로운 열 생성하기	transmute(avg = mean(sales))
	mutate_all()	모든 열 조작해서 새로운 열 생성하기	mutate_all(funs(max))
	mutate_if()	특정 조건 열만 조작해서 새로운 열 생성하기	mutate_if(is.numeric, funs(log(.)))
	mutate_at()	특정 열만 조작해서 새로운 열 생성하기	mutate_at(vars(sales), funs(max))
	rename()	열 이름 바꾸기	rename(amt = sales)

계속 ▶

기능	함수	설명	예시
테이블 조작	bind_cols()	테이블 열 붙이기	bind_cols(order_info_r, tmp_order_info_r)
	bind_rows()	테이블 행 붙이기	bind_rows(order_info_r, tmp_order_info_r)
	inner_join()	일치하는 데이터 연결하기	inner_join(reservation_r, order_info_r, by = "reserv_no")
	left_join()	왼쪽 기준 모든 데이터 연결하기	left_join(reservation_r, order_info_r, by = "reserv_no")
	right_join()	오른쪽 기준 모든 데이터 연결하기	right_join(reservation_r, order_info_r, by = "reserv_no")
	full_join()	양쪽 모든 데이터 연결하기	full_join(reservation_r, table_added_row, by = "reserv_no")
	intersect()	데이터 교집합 구하기	intersect(reservation_r_reserv_no, order_info_r_reserv_no)
	setdiff()	데이터 빼기	setdiff(reservation_r_reserv_no, order_info_r_reserv_no)
	union()	중복 제거해서 데이터 합치기	union(reservation_r_reserv_no, order_info_r_reserv_no)

8장

데커레이션 익히기:
데이터 그리기, ggplot2 패키지

일반적으로 글자나 숫자보다는 그림으로 보는 것이
좀 더 직관적이고 쉽게 이해할 수 있습니다. 데이터 분석에서도
마찬가지입니다. 분석 결과물을 그래프로 그리면 좀 더 쉽게
데이터를 이해할 수 있습니다. ggplot2는 R에서 그래프를
그릴 때 필수로 사용하는 그래픽 패키지입니다.
ggplot2 패키지에서 사용할 수 있는 기본적인 그래프 종류와
그래프를 그리는 방법을 알아보겠습니다.

UNIT 01
ggplot2 패키지

"눈으로도 맛보는 요리를 위해"

드디어 요리 재료와 도구를 이용해서 미트볼 파스타를 만들었습니다. 이름이 my_first_cook인 그릇에도 담아 놓았죠. 그럼 이제 다 끝났을까요? 아직 한 가지가 더 남았어요. 요리는 입으로 맛보는 것이 아니라 눈으로도 맛본다고 하죠. 이제는 음식을 돋보이게 하는 방법(데커레이션)을 배울 차례입니다. 하지만 막상 데커레이션을 하려니 막막하네요. 그렇다면 데커레이션 패키지는 없을까요? 셰프협회에서는 다양한 데커레이션 패키지를 제공하는데, 그중 ggplot2라는 패키지가 가장 유명하대요. 우리도 ggplot2 패키지를 이용하여 요리를 더 돋보이도록 꾸며 보겠습니다.

잠깐만요

실습을 하기 전 사전 작업

7장과 마찬가지로 1. 새 프로젝트를 만들고 2. 실습용 데이터셋 파일을 네 개(customer_r.xlsx, reservation_r.xlsx, order_info_r.xlsx, item_r.xlsx) 가져옵니다. 그리고 다음 코드를 활용하여 대문자를 소문자로 변경하는 것도 잊지 마세요! 자세한 내용은 224쪽 '필독! 7~9장 비즈니스 데이터 실습을 하기 전 사전 작업'을 참고하세요.

```
# 조작 편의성을 위해 열 이름을 소문자로 변환(결과 출력하지 않음)
colnames(customer_r) <- tolower(colnames(customer_r))
colnames(reservation_r) <- tolower(colnames(reservation_r))
colnames(order_info_r) <- tolower(colnames(order_info_r))
colnames(item_r) <- tolower(colnames(item_r))

# 열 이름이 소문자로 변환되었는지 확인(결과 출력)
head(customer_r)
```

그래프 패키지를 사용하면 한눈에 들어오지 않는 데이터를 그림(그래프)으로 표현해서 쉽게 이해할 수 있습니다. R에는 2차원, 3차원, 지도, 네트워크 등 다양한 그래프를 만들 수 있는 패키지가 있습니다. 그중 R에서 가장 많이 쓰는 그래프 패키지는 ggplot2입니다. ggplot2 패키지는 내부 함수를 사용해서 그래프를 그립니다. ggplot2 패키지에는 그래프를 그릴 수 있는 일관되고 직관적인 문법이 있습니다. 또 다양한 그래픽 그래프를 기본으로 제공합니다. 코드로 그리기 때문에 코드만 조금씩 수정하면 다양한 그래프를 그릴 수 있습니다. 즉, 한 번 그래프를 그려 두면 재활용[1]하기 쉽다는 것이 장점입니다.

그중에서 ggplot2 패키지의 가장 큰 특징은 레이어(layer)를 추가하는 방식이라는 점입니다. 레이어란 무언가를 이루는 '층'을 의미하는데, ggplot2 패키지에서 레이어는 켜켜이 겹칠 수 있는 그림이라고 생각하면 됩니다. 즉, ggplot2 패키지에서 레이어 추가 방식이란 그림을 계속 겹쳐 가며 최종 그래프를 완성해 나가는 방식이라고 할 수 있습니다.

레이어 추가 개념을 쉽게 표현하면 다음 그림과 같습니다.

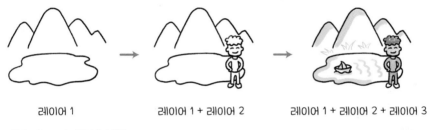

레이어 1　　　　　레이어 1 + 레이어 2　　　　　레이어 1 + 레이어 2 + 레이어 3

그림 8-1 | ggplot2 레이어 추가 방식

1　코드를 저장해 놓고 변형해 가며 다시 활용하는 특징을 의미합니다.

ggplot2 패키지 설치와 기본 문법

R DATA ANALYSIS FOR EVERYONE

ggplot2 패키지를 설치하는 방법과 기본 문법을 알아보겠습니다.

 1 **ggplot2 패키지 설치하기**

ggplot2 패키지를 설치하는 방법은 다른 패키지를 설치하는 방법과 동일합니다. 소스 창에서 패키지 설치 구문을 입력하여 설치합니다. 설치가 완료되면 함수를 사용할 수 있게 library(ggplot2)를 입력하고 실행하여 패키지를 로드합니다(콘솔 창에서 입력해도 됩니다).

```
install.packages("ggplot2")    # ggplot2 패키지 설치

WARNING: Rtools is required to build R packages but is not currently installed.
Please download and install the appropriate version of Rtools before proceeding:

https://cran.rstudio.com/bin/windows/Rtools/
Installing package into 'C:/Users/ehdusk/Documents/R/win-library/3.6'
(as 'lib' is unspecified)
trying URL 'https://cran.rstudio.com/bin/windows/contrib/3.6/
ggplot2_3.2.1.zip'
Content type 'application/zip' length 3974938 bytes (3.8 MB)
downloaded 3.8 MB
... 생략 ...
package 'ggplot2' successfully unpacked and MD5 sums checked
```

```
The downloaded binary packages are in
        C:\Users\ehdusk\AppData\Local\Temp\RtmpcxPgnU\downloaded_packages

library(ggplot2)        # ggplot2 패키지 로딩
```

ggplot2 패키지 설치와 로드를 완료했습니다. library( ) 함수로 ggplot2 패키지를 로드했기 때문에 ggplot2 패키지의 모든 함수를 사용할 수 있습니다. dplyr 패키지도 함께 사용하므로 dplyr 패키지도 로드합니다.

```
library(dplyr)        # dplyr 패키지 로딩
```

2 ggplot2 기본 문법

ggplot2 패키지 함수는 레이어를 추가하는 방식으로 그래프를 그려 나갑니다. ggplot2 패키지의 기본 사용법은 다음과 같습니다.[2]

```
                데이터셋 ┄┄┄┄┐              ┌┄┄┄┄ 배경 및 시각적 요소 세팅
① ggplot(data = pressure, aes(x = temperature, y = pressure))
② + geom_point()        # 산점도
or + geom_line()        # 선 그래프
or + geom_col()         # 막대 그래프
   ...
③ + 세부조정(legend, scale, label, stat, ...)
```

---

2   ggplot2 패키지는 시각적(aesthetic) 매핑, 기하학적(geometric) 함수라는 요소를 사용합니다. 문법의 aes와 geom이란 단어도 여기에서 나온 것입니다. 다만 용어와 개념이 생소하므로 일단 이 책에서 소개하는 내용 정도만 알아 두세요.

자세히 설명하면 다음과 같습니다.

① **그래프 틀**: 그래프 틀을 그립니다. 그래프 틀이란 데이터, x축과 y축이 있는 틀을 의미합니다. 데이터 색상 등 이 부분에서 시각적 처리를 합니다. (필수)

② **그래프 종류**: 그래프를 지정해서 그립니다. 산점, 막대, 선 등 그래프를 선택하고 조정할 수 있습니다. (필수)

③ **세부 조정**: 세부 조정을 합니다. 세부 조정에는 범례, 제목, 구성 등이 있습니다. (옵션)

이제 6장 UNIT 07에서 R 기본 함수로 그린 그래프들을 ggplot2 패키지를 사용하여 다시 한 번 자세히 알아보겠습니다.

UNIT 03 산점도: 흩어진 정도 확인

R DATA ANALYSIS FOR EVERYONE

산점도는 데이터를 x축과 y축에 표현함으로써 데이터 분포나 관계를 확인하는 데 유용한 그래프입니다. 방문 고객 수와 매출을 산점도로 그려 보는 과정을 단계별로 하나씩 살펴보겠습니다.

1 산점도 데이터 준비하기

지금부터 7장과 마찬가지로 실습용 데이터셋 파일(customer_r, reservation_r, order_info_r, item_r) 네 개를 사용해서 그래프를 그려 보겠습니다.

그래프를 그리려면 데이터셋을 그리기 적합한 형태로 가공해야 합니다. R 기본 함수와 dplyr 패키지를 이용하여 실습용 데이터셋을 그래프에 적합하게 정리해 보겠습니다. 먼저 inner_join( ) 함수를 사용해서 예약 정보 테이블과 주문 정보 테이블을 이너 조인해야 합니다. 이너 조인을 하면 주문 정보 테이블에는 예약 완료된 정보만 있으므로 자연스럽게 예약 완료된 예약 정보와 주문 완료된 주문 정보를 조인해서 연결합니다.

소스 창에서 다음 코드를 입력합니다.

```
# 소스 창에서
df_cfm_order <- inner_join(reservation_r, order_info_r, by = "reserv_no") %>%
    select(customer_id, reserv_no, visitor_cnt, cancel, order_no, item_id,
sales) %>%
    arrange(customer_id, reserv_no, item_id)

head(df_cfm_order)    # 데이터셋 확인
```

지금처럼 입력한 코드가 여러 개일 때는 입력한 코드 전체를 블록으로 선택하고 Ctrl + Enter를 눌러 실행합니다. 그러면 코드 블록으로 선택한 구문이 한 번에 실행됩니다.

```
1  # 소스 창에서
2  df_cfm_order <- inner_join(reservation_r, order_info_r, by = "reserv_no") %>%
3    select(customer_id, reserv_no, visitor_cnt, cancel, order_no, item_id, sales) %>%
4    arrange(customer_id, reserv_no, item_id)
5
6  # 데이터셋 확인
7  head(df_cfm_order)
8
```

Ctrl + Enter를 누르면 코드 블록 실행

그림 8-2 | 소스 창에서 실행

콘솔 창에 다음 결과가 출력됩니다.

```
# A tibble: 6 x 7
  customer_id reserv_no  visitor_cnt cancel order_no              item_id sales
  <chr>       <chr>            <dbl> <chr>  <chr>                 <chr>   <dbl>
1 W1327595    2019061801           2 N      190618107186310010    M0001   48000
2 W1327595    2019071801           4 N      190718107186310010    M0005  140000
3 W1327803    2019060301           4 N      190603578341100100    M0005  140000
4 W1327803    2019091506           2 N      190915137187310010    M0005   70000
5 W1328432    2019060601           4 N      190606607189610010    M0005  140000
6 W1328432    2019060601           4 N      190606607189610010    M0010   12000
```

잠깐만요

실습 중 "에러: 객체 'reservation_r'을 찾을 수 없습니다"라고 나올 때

224쪽 '필독! 7~9장 비즈니스 데이터 실습을 하기 전 사전 작업'에서 customer_r, reservation_r, order_info_r, item_r 등 데이터셋 네 개(예시에서는 reservation_r)를 제대로 불러오지 않은 것입니다. 다시 한번 확인해 보세요.

연결된 '예약 완료, 주문 완료' 정보 데이터셋을 df_cfm_order 변수에 담아 확인했습니다. 이번에는 산점도를 그리고자 고객별 총 방문 고객 수와 매출을 구합니다. 다음 코드처럼 작성합니다. 총 매출 금액의 숫자가 크므로 나누기 1000을 해서 천 원 단위로 바꾸겠습니다.

```
# 총 방문 고객 수, 총 매출
df_sct_graph <- df_cfm_order %>%
    group_by(customer_id) %>%
    summarise(vst_cnt = sum(visitor_cnt), cust_amt = sum(sales/1000))


head(df_sct_graph)      # 데이터셋 확인
```

역시 입력한 코드 전체를 블록으로 선택하고 Ctrl + Enter 를 눌러 실행합니다.

```
# A tibble: 6 x 3
  customer_id vst_cnt cust_amt
  <chr>          <dbl>    <dbl>
1 W1327595           6      188  ······1000으로 나누어서 숫자 단위를 작게 합니다.
2 W1327803           6      210
3 W1328432          20      246
4 W1328505          20      287
5 W1328786           1       10
6 W1328985           8      178
```

고객별로 총 방문 고객 수와 매출을 구했습니다. 그래프를 그릴 수 있는 데이터셋이 준비된 것입니다.

 2 산점도 그래프 그리기

이제 본격적으로 그래프를 그릴 차례입니다.

① 그래프 틀 그리기

그래프를 그릴 데이터셋을 지정하고 그래프의 x축과 y축에 해당하는 열도 지정합니다.

```
# 그래프 틀 그리기
ggplot(data = df_sct_graph, aes(x = vst_cnt, y = cust_amt))
```

앞서 작업한 df_sct_graph를 데이터셋으로 지정하고 x축에는 vst_cnt를, y축에는 cust_
amt를 설정했습니다. 코드를 실행하면 RStudio 플롯 창에 다음 그림을 그립니다.

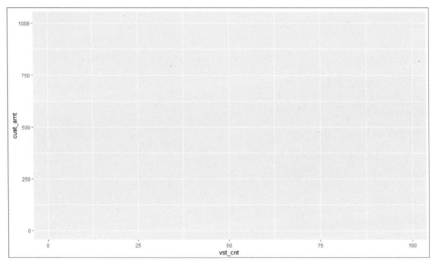

그림 8-3 | 배경 틀 그리기

배경 그리기를 완료했습니다.

② 그래프 그리기

그래프를 그릴 차례입니다. 이미 그려진 틀 위에 원하는 그래프를 그리면 됩니다. 우리는 산
점도를 그릴 것이므로 산점도를 그리는 함수인 geom_points( )를 사용하겠습니다. ggplot2
에서 함수를 추가할 때는 + 기호를 사용하면 됩니다. 코드가 길어지면 가독성을 위해 + 기호
다음에 Enter 를 눌러 줄 바꾸기를 한 후 다음과 같이 코드를 입력합니다.

```
# 그래프 그리기
ggplot(data = df_sct_graph, aes(x = vst_cnt, y = cust_amt)) + ·····[Enter]
    geom_point()
```

코드를 실행하면 다음 그림과 같이 배경 위에 산점도가 그려집니다.

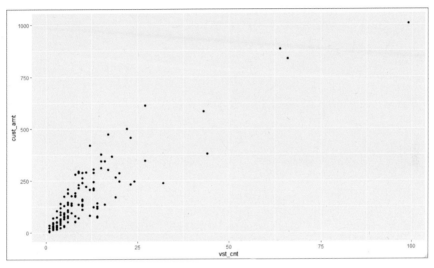

그림 8-4 | 산점도 그리기

산점도에 나타나는 점들은 데이터 행(관측치)입니다. 고객별로 그룹화했기 때문에 점 하나가 고객 한 명이라고 생각할 수도 있습니다.

③ 세부 설정하기

이제 세부 설정을 할 차례입니다. 이 단계는 필수는 아니지만, 그래프를 좀 더 세밀하게 정리할 수 있습니다. 축 범위를 조정하거나, 제목을 넣거나, 그래프 색상을 바꿀 수도 있습니다. 기본으로 ggplot2 패키지는 최솟값에서 최댓값을 x축과 y축에 모두 표현하므로, 그래프를 보기 쉽도록 축 조정이 필요할 때가 있습니다. 이때는 xlim( ), ylim( ) 함수를 사용합니다. 예를 들어 vst_cnt는 0~50, cust_amt는 0~500을 표현하고자 할 때, 다음과 같이 코드를 작성합니다.

```
# 축 조정
ggplot(data = df_sct_graph, aes(x = vst_cnt, y = cust_amt)) +
    geom_point() +
    xlim(0, 50) + ylim(0, 500)
```

코드를 실행하면 축이 조정되어 행(관측치) 다섯 개가 표현되지 않는다는 경고 메시지와 함께 그래프가 그려집니다.

```
경고 메시지(들):
Removed 5 rows containing missing values(geom_point).
```

이후부터는 오류가 아닌 경고 메시지에 대해 따로 언급하지 않겠습니다.

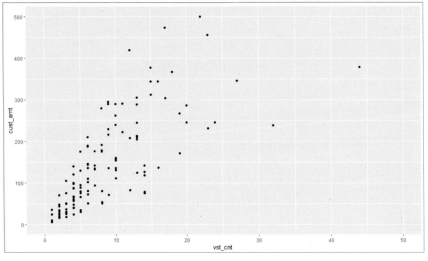

그림 8-5 | 세부 설정

축 조정으로 화면이 더 확대된 효과가 나타나면서 보기에도 훨씬 편해진 것을 확인할 수 있습니다. 이것으로 방문 고객 수가 많으면 매출도 증가하는 내용을 쉽게 알아볼 수 있게 되었습니다. 즉, 다음을 알 수 있습니다.

• 방문객 수와 매출은 밀접한 관계(상관관계)가 있습니다.

3 산점도 그래프에 색상 적용하기

이번에는 고객 성별에 따라 그룹으로 묶어 색상을 칠해 보겠습니다. 성별 구분 데이터는 고객 정보 테이블(customer_r)에 있습니다. 성별 정보를 가져오려고 다음과 같이 다시 한번 데이터를 가공하겠습니다.

```
head(customer_r)      # customer_r 테이블 정보 확인

A tibble: 6 x 9
  customer_id customer_name phone_number  email            first_reg_date
sex_code birth    job    zip_code
  <chr>       <chr>         <chr>         <chr>            <chr>
<chr>    <chr>    <chr>  <chr>
1 W1346506    고객71         010-1111-1181 scust71@sfnb.co.kr 19/09/01
F        19820922 자영업 122100
2 W1347648    고객72         010-1111-1182 scust72@sfnb.co.kr 19/09/04
M        19940812 학생   140100
3 W1347756    고객73         010-1111-1183 scust73@sfnb.co.kr 19/09/05
M        19931219 NA     152100
4 W1347984    고객74         010-1111-1184 scust74@sfnb.co.kr 19/09/06
M        19810822 자영업 130100
5 W1348303    고객75         010-1111-1185 scust75@sfnb.co.kr 19/09/07
M        19900611 NA     121100
6 W1348424    고객76         010-1111-1186 scust76@sfnb.co.kr 19/09/08
M        19730422 NA     139100
```

inner_join( ) 함수를 사용해서 customer_r 테이블의 customer_id를 키로 연결합니다.

```
# 성별 추가

df_sct_graph2 <- inner_join(df_sct_graph, customer_r, by = "customer_id") %>%
    select(vst_cnt, cust_amt, sex_code)


head(df_sct_graph2)      # 데이터셋 확인
```

코드를 실행하면 결과는 다음과 같습니다.

```
# A tibble: 6 x 3
  vst_cnt  cust_amt  sex_code
    <dbl>     <dbl>  <chr>
1       6       188  M
2       6       210  M
3      20       246  M
4      20       287  F
5       1        10  M
6       8       178  M
```

성별 정보(sex_code)가 연결되었습니다. 이제 성별에 대해 색을 적용해 보겠습니다.

```
# 그룹별로 색상 적용
ggplot(data = df_sct_graph2, aes(x = vst_cnt, y = cust_amt, color = sex_code)) +
    geom_point() +                           색상 적용 기준이 되는 열┄┄┄┄┘
    xlim(0, 50) +
    ylim(0, 500)
```

코드를 실행하면 그래프가 새로 그려집니다.

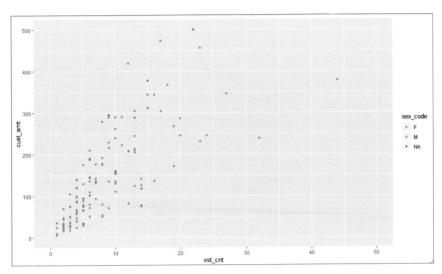

그림 8-6 | 색상 적용

color[3] 옵션으로 성별 색상이 그려진 그래프를 그렸습니다. 이 그래프로는 다음을 알 수 있습니다.

- 성별 정보는 여자(F)보다 남자(M)가 더 많습니다.
- 매출이 높은 고객 역시 남자가 더 많습니다.

---

3 산점도 구성은 점이기 때문에 color로 색상 옵션을 적용했지만, 막대 그래프는 막대이기 때문에 fill로 색상 옵션을 적용합니다.

잠깐만요

그린 그래프 내보내기

그린 그래프를 내보내려면 플롯 창에서 **Export**를 클릭합니다.

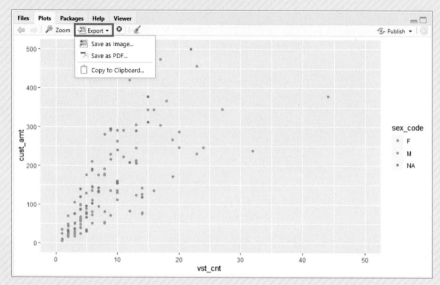

그림 8-7 | 그래프 내보내기

Export를 클릭하면 이미지의 크기 조정 등이 가능한 창이 뜨는데, 다음 옵션을 선택할 수 있습니다.

① **Save as Image(이미지 파일로 저장)**: png, jpeg, bmp 등 이미지 파일로 내보내기
② **Save as PDF(PDF 파일로 저장)**: PDF 파일로 내보내기
③ **Copy to Clipboard(클립보드로 복사)**: 복사하기(Ctrl + C)와 같은 효과

특히 ③ Copy to Clipboard를 선택하면 워드나 파워포인트 등 오피스 등에서 붙여 넣어(Ctrl + V) 이미지를 삽입할 수 있습니다.

UNIT 04

막대 그래프: 데이터 크기 비교

막대 그래프는 데이터 크기를 막대로 표현한 것입니다. 각 데이터 집단 간 차이를 비교하기 좋습니다. 레스토랑 지점들의 매출을 막대 그래프로 그려 보겠습니다. 역시 사용할 데이터 셋을 먼저 준비합니다.

1 막대 그래프 데이터 준비하기

소스 창에 다음 코드를 입력합니다.

```
# 예약 완료, 주문 완료 데이터 연결
df_branch_sales_1 <- inner_join(reservation_r, order_info_r, by = "reserv_
no") %>%
    select(branch, sales) %>%
    arrange(branch, sales)

# 지점별로 매출 합산
df_branch_sales_2 <-  df_branch_sales_1 %>% group_by(branch) %>%
    summarise(amt = sum(sales) / 1000) %>%
    arrange(desc(amt))

df_branch_sales_2      # 데이터셋 확인
```

코드를 실행하면 다음과 같습니다.

```
# A tibble: 25 x 2
   branch   amt
   <chr>   <dbl>
 1 강남     4074
 2 영등포   1516
 3 종로     1428
 4 용산     1366
 5 서초     1295
 6 송파     1190
 7 서대문   1180
 8 동작     1149
 9 관악     1101
10 노원     1054
# ... with 15 more rows
```

dplyr로 각 지점별 매출을 합산했습니다.

2 막대 그래프 그리기

이제 막대 그래프로 그려 보겠습니다.

```
# 막대 그래프로 그리기
ggplot(df_branch_sales_2, aes(x = branch, y = amt)) + geom_bar(stat =
"identity")
```

코드를 실행하면 다음 그림과 같은 막대 그래프가 그려집니다.

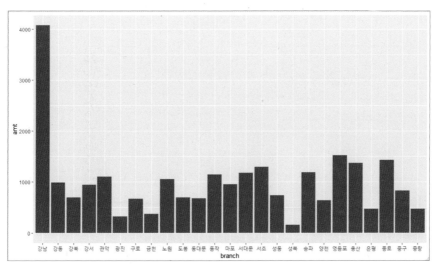

그림 8-8 | 지점별 매출 막대 그래프

geom_bar(stat = "identity")에서 stat은 통계라는 의미의 *statistic*의 약자로, bar 그래프의 형태를 지정할 때 사용합니다. "identity"는 y축 높이를 데이터 값을 기반으로 그리는 옵션입니다. 즉, stat = "identity"는 막대 그래프의 y축 높이를 지정한 데이터의 값, amt로 한다는 것입니다. 그려진 막대 그래프에서 다음을 알 수 있습니다.

- 강남 지점의 매출이 압도적으로 높습니다.

3 막대 그래프 순서 정렬하기

보기 좋게 매출이 큰 순서대로 내림차순 정렬해 보겠습니다.

```
                                        ┄┄ 순서 정렬 옵션
ggplot(df_branch_sales_2, aes(x = reorder(branch, -amt), y = amt)) +
    geom_bar(stat = "identity")    코드를 이어 나갈 때는 + 기호를 입력한 후 ┄┄
                                   줄을 바꾼다는 점에 유의
```

코드를 실행하면 다음 그림과 같은 그래프가 그려집니다.

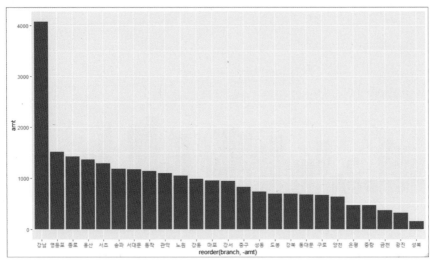

그림 8-9 | 지점별 매출 막대 그래프 순서 정렬

reorder 옵션을 이용하여 지점별 매출이 큰 값부터 작은 값까지 정렬했습니다. −(마이너스) 옵션은 내림차순이란 의미입니다. 기본은 오름차순 정렬입니다.

 4 자동으로 막대 그래프에 색상 채우기

막대 그래프를 막대별로 자동 채움 색상으로 표현하고 싶다면 다음과 같이 합니다.

```
ggplot(df_branch_sales_2, aes(x = reorder(branch, -amt), y = amt, fill =
branch)) +
    geom_bar(stat = "identity")
```

코드를 실행하면 다음 그림과 같이 막대별로 색상이 채워집니다.

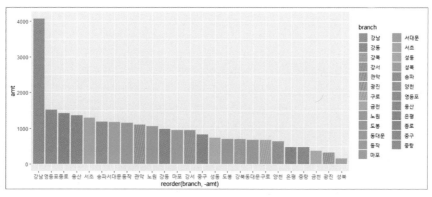

그림 8-10 | 자동으로 색상이 채워진 막대 그래프

 막대 그래프 일부만 선택하기

막대 그래프 여러 개 중 일부만 선택해 보겠습니다. 일부만 선택할 때는 앞서 배운 xlim( ) 함수를 사용합니다.

```
# 막대 그래프 일부 선택
gg <- ggplot(df_branch_sales_2, aes(x = reorder(branch, -amt), y = amt,
fill = branch)) +
    geom_bar(stat = "identity") +
    xlim(c("강남", "영등포", "종로", "용산", "서초", "성북"))
gg
```

코드를 실행하면 다음 그림과 같이 일부만 선택한 막대 그래프가 그려집니다.

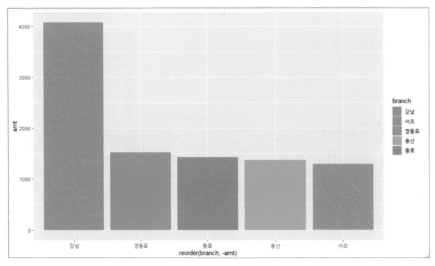

그림 8-11 | 일부만 선택한 막대 그래프

나머지 데이터 19개는 삭제해서 담지 못했다는 메시지와 함께 선택한 지점의 매출만 그려진 것을 확인할 수 있습니다.

 6 **가로 막대 그래프 그리기**

이번에는 세로 막대 그래프를 가로 막대 그래프로 변환해서 그려 보겠습니다.

```
# 가로 막대 그래프 그리기
gg <- ggplot(df_branch_sales_2, aes(x = reorder(branch, -amt), y = amt,
fill = branch)) +
    geom_bar(stat = "identity") +
    xlim(c("서초", "용산", "종로", "영등포", "강남"))
                            ┈┈┈┈ 가로 막대를 그릴 때 보기 좋게 하려고 표현 순서를 바꿉니다.
# x축과 y축을 바꿈
gg <- gg + coord_flip()
gg
```

코드를 실행하면 다음 그림과 같은 그래프가 그려집니다.

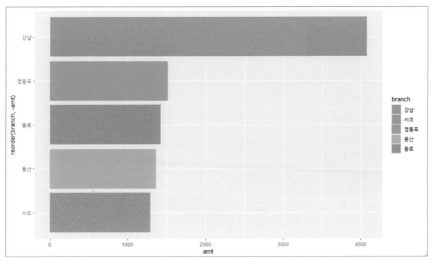

그림 8-12 | 가로로 그려진 막대 그래프

coord_flip( ) 함수를 사용해서 x축과 y축을 바꾸어 막대 그래프를 그렸습니다.

 7 **범례 조정하기**

이제 범례(legend)를 세부 조정해 보겠습니다. 범례는 그래프에서 일러두기 항목으로, 지금
까지 그린 그래프 오른쪽에 표시한 강남, 서초, 영등포 등 그래프를 설명하는 표입니다. 범
례 위치를 아래로 바꾸어 보겠습니다.

```
# 범례 위치 바꾸기
gg <- gg + theme(legend.position = "bottom")
gg
```

코드를 실행하면 다음 그림과 같습니다.

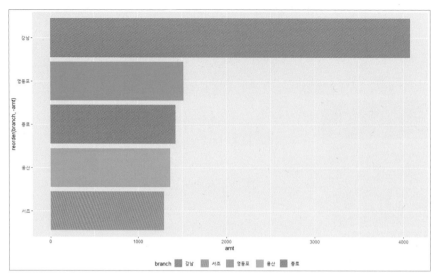

그림 8-13 | 아래에 위치한 범례

범례 위치가 아래로 바뀌었습니다. 범례 위치는 legend.position 옵션을 사용하며, 정중앙을 중심으로 오른쪽("right"), 아래쪽("bottom"), 왼쪽("left"), 위쪽("top") 옵션으로 설정합니다.

이번에는 그래프와 항목 범례 순서를 맞추어 보겠습니다.[4] scale_fill_discrete() 함수는 색상에 대한 다양한 옵션을 줄 수 있습니다.

```
# 범례 항목 순서 바꾸기
gg <- gg + scale_fill_discrete(breaks = c("강남", "영등포", "종로", "용산",
"서초"))
gg
```

┄┄┄┄┄ 범례에 표현한 데이터

코드를 실행하면 다음 그림과 같습니다.

---

4 R에서 명목형 데이터의 그래프 순서는 데이터 팩터(factor) 크기나 순서로 결정됩니다. 실습 예에서는 지점 이름이 됩니다. 그래프 순서를 좀 더 정밀하게 하려면 팩터를 다루어야 하는데, 이 책의 수준을 벗어나므로 다루지 않습니다.

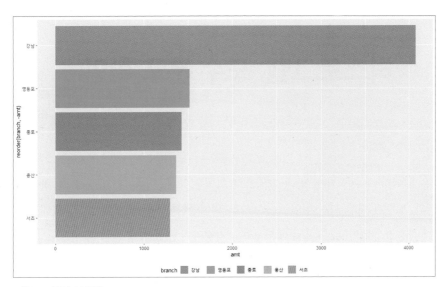

그림 8-14 | 범례 순서 정렬

breaks 옵션을 사용해서 범례 항목 순서를 그래프와 동일하게 맞추었습니다.

히스토그램: 도수 분포 확인

히스토그램은 데이터 개수를 세어 막대 그림으로 그리는 그래프입니다. 개수를 센 것을 도수라고 하는데, 도수란 어떤 사건이 일어난 빈도를 의미합니다. ggplot2 패키지는 막대 그래프를 그릴 때 사용한 geom_bar( ) 함수에서 y축을 지정하지 않았을 경우 막대 히스토그램을 그립니다. 즉, y축 값을 지정하지 않으면 ggplot2는 x축 데이터인 branch 열 안에 데이터(강남, 강동, 강북 등)들을 빈도로 세어서 y 값으로 표현합니다. 결국 reservation_r 예약 테이블에서 각 지점 이름이 나타난 빈도가 예약 건수가 됩니다.

다음은 지점의 예약 건수를 히스토그램으로 그린 예시입니다.

```
# 지점 예약 건수 히스토그램
gg <- ggplot(data = reservation_r, aes(x = branch)) + geom_bar(stat = "count")
gg
```

코드를 실행하면 다음 그림과 같은 히스토그램이 그려집니다.

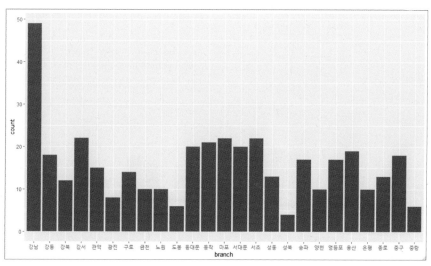

그림 8-15 | 지점 예약 건수 히스토그램

stat = "count" 옵션은 y축 높이를 세어(count) 그리라는 것입니다(이 값은 geom_bar( ) 함수의 stat 옵션 기본값이므로 적용하지 않아도 동일한 결과의 그래프를 그립니다).

 ## 1 히스토그램 타이틀과 축 제목 변경하기

앞서 작성한 히스토그램 그래프의 타이틀을 추가하고 x축과 y축 제목을 변경해 보겠습니다. 제목을 변경하려면 labs( ) 함수를 사용합니다.

```
# x축과 y축 이름 바꾸기
gg <- gg + labs(title = "지점별 예약 건수", x = "지점", y = "예약건")
gg
```

코드를 실행하면 다음 그림과 같습니다.

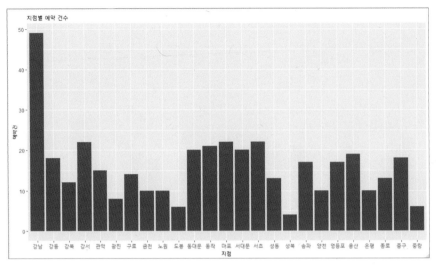

그림 8-16 | 변경된 히스토그램 타이틀과 축 제목

히스토그램 타이틀이 추가되고 축 제목이 변경되었습니다.

2 theme() 함수로 그래프 세부 조정하기

theme( ) 함수를 사용해서 그래프의 세부 조정도 가능합니다. theme( ) 함수는 그래프의 세부 사항을 조정합니다. theme( ) 함수로 축(axis), 범례(legend), 틀(panel) 등을 세부 조정할 수 있습니다. 다음은 축 제목을 조정하는 예시입니다.

```
# 세부 사항 조정                                              글자 크기
gg <- gg + theme(axis.title.x = element_text(size = 15,
                                  색상 ----- color = "blue",
       폰트 두께(bold: 두껍게, italic: 기울기 등) ----- face = 'bold',
                                  각도 ----- angle = 0) ,
```

```
                    axis.title.y = element_text(size = 13,
                                                color = 'red',
                                                angle = 90)
            )


    gg
```

코드를 실행하면 다음 그림과 같습니다.

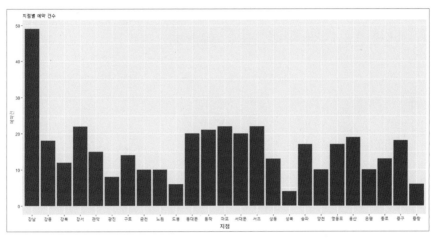

그림 8-17 | 세부 조정된 히스토그램 타이틀과 축 제목

theme( ) 함수의 축을 설정하는 axis.title.x, axis.title.y, element_text 옵션으로 축
제목을 세부 조정했습니다. 그래프를 확인해서 예약 건수를 세어 보니 다음을 알 수 있었습
니다.

- 강남 지점의 예약 건수가 가장 많습니다.

3 geom_histogram() 함수로 연속형 데이터의 히스토그램 그리기

연속형 데이터에 대해 히스토그램을 그리려면 geom_histogram() 함수를 사용합니다. 연속형 데이터의 히스토그램은 구간(그래프 넓이)을 설정할 수 있습니다. 구간 너비를 설정하는 옵션은 binwidth입니다. 다음 예시는 order_info_r 테이블(데이터셋)의 sales를 1000으로 나누고 5단위 구간을 갖는 히스토그램을 그리는 예시입니다.

```
ggplot(data = order_info_r, aes(x = sales/1000)) + geom_histogram(binwidth = 5)
```

코드를 실행하면 다음 그림과 같은 히스토그램이 그려집니다.

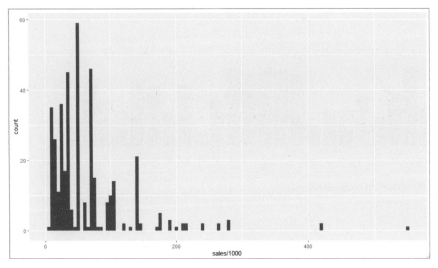

그림 8-18 | 연속형 데이터의 히스토그램

히스토그램으로 10만 원(그래프상으로 x축 100) 이하 매출이 다수인 것을 확인할 수 있습니다.

파이 차트: 상대적 크기 확인

파이 차트는 전체를 기준으로 한 부분의 상대적 크기를 비교할 때 유용한 그래프입니다. 예를 들어 조직 구성원의 비율이나 설문지 선호도 조사, 제품 판매 비중 등을 표현하기 좋습니다. 마치 파이 조각을 나눈 형태라서 파이 차트라고 합니다.

메뉴별 총 판매액의 비율을 파이 그래프로 그려 보겠습니다. 먼저 데이터를 준비합니다.

1 파이 차트 데이터 준비하기

```
                                          ┌----- 이너 조인을 이용하여 item_id로 연결
df_pie_graph <- inner_join(order_info_r, item_r, by = "item_id") %>%
    group_by(item_id, product_name) %>%
    summarise(amt_item = sum(sales/1000)) %>%
    select(item_id, amt_item, product_name)


df_pie_graph      # 데이터셋 확인
```

코드를 실행하면 다음과 같습니다.

```
# A tibble: 10 x 3
# Groups:   item_id [10]
   item_id amt_item product_name      ┄┄┄┄┄ 이너 조인을 이용하여 item_id에 연결된
   <chr>      <dbl> <chr>                     product_name(메뉴 이름)을 가져옵니다.
 1 M0001      5808 SPECIAL_SET              M0001은 SPECIAL_SET, M0002는
 2 M0002      1968 PASTA                     PASTA임을 알 수 있습니다.
 3 M0003      1666 PIZZA
 4 M0004      1625 SEA_FOOD
 5 M0005      9380 STEAK
 6 M0006      2075 SALAD_BAR
 7 M0007       525 SALAD
 8 M0008       610 SANDWICH
 9 M0009       856 WINE
10 M0010       444 JUICE
```

item_id에 연결된 product_name 정보를 알려고 매출 정보가 담긴 order_info_r 테이블
과 메뉴 이름이 담긴 item_r 테이블을 item_id 키로 이너 조인했습니다. 이후에 item_id,
product_name으로 그룹핑한 후 df_pie_graph 변수에 데이터셋을 담아 출력했습니다. 이
것으로 item_id가 어떤 메뉴를 의미하는지, 또 각 메뉴가 얼마큼 총 매출 값을 갖는지 알 수
있습니다.

2 누적 막대 그래프 그리기

이제 파이 그래프로 그릴 차례입니다. 먼저 누적 막대 그래프로 데이터셋을 그립니다. 막
대 그래프를 그릴 때와 같은데, x축 값만 없는 형태입니다. ggplot2는 막대 그래프를 그릴
때 x축 값이 없다면 누적 막대 그래프를 그립니다.

```
# 누적 막대 그래프로 그리기          ┄┄┄┄┄ 누적 막대 그래프를 그리기 위해 x축 값을 미지정
ggplot(df_pie_graph, aes(x = "", y = amt_item, fill = product_name)) +
    geom_bar(stat = "identity")
```

코드를 실행하면 다음 그림과 같은 그래프가 그려집니다.

그림 8-19 | 그려진 누적 막대 그래프

누적 막대 그래프가 그려졌습니다. 누적 막대 그래프만으로도 스테이크의 매출 비중이 가장 높은 것을 알 수 있습니다. 그럼 다시 누적 막대 그래프를 사용해서 파이 차트를 그려 보겠습니다.

```
# 파이 차트 그리기
gg <- ggplot(df_pie_graph, aes(x = "", y = amt_item, fill = product_name)) +
    geom_bar(stat = "identity") +
    coord_polar("y", start = 0)
                              ⌐------ y축 값을 기준으로 0부터 시작하는 그래프
gg          ⌐------ 파이 그래프를 그립니다.
```

코드를 실행하면 다음 그림과 같은 파이 차트가 그려집니다.

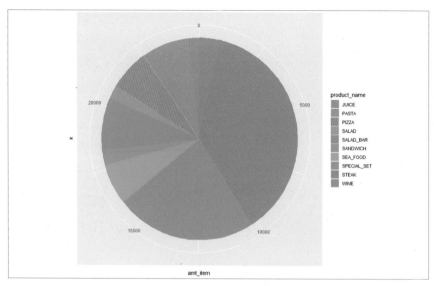

그림 8-20 | 누적 막대 그래프로 파이 차트 그리기

coord_polar( ) 함수를 추가해서 y축 값을 기준으로 0부터 시작하는 파이 차트를 그렸습니다.

3 자동으로 파이 차트에 팔레트 색상 채우기

ggplot2에는 색상 자동 채움을 위한 다양한 팔레트(palette)가 준비되어 있습니다. 자동 채움 색상을 특정 팔레트 색상으로 바꾸려면 scale_fill_brewer( ) 함수를 사용합니다.

```
# Spectral 색상 팔레트로 채움, direction = -1을 적용하면 팔레트 순서가 바뀜
gg <- gg + scale_fill_brewer(palette = "Spectral")
gg
```

코드를 실행하면 다음 그림과 같습니다.

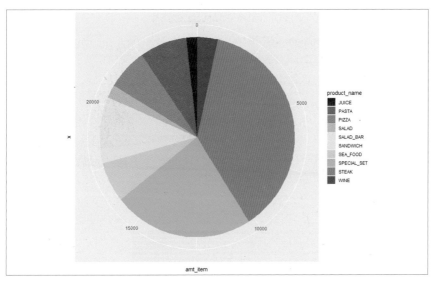

그림 8-21 | 자동 팔레트 색상 채움

Spectral 팔레트 색상으로 채웠습니다. palette 다음에 direction = -1 옵션을 사용하면 색상 순서를 반대로 채웁니다. scale_fill_brewer() 함수를 사용해서 채우는 그래프의 항목 개수는 준비된 팔레트 색상을 초과할 수 없습니다. 예를 들어 Greens 팔레트는 아홉 개가 준비되어 있으므로, 아홉 개를 초과하는 그래프 항목에는 적용할 수 없습니다.

잠깐만요

R 팔레트 색상표

R에서 사용하는 팔레트 색상표를 확인하려면 RStudio 소스 창이나 콘솔 창에 다음과 같이 입력합니다.

```
library(RColorBrewer)
display.brewer.all()
```

그러면 다음 그림과 같은 팔레트 색상표가 나타납니다. scale_fill_brewer() 함수 등 팔레트 옵션 왼쪽에 적힌 Greys, Greens 등의 색상 코드를 적용하여 사용합니다.[5]

예 scale_fill_brewer(palette = "Greens")

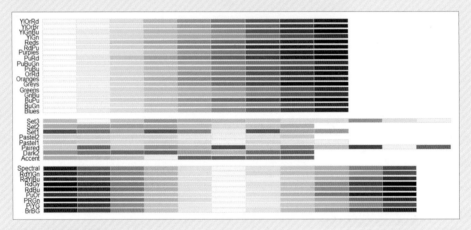

그림 8-22 | R 팔레트 색상표

5　RColorBrewer를 설치하지 않았다는 메시지가 표시되면 install.packages("RColorBrewer")를 입력하여 패키지를 설치합니다.

4 ## 수동으로 파이 차트 색상 바꾸기

색상 채움은 앞서 배운 자동 채움 외에 사용자가 수동으로 채울 수도 있습니다. 수동으로 사용자가 색상을 직접 지정해서 채우려면 scale_fill_manual() 함수를 사용합니다.

```
# 수동으로 색상을 채움
gg <- gg +                        ┌----- 각 항목에 채울 색을 지정
    scale_fill_manual(values = c("STEAK" = "red", "SPECIAL_SET" = "orange",
"SEA_FOOD" = "skyblue", "SANDWICH" = "skyblue", "SALAD_BAR" = "skyblue",
"SALAD" = "skyblue", "PIZZA" = "skyblue", "PASTA" = "skyblue", "JUICE" =
"skyblue", "WINE" = "skyblue"), breaks = c("STEAK", "SPECIAL_SET"))
gg                                      └----- 범례에 표현할 항목을 지정합니다.
                                        지정된 순서에 따라 범례 출력 순서도 바꿀 수 있습니다.
```

코드를 실행하면 다음 그림과 같습니다.

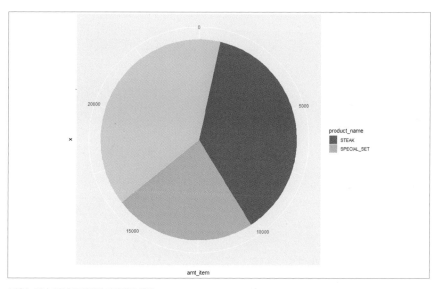

그림 8-23 | 수동으로 변경된 파이 차트 색상

이미 색상이 지정되어 있지만, 지정된 색으로 대체한다는 메시지와 함께 수동으로 색상을 채웠습니다. 참고로 scale_fill_manual( ) 함수에서 사용하는 옵션 중 values는 색상, breaks는 범례에 나타나는 데이터, name은 범례 제목, labels는 범례 설명, limits는 시각화되는 범주 값을 의미합니다. 이 파이 차트로 다음을 알 수 있습니다.

- 스테이크와 스페셜 세트 메뉴가 전체 매출의 과반수를 차지합니다.

UNIT 07 선 그래프: 추세 확인

R DATA ANALYSIS FOR EVERYONE

선 그래프는 시간 변화에 따른 데이터를 표현하기에 적합합니다. 예를 들어 주가나 환율, 기업의 매출 추이나 제품의 판매 실적 추세 등을 그릴 때 유용합니다. 예약 번호 순서, 즉 시간 순서대로 매출을 선 그래프로 그려 보겠습니다.

1 선 그래프 데이터 준비하기

그래프를 그리려면 먼저 데이터를 준비해야 합니다.

```
# 예약 번호(reserv_no)별로 매출 합계를 구함
total_amt <- order_info_r %>%
    group_by(reserv_no) %>%
    summarise(amt_daily = sum(sales/1000)) %>%
    arrange(reserv_no)


total_amt      # 데이터셋 확인
```

코드를 실행하면 다음과 같습니다.

```
# A tibble: 337 x 2
   reserv_no  amt_daily
   <chr>          <dbl>
 1 2019060301       140
 2 2019060601       152
 3 2019060701        48
 4 2019061601       105
 5 2019061801        48
 6 2019062001        10
 7 2019062201        48
 8 2019062601         8
 9 2019062901        54
10 2019070101        50
# ... with 327 more rows
```

 2 **선 그래프 그리기**

이제 선 그래프를 그릴 차례입니다.

```
# 예약 번호(reserv_no) 순서를 x축으로 해서 선 그래프를 그림
ggplot(total_amt, aes(x = reserv_no, y = amt_daily, group = 1)) + geom_line()
                    그룹을 지정합니다. 선 그래프를 그릴 때 그룹을 지정하지┄┄┄
                    않으면 오류가 생기면서 그래프가 그려지지 않습니다.
```

코드를 실행하면 다음 그림과 같은 그래프가 그려집니다.

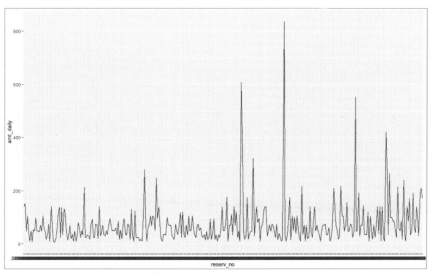

그림 8-24 | 시간에 따른 매출 변화 추이 선 그래프

선 그래프가 그려졌습니다. 날짜에 따라 매출의 증감 차가 있는 것을 알 수 있습니다.

③ 월별 매출 선 그래프 그리기

앞의 선 그래프만으로도 알 수 있는 정보가 있지만, 좀 더 정확하게 파악하고자 월별 매출을
선 그래프로 그려 보겠습니다.

```
# 예약 번호(reserv_no) 1~6번째 자리를 선택해서(월로 만듦) 그룹핑
total_amt <- order_info_r %>%
    mutate(month = substr(reserv_no, 1, 6)) %>%
    group_by(month) %>%
    summarise(amt_monthly = sum(sales/1000))


total_amt      # 데이터셋 확인
```

코드를 실행하면 다음과 같습니다.

```
# A tibble: 7 x 2
  month  amt_monthly
  <chr>        <dbl>
1 201906         613
2 201907        1744
3 201908        1622
4 201909        1586
5 201910        3333
6 201911        5197
7 201912       10862
```

그리고 다음 코드를 작성한 후 실행합니다.

```
# 월별 전체 매출 선 그래프
ggplot(total_amt, aes(x = month, y = amt_monthly, group = 1)) + geom_line()
```

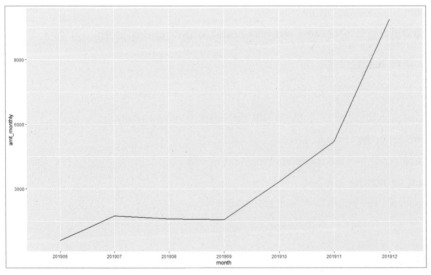

그림 8-25 | 월별 매출 추이 선 그래프

월별 매출로 그룹핑하여 선 그래프로 그렸습니다. 월별로 집계했기 때문에 매출 추이가 한결 보기 좋게 되었습니다. 또 월별 매출 선 그래프를 확인하여 다음을 알 수 있습니다.

- 전체 매출이 연말로 갈수록 상승합니다.

4 선 그래프 꾸미기

좀 더 보기 좋게 하고자 선 그래프의 각 월 매출에 점을 그려 보겠습니다.

```r
# 점 그리기
ggplot(total_amt, aes(x = month, y = amt_monthly, group = 1)) +
    geom_line() +
    geom_point()    ·······점 그래프를 그립니다(겹침).
  선 그래프를 그립니다.
```

코드를 실행하면 다음 그림과 같은 그래프가 그려집니다.

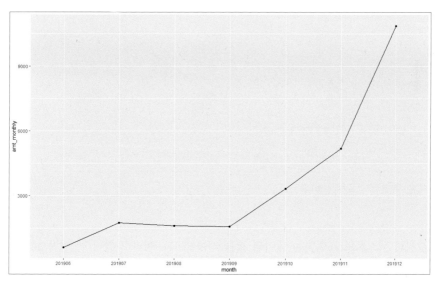

그림 8-26 | 선 그래프에 그려진 점

geom_point( ) 함수를 추가해서 선 그래프에 점을 그렸습니다. 선 그래프는 산점 데이터에 추세선을 그린 것과 같기 때문에 지금처럼 응용할 수 있습니다.

이번에는 선 그래프의 색상을 바꾸고 월별 매출 값을 표현해 보겠습니다.

```
# 선 그래프 색상 추가, 레이블(텍스트 데이터) 추가
ggplot(total_amt, aes(x = month, y = amt_monthly, group = 1, label = amt_
monthly)) +                                    레이블을 표현할 열을 지정┈┈┈
    geom_line(color = "red", size = 1) +
    geom_point(color = "darkred", size = 3) +
    geom_text(vjust = 1.5, hjust = 0.5)
    수직(vertical) 위치┈┈┈                      ┈┈┈수평(horizon) 위치
```

코드를 실행하면 다음 그림과 같습니다.

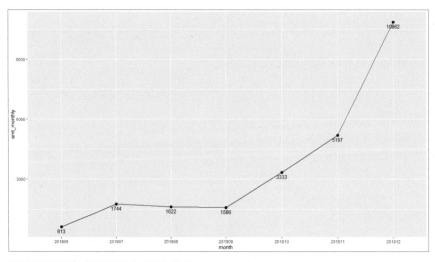

그림 8-27 | 빨간색(red)으로 표현된 선 그래프와 매출 값

월별 매출 값처럼 텍스트로 표현하는 데이터 값을 레이블(label)이라고 합니다. 먼저 aes 항목에 레이블로 표현할 데이터 열 amt_monthly(월별 매출)를 지정했습니다. 그리고 선 그래프와 점 그래프에 color 옵션으로 색상을 입히고, size 옵션으로 굵기와 크기를 정했습니다. 또 레이블을 조작하는 geom_text( ) 함수 안에 레이블의 수직 위치를 의미하는 vjust 옵션과

수평 위치를 의미하는 hjust 옵션을 적용해서 레이블 위치를 보기 좋게 조정했습니다. 개별 그래프에 색을 칠할 때는 aes( ) 함수가 아닌 geom_point( )와 geom_line( ) 함수에 color 옵션을 적용한다는 것을 유의하세요. 이 선 그래프로는 다음을 알 수 있습니다.

- 월별 매출은 9월 이후 꾸준히 증가했습니다.
- 12월에 매출이 가장 높습니다.

잠깐만요

color, fill 옵션 색상의 종류

색상 지정은 그래프 함수의 color나 fill 옵션에서 color = "색상 이름"처럼 사용합니다. 사용할 수 있는 색상 종류는 colors( ) 함수를 실행하면 알 수 있습니다.

```
colors()
  [1] "white"             "aliceblue"         "antiquewhite"
  [4] "antiquewhite1"     "antiquewhite2"     "antiquewhite3"
  [7] "antiquewhite4"     "aquamarine"        "aquamarine1"
 [10] "aquamarine2"       "aquamarine3"       "aquamarine4"
 [13] "azure"             "azure1"            "azure2"
... 생략 ...
```

다만 결괏값을 한눈에 시각적으로 파악하기 어려운데, 구글 검색 창에서 'R COLOR CHART' 키워드로 검색하면 R에서 사용할 수 있는 색상표를 확인할 수 있습니다.

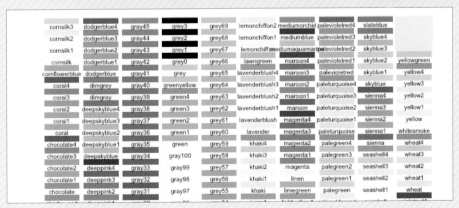

그림 8-28 | R 컬러 차트

상자 그림: 데이터 분포 확인

상자 그림은 최솟값, 1사분위수(Q1), 2사분위수(Q2), 3사분위수(Q3), 최댓값 등 다섯 가지 수치를 표현하는 데 유용한 그래프입니다.[6] 상자 그림의 3사분위수(Q3)와 1사분위수(Q1) 사이에는 데이터 중심의 50%가 포함되어 있으며, 2사분위수는 중앙값[7]을 나타냅니다. 상자 그림을 이용하여 전체 데이터 값의 분포를 확인할 수 있습니다. 또 도수 분포를 표현하는 히스토그램과 다르게 집단이 여러 개일 때도 한 공간에 나타낼 수 있어 유용한 그래프입니다.

아이템별로 매출 분포를 나타내는 상자 그림을 그려 보겠습니다.

```
# 아이템 메뉴 이름 연결(조인)
df_boxplot_graph <- inner_join(order_info_r, item_r, by = "item_id")

# 상자 그림 그리기
ggplot(df_boxplot_graph, aes(x = product_name, y = sales/1000)) +
    geom_boxplot(width = 0.8, outlier.size = 2, outlier.colour = "red") +
    labs(title = "메뉴아이템 상자그림", x = "메뉴", y = "매출")
```

코드를 실행하면 다음 그림과 같은 그래프가 그려집니다.

---

6 각 항목 설명은 6장의 '상자 그림 그리기' 내용을 참고합니다.
7 숫자를 쭉 나열했을 때 한가운데에 위치하는 값을 의미합니다.

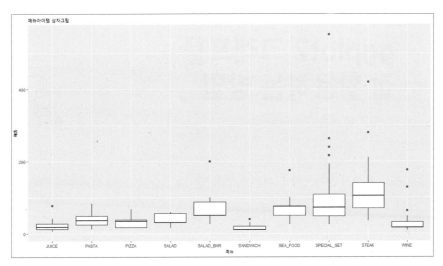

그림 8-29 | 메뉴 아이템 상자 그림

아이템별로 상자 그림을 10개 그렸습니다. 이 그래프로는 다음을 알 수 있습니다.

- 스페셜 세트 메뉴와 스테이크 메뉴가 넓은 사분위수 범위(IQR)를 가집니다(상자 크기가 큼).
- 최댓값과 이상치도 스페셜 세트 메뉴와 스테이크 메뉴가 가장 큽니다.

> **NOTE**
>
> ### scale_~() 함수
>
> scale 관련 함수 이름은 scale에 _(밑줄)과 aesthetic 객체 이름(x, y, color, fill, shape 등)이 붙고, 다시 _(밑줄)과 scale 이름(discrete, continuous, date, gradient 등)이 붙는 형태입니다. 이런 함수 명명법을 따른다면 앞서 살펴본 scale_fill_manual( )은 fill(색상 채우기)을 manual(수동)로 작업하는 함수라는 의미겠지요?

UNIT 09 ggplot2 그래프를 잘 활용하는 방법

R DATA ANALYSIS FOR EVERYONE

지금까지 ggplot2를 사용해서 그래프를 그리는 방법을 알아보았습니다. 이 장에서는 주로 다음 과정으로 그래프를 그렸습니다.

1. 데이터를 준비해서 처리하고

2. 그래프를 그리고

3. 의미를 도출했습니다.

1장에서 언급한 '처리하고 그려 보며 이해한다'는 내용이 그대로 반영된 것을 알 수 있습니다. 특히 그래프를 그리는 과정은 최종적으로 데이터를 표현하려는 목적도 있지만, 데이터가 어떤 형태로 되어 있는지 중간에 확인하는 과정이 될 수도 있습니다. 따라서 데이터를 분석하는 과정은 생략하거나 순서가 바뀔 수는 있지만, 대체로는 이 순서를 따릅니다.

이 중에서 ggplot2 패키지로 '**2.** 데이터를 그려 보는 과정'을 다시 정리하면 다음과 같습니다.

2-1. 틀을 그리고

2-2. 그래프를 그리고

2-3. 세부 조정 순서로 진행합니다.

앞처럼 데이터를 분석하는 과정에는 큰 순서 안에 또 세부적인 순서가 존재하는 것을 꼭 기억하세요.

앞서 살펴본 ggplot2 패키지의 기본 그래프는 데이터 형태나 표현하고자 하는 목적에 따라 쓰임이 다른데, 정리하면 다음 표와 같습니다.

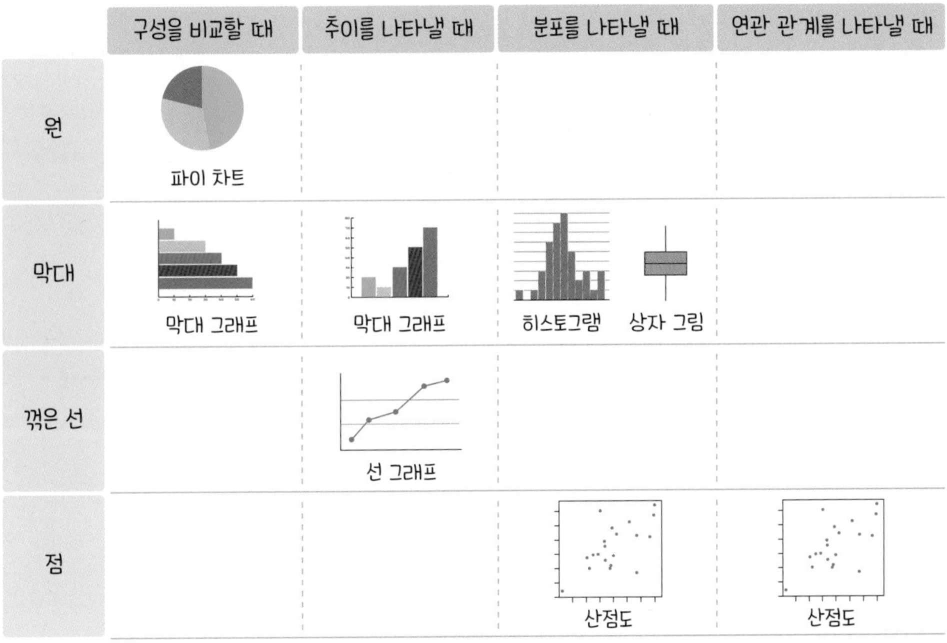

	구성을 비교할 때	추이를 나타낼 때	분포를 나타낼 때	연관 관계를 나타낼 때
원	파이 차트			
막대	막대 그래프	막대 그래프	히스토그램 상자 그림	
꺾은 선		선 그래프		
점			산점도	산점도

그림 8-30 | 그래프 쓰임새

즉, 구성 항목끼리 비교할 때는 원으로 표현하는 파이 차트나 막대로 표현하는 막대 그래프가 적절하고, 추이를 그릴 때는 세로 막대 그래프나 선 그래프가 잘 어울리는 식입니다. 사용자는 상황에 맞는 그래프를 선택해서 사용하면 됩니다.

이제 만들어진 음식을 데커레이션할 차례입니다. 7장 UNIT 06에서 만든 my_first_cook 요리를 데커레이션해 보겠습니다. 다음과 같이 코드를 작성해서 my_first_cook 변수에 담습니다.

```
my_first_cook <- order_info_r %>%
    mutate(reserv_month = substr(reserv_no, 1, 6)) %>%
    group_by(item_id, reserv_month) %>%
    summarise(avg_sales = mean(sales)) %>%
    arrange(item_id, reserv_month)


my_first_cook

# A tibble: 65 x 3
# Groups:   item_id [10]
   item_id reserv_month avg_sales
   <chr>   <chr>            <dbl>
 1 M0001   201906           48000
 2 M0001   201907           68000
 3 M0001   201908           56000
 4 M0001   201909           66000
 5 M0001   201910           92000
 6 M0001   201911           68308.
 7 M0001   201912          153143.
 8 M0002   201906           24000
 9 M0002   201907           38000
10 M0002   201908           21600
# ... with 55 more rows
```

my_first_cook 변수는 메뉴 아이템별 월 평균 매출을 담은 데이터입니다. 이것을 월별로 메뉴 아이템별 선 그래프로 그려 보겠습니다. 각 선 그래프는 자동 채움 Paired 팔레트 색상으로 표현할 것입니다. 그리고 x축에는 '월', y축에는 '매출', 타이틀은 '메뉴 아이템별 월 평균 매출 추이'라고 제목(레이블)을 달겠습니다(독자 여러분도 어떻게 하면 원하는 결과를 얻을 수 있을지 고민해 보세요).

```
ggplot(my_first_cook, aes(x = reserv_month, y = avg_sales, group = item_id,
color = item_id)) +                          선 그래프 그룹 기준은 item_id
    geom_line(size = 1) +
    geom_point(color = "darkorange", size = 1.5) +
    scale_color_brewer(palette = "Paired") +
    labs(title = "메뉴 아이템별 월 평균 매출 추이", x = "월", y = "매출")
    선 그래프이기 때문에 scale_fill_brewer()가 아닌 scale_color_brewer() 함수를 사용합니다.
```

코드를 실행하면 다음과 같이 그래프가 그려집니다.

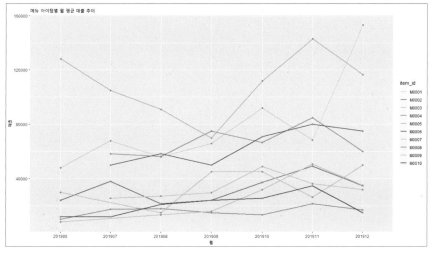

그림 8-31 | 메뉴 아이템별 월 평균 매출 추이 선 그래프

원하는 선 그래프가 그려졌습니다. 선 그래프의 group과 color는 모두 item_id를 기준으로 지정했고, scale_color_brewer() 함수를 사용하여 색상을 자동으로 칠했습니다. 선 그래 프이기 때문에 함수의 중간 이름이 'fill'이 아닌 'color'임에 유의하세요. 이 그래프로는 다음 을 알 수 있습니다.

- 전체 매출은 연말로 갈수록 우상향이지만, 메뉴 아이템별로는 추이가 제각각입니다.
- 또 월별 추세에도 매출 상위 그룹과 하위 그룹이 존재합니다.
- 월말로 갈수록 유사한 패턴으로 매출이 늘어나는 메뉴 아이템이 있습니다(스페셜 세트 메뉴 M0001, 스테이크 M0005).

이렇게 데커레이션까지 마쳤습니다. 여러분은 요리 재료 특성을 배웠고, 요리를 다룰 때 쓰는 요리 도구들의 종류와 기초 요리법을 익혔으며, 실제로 요리 재료를 다루어서 요리한 후 데커레이션까지 마무리했습니다. 여러분이 7장과 8장에서 요리한 my_first_cook은 '메뉴 아이템별 월 평균 매출 추이'라는 제목의 요리입니다. 이제 손님들에게 음식을 내가기만 하면 되겠지요?

UNIT 10 정리

8장에서 다룬 ggplot2 패키지의 주요 함수를 정리하면 다음 표와 같습니다.

* 틀 그리기

기능	함수(옵션)	설명	예시
틀 그리기	ggplot()	그래프 틀 그리기	ggplot(data = dataset, aes(x = vst, y = cust))
색상 지정	color	해당 기준으로 색상 설정하기(산점도)	color = sex_code
색상 채우기	fill	해당 기준으로 색상 채우기(막대 그래프)	fill = branch
그래프 정렬	reorder	그래프 순서에 따라 정렬하기('-'는 내림차순)	reorder(branch, -amt)

* 그래프 그리기

기능	함수(옵션)	설명	예시
산점도	geom_point()	산점도 그리기	+ geom_point()
막대 그래프	geom_bar()	막대 그래프 그리기	+ geom_bar(stat = "identity")
히스토그램	geom_bar(stat = "count")	빈도를 세어 히스토그램 그리기	+ geom_bar(stat = "count")
(연속형 데이터) 히스토그램	geom_histogram()	연속형 데이터의 히스토그램 그리기	+ geom_histogram(binwidth = 5)
파이 차트	geom_bar() + coord_polar()	누적 막대 그래프에 대해 파이 차트 그리기	+ geom_bar(stat = "identity") + coord_polar("y", start = 0)
선 그래프	geom_line()	선 그래프 그리기	+ geom_line(color = "red", size = 1)
점 그래프	geom_point()	점 그래프 그리기	+ geom_point(color = "darkred", size = 3)

계속 ▶

기능	함수(옵션)	설명	예시
텍스트 위치 조정	geom_text()	레이블 텍스트의 위치 조정하기	+ geom_text(vjust = 1.5, hjust = 0.5)
상자 그림	geom_boxplot()	상자 그림 그리기	+ geom_boxplot(width = 0.8, outlier.size = 2)

✽ 세부 조정

기능	함수(옵션)	설명	예시
축 조정	xlim(), ylim()	축 조정하기, c()를 응용하여 일부만 선택할 수 있음	+ xlim(0, 50) + ylim(0, 500)
x축과 y축을 바꿈	coord_flip()	x축과 y축 위치 바꾸기	+ coord_flip()
색상 채움 옵션 설정	scale_fill_discrete()	채우기 색상에 대한 옵션 적용하기(이산형)	+ scale_fill_discrete(breaks = c("강남"))
레이블 설정	labs()	타이틀, 축 제목 설정하기	+ labs(title = "지점별 예약", x = "지점", y = "예약건")
테마 세부 사항 조정	theme()	축, 범례, 틀 등을 조정하기	+ theme(axis.title.x = element_text(size = 15))
자동 팔레트 색상 채움	scale_fill_brewer()	자동으로 팔레트 색상 채우기	+ scale_fill_brewer(palette = "Spectral")
수동 색상 채움	scale_fill_manual()	수동으로 색상 채우기	+ scale_fill_manual(values = c("STEAK" = "red"))

기초 통계 이론과 통계적 가설 검정

R DATA ANALYSIS FOR EVERYONE

9장을 학습하기 전에 간단히 기초 통계 이론과 통계적 가설 검정을 살펴보겠습니다. R은 데이터 분석, 그중에서도 통계 분석에 특화된 프로그램입니다. 통계와 분석은 서로 떼려야 뗄 수 없는 관계입니다. 통계를 알아야 할 수 있는 깊이 있는 분석들이 존재하기 때문입니다. 이 책에서는 고급 통계를 알지 못하더라도 진행할 수 있는 분석 기법을 위주로 다룹니다.

'9장. 더 맛있는 요리하기: 멤버십 기획 프로젝트'에서는 좀 더 발전된 통계 분석 기법과 데이터 마이닝을 다루려고 합니다. 그러려면 기초 통계 이론과 통계적 가설 검정의 내용을 알아야 합니다. 기초 산수 능력만으로도 알 수 있도록 쉽게 설명할 예정이니 미리 어렵다고 겁내지 마세요. 하지만 읽다가 내용이 어렵게 느껴진다면 일단은 넘어가도 좋습니다. 9장에서 분석을 진행해 보고 이론을 학습해도 괜찮으니까요.

통계 분석은 크게 기술 통계(descriptive statistics)와 추론 통계(inferential statistics)로 나눌 수 있습니다.

- 기술 통계는 숫자들의 특성을 전체적으로 파악할 수 있도록 요약하고 묘사하는 통계 기법입니다. 우리가 지금까지 실습한 대부분의 내용이 기술 통계에 속한다고 할 수 있습니다. 인구 조사나 학생들의 성적 평균값 등이 기술 통계에 속합니다.
- 추론 통계는 숫자를 요약하는 것에서 더 나아가, 숫자를 기반으로 어떤 값이 발생할 확률을 계산하는 통계 기법입니다. 어떤 값이란 사건, 이벤트라고도 할 수 있습니다. 즉, 사건이 일어날 것을 확률로 예측하는 기법입니다. 보험 사고 발생 횟수 예측, 신약 유효성 검정 등이 추론 통계에 속합니다.

실무나 비즈니스 상황에서 대부분은 기술 통계만으로도 정리가 가능하지만, 경우에 따라서는 추론 통계를 요구하기도 합니다. 기술 통계와 추론 통계를 같이 익혀야 하는 이유입니다.

추론 통계를 간단히 알아보겠습니다. 먼저 가장 기본이 되는 분포[1]인 정규분포를 알아보겠습니다. 정규분포를 알기 전에 먼저 평균, 편차, 분산, 표준편차를 알아야 합니다.

1. 평균

평균(mean)은 전체 숫자를 더한 후 개수로 나눈 값을 의미합니다. 어떤 집단을 대표하는 값을 알고 싶을 때 주로 사용합니다. 예를 들어 학생 A 집단의 몸무게 값을 74, 66, 61, 59, 70으로 측정했다고 합시다.

표 1 | 학생 A 집단의 측정된 몸무게 값

이름	몸무게 값(A)
최준호	74
김주찬	66
이상윤	61
이두희	59
최대호	70

다음과 같이 계산하면 다섯 명의 평균 몸무게는 66입니다.

$$(74 + 66 + 61 + 59 + 70) / 5 = 66$$

이것은 집단을 대표하는 값이 66이라는 의미입니다. 평균은 굉장히 유용한 계산법이지만, 집단의 최솟값과 최댓값 차이가 크면 왜곡 현상이 나타나기도 합니다. 예를 들어 집단 A의 몸무게 값이 89, 86, 58, 54, 43일 때도 여전히 평균은 66입니다.

$$(89 + 86 + 58 + 54 + 43) / 5 = 66$$

하지만 이 평균 몸무게 값 66이 집단을 대표한다고 말하기는 어렵습니다(이때는 집단의 한가운데에 있는 숫자인 중앙값(median)(앞 사례에서는 58)을 사용하는 편이 더 좋을 수 있습

---

1   일정 범위에 흩어져 있는 정도를 의미합니다. 분포를 이용하여 현상을 확인하고 예측할 수 있습니다.

니다). 그래서 집단의 각 값이 평균을 중심으로 얼마나 가깝고 멀리 있는지 아는 것이 중요합니다. 이때 필요한 것이 편차입니다.

2. 편차

학생 A 집단의 몸무게 평균인 66을 각 학생의 몸무게 값에서 빼 보겠습니다.

표 2 | 학생 A 집단의 몸무게 값과 평균 차이

이름	몸무게 값(A)	몸무게 평균(B)	차이(A−B)
최준호	74	66	8
김주찬	66	66	0
이상윤	61	66	−5
이두희	59	66	−7
최대호	70	66	4

각 몸무게 값에서 몸무게 평균인 66을 뺐더니 차이를 구할 수 있었습니다. 이 차이(관측값−평균값)는 각 값이 평균에서 떨어져 있는 정도라고 말할 수도 있습니다. 이 떨어진 정도를 편차(deviation)라고 합니다. 예를 들어 '최준호' 학생은 평균에서 8만큼, '최대호' 학생은 평균에서 4만큼, '이두희' 학생은 −7만큼 떨어져 있습니다.

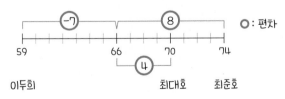

그림 1 | 편차 개념

그런데 각 관측 값의 편차가 서로 달라 한눈에 보기 불편하고(8, 4, −7), 편차의 평균값을 알고 싶어도 편차를 모두 더하면 0이 되기 때문에 평균을 구할 수 없습니다.

$$8 + 0 + -5 + -7 + 4 = 0$$

그래서 구하는 것이 분산입니다.

3. 분산

각 편차 값을 제곱해 보겠습니다. 이렇게 하면 음수(−, 마이너스) 편차 값들이 모두 양수(+, 플러스) 값으로 바뀌기 때문에 모두 더해도 0이 나오지 않습니다.

표 3 | 제곱 편차 구하기

이름	편차(A)	제곱 편차(A^2)
최준호	8	64
김주찬	0	0
이상윤	−5	25
이두희	−7	49
최대호	4	16

구한 제곱 편차의 평균값을 구해 보겠습니다.

$$(64 + 0 + 25 + 49 + 16) / 5 = 30.8$$

각 편차를 제곱해서 나온 값들의 평균을 구했더니 30.8이 나왔습니다. 이 값을 분산(variance)이라고 합니다. 다만 통계의 표본 분산을 구할 때는 '데이터 개수 − 1', 즉 '(n−1)'로 나눈다고 알아 둡니다.[2]

$$(64 + 0 + 25 + 49 + 16) / (5-1) = 38.5$$

분산은 분산된 정도를 알려 주는 값입니다. 하지만 분산 값은 편차를 모두 더했을 때 0이 나

---

2 자세히 알고 싶다면 통계 분산과 '자유도'에 대해 알아보세요.

오는 현상을 없애기 위한 값이므로, 우리가 알고자 하는 '편차의 평균'이라고 할 수는 없습니다. 그러면 어떻게 해야 할까요? 앞서 각 편차를 제곱한 후 평균을 구했으므로, 이번에는 반대로 루트를 적용하면 됩니다.

4. 표준편차

분산에 루트를 적용해 보겠습니다.

$$\sqrt{38.5} = 6.204836822995428$$

루트를 적용하니 약 6.2가 나왔습니다. 즉, 학생 A 집단의 다섯 명 몸무게는 66을 기준으로 평균 약 6.2 정도 차이가 난다고 말할 수 있습니다. 이처럼 분산 값에 루트를 적용한 값을 표준편차(STandard Deviation, STD)라고 합니다. 지금까지 배운 원리에서 알 수 있듯이, 표준편차가 크다는 것은 집단의 각 값들의 퍼져 있는 정도가 크다는 것이라고 할 수 있습니다. 반대로 작은 경우에는 퍼져 있는 정도가 작다는 의미입니다(비슷한 값이 모여 있음).

지금까지 과정을 다음과 같이 R로 구할 수 있습니다.

```
weight <- c(74, 66, 61, 59, 70)    # 학생 A 집단의 몸무게
mean(weight)                       # 평균
[1] 66

median(weight)                     # 중앙값(74, 70, 66, 61, 59)의 정중앙 값
[1] 66

var(weight)                        # 분산
[1] 38.5

sd(weight)                         # 표준편차
[1] 6.204837
```

5. 정규분포

통계의 대표적인 데이터 분포인 정규분포(normal distribution)를 알아보겠습니다. 정규분포란 데이터들이 평균값을 중심으로 하여 좌우 대칭의 종 모양을 이루는 분포를 의미합니다.

먼저 평균 66kg을 중심으로 표준편차 5를 갖는 몸무게 데이터 10만 개를 랜덤으로 만들어 보겠습니다.

```
weight <- rnorm(n = 100000, mean = 66, sd = 5)   # 평균 66kg, 표준편차 5의 데이터 생성
                     └----- 랜덤으로 데이터를 생성하는 함수
```

만들어진 데이터를 히스토그램으로 그려 보겠습니다.

```
hist(weight, breaks = 100, freq = FALSE)          # 히스토그램 그리기
구간을 100으로 쪼갭니다.└----        └----- 상대 값(밀도)으로 그립니다.
```

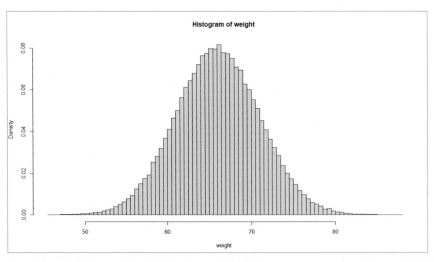

그림 2 | 몸무게 히스토그램

그래프를 살펴보면 평균인 66kg을 중심으로 데이터가 몰려 있고, 평균에서 멀어질수록 데이터가 줄어드는 것을 알 수 있습니다. 즉, 50kg인 데이터도 있고 80kg인 데이터도 있지만, 평균 66kg을 중심으로 표준편차는 5의 분포이기에 66kg 주위에 데이터가 가장 많고 멀어질수록 데이터가 줄어드는 형태라는 것을 알 수 있습니다. 마치 가운데는 볼록하게 솟아 있고 양쪽은 아래로 떨어지는 종 모양처럼 생긴 분포입니다. 이를 정규분포라고 합니다. 정규분포는 예시로 든 몸무게뿐만 아니라 신장, 성적, 주가 수익률 등 일상에서 다양하게 적용할 수 있습니다.

데이터 분포를 좀 더 자세히 확인하고자 몸무게의 밀도 값을 선 그래프로 그려 보겠습니다.

```
lines(density(weight))
```
···· 몸무게의 밀도를 선 그래프로 그립니다.

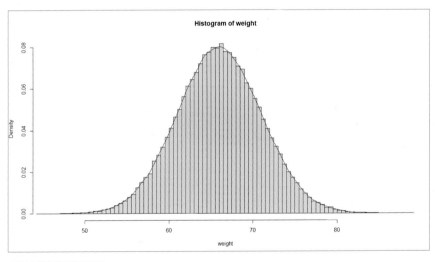

그림 3 | 몸무게 정규분포 곡선

평균을 중심으로 좌우 대칭을 이루는 선 그래프가 그려졌습니다. 이를 '정규분포 곡선'이라고 합니다. 히스토그램의 막대 그래프를 전부 합하면 1이 됩니다. 정규분포 곡선 역시 히스토그램을 그래프로 표현한 것이기 때문에 처음부터 끝까지 모두 합하면 1이 됩니다.

정규분포 곡선에서 평균과 표준편차 사이에는 다음 관계가 있습니다.

- 평균을 중심으로 표준편차 2배(표준편차×2) 범위 안에 전체 데이터의 약 95%가 존재합니다.
- 평균을 중심으로 표준편차 3배(표준편차×3) 범위 안에 전체 데이터의 약 99%가 존재합니다.

좀 더 정확히 하려면 2배는 1.96으로, 3배는 2.58로 바꾸어야 합니다. 다시 정리하면 다음과 같습니다.

- 평균을 중심으로 (±1.96×표준편차) 범위 안에 전체 데이터의 약 95%가 존재합니다.
- 평균을 중심으로 (±2.58×표준편차) 범위 안에 전체 데이터의 약 99%가 존재합니다.

예를 들어 앞서 예시로 든 평균 몸무게 66kg에 표준편차 5[3]의 정규분포 곡선은 다음 그림과 같은 형태를 이룹니다. 이를 정규분포 곡선의 평균과 표준편차 간 관계로 알아보겠습니다.

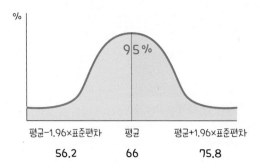

그림 4 | 평균과 표준편차의 관계

그림 4를 살펴보면, 95%의 데이터는 66 − (1.96×5) = 56.2 ~ 66 + (1.96×5) = 75.8 사이에 있습니다. 이는 다른 말로 무작위로 어떤 사람의 몸무게를 측정하면 56.2~75.8 사이에 있을 확률이 95%라는 의미입니다. 몸무게를 측정했을 때 50kg이라면 이 사람의 몸무게는 전체 데이터의 95%에 들지 않을 만큼 예외적으로 작은 몸무게라고 생각할 수도 있습니다. 통계에

---

3 쉽게 설명하고자 표준편차 값으로 5를 사용합니다.

는 정규분포 외에도 다양한 분포가 존재합니다. 앞서 익힌 다양한 원리를 이용하면 표본으로 전체를 추론하는 추론 통계가 가능합니다. 추론 통계에는 이런 분포를 주로 이용한다고 알아 둡니다.

6. 추론 통계와 가설 검정

대한민국 국민의 평균 몸무게를 알아내는 방법 중 가장 정확한 것은 모든 사람의 몸무게를 측정하는 것입니다. 하지만 전 국민의 몸무게를 측정하는 일은 매우 어렵습니다. 그래서 고안한 것이 전체 집단 중 일부 표본(표본 집단)을 조사하여 전체 집단(모집단)의 특성을 추정하는 추론 통계학입니다.

- **귀무 가설(사실이라고 가정하는 상황, H0):** 차이가 없다.
- **대립 가설(우리가 새로 검증하고 싶은 상황, H1):** 차이가 있다.

통계 분석에서는 귀무 가설을 검정합니다. 즉, 귀무 가설이 참이라는 가정하에 기각(아니라고 결정)할 수 있는지 여부를 판단합니다. 귀무 가설이 기각되면 연구자가 주장하고 싶은 대립 가설을 채택하는 식입니다. 연구자는 기존과 다른 현상을 밝히고 싶기 때문에 통계를 이용하여 귀무 가설을 기각하는 증거를 찾습니다. 가설을 검정하려면 유의 수준과 유의 확률을 알아야 합니다.

유의 수준(α) 가설 검정을 할 때 표본 자료에서 얻은 검정 통계량[4]이 기각역(rejection area)(기각 구간)에 들어갈 확률, 즉 오차 가능성을 의미합니다. 유의 수준은 연구자 목적에 따라 보통 1%, 5%, 10% 등으로 설정합니다. 쉽게 말하면 유의 수준은 귀무 가설의 기각 여부를 결정하는 데 사용하는 의사 결정 기준입니다.

유의 확률(p-value)은 귀무 가설을 지지하는 정도를 의미합니다. 보통 유의 확률이 낮아질수록 귀무 가설을 기각하는 데 설득력을 가지므로, 통계적으로 유의미하다고 할 수 있습니다.

---

4   전체 집단을 추정하고자 표본 집단에서 계산 규칙에 따라 생성한 값을 의미합니다.

예를 들어 가설 검정 절차에서 5% 유의 수준으로 설정했다고 한다면, 귀무 가설을 채택했어야 함에도 기각할 확률은 100번 중 다섯 번이라는 것입니다. 즉, 귀무 가설에 대해 잘못된 의사 결정 수준을 5%(다섯 번)로 설정했기 때문에 그 이하가 될 때 기각이 가능합니다. 따라서 유의 확률이 5%보다 작다면 귀무 가설을 기각할 수 있고, 5%보다 크다면 기각할 수 없습니다.

앞의 내용을 좀 더 자세히 살펴보겠습니다. 유의 확률이 8%라면 100번 중 여덟 번 잘못이 있을 수 있다는 의미이기 때문에 유의 수준 5%보다 크므로 귀무 가설을 기각할 수 없습니다.

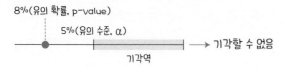

그림 5 | 귀무 가설 기각 불가

다른 예시로 유의 확률이 3%라면 유의 수준인 5%보다 작으므로 기각역[5]에 들어가서 귀무 가설을 기각할 수 있습니다.

그림 6 | 귀무 가설 기각

즉, 검정했을 때 유의 확률이 유의 수준보다 클 경우 귀무 가설을 기각할 수 없고, 유의 수준보다 작으면 귀무 가설을 기각하고 대립 가설을 채택합니다.

한마디로 유의 수준과 유의 확률 간 크기를 비교해서 귀무 가설을 기각할지 그렇지 않을지를 판단한다고 이해하면 됩니다.

---

5 귀무 가설을 기각할 수 있는 구간이라는 의미입니다.

7. t분포와 t검정

t분포는 정규분포와 모양이 비슷한데, 표본 집단이 소량이라 전체 데이터를 검증할 수 없을 때 사용합니다. 일반적으로 표본 크기가 크면 t분포는 정규분포에 가까워집니다. t검정은 t분포를 이용하여 귀무 가설하에 있을 확률, 즉 실험을 위해 표본 추출한 평균(표본 평균)이 전체 평균(모집단 평균 = 진짜 평균)과 차이가 발생할 확률(유의 확률)을 계산합니다. 차이가 발생할 확률이 유의 수준보다 작으면 귀무 가설을 기각하고, 차이가 발생할 확률이 유의 수준보다 크면 귀무 가설을 기각할 수 없습니다. 헷갈린다고요? 다음 예시를 살펴보면 빠르게 이해할 수 있을 것입니다. 다음은 가설을 세우고 t검정을 진행하는 예시입니다.

- **귀무 가설**: 전체 몸무게 평균은 65kg이다.
- **대립 가설**: 전체 몸무게 평균은 65kg이 아니다.

```
test1 <- c(58, 70, 82, 65, 72, 82, 68, 70, 63)    # 표본 집단
t.test(test1, mu = 65)                             # t-test
      └----- t검정 함수. mu는 검정하고자 하는 평균값

        One Sample t-test

data:  test1                    ┌----- 유의 확률 0.098(9.8%)
t = 1.8713, df = 8, p-value = 0.0982
alternative hypothesis: true mean is not equal to 65
95 percent confidence interval:
 63.83866 76.16134
sample estimates:
mean of x
      70 ----- 평균 70
```

표본 집단의 평균은 70kg이고, t검정을 실시한 결과 유의 확률은 9.8%(0.098)가 나왔습니다.

t검정 결과, 유의 수준을 5%로 설정했을 때[6] 더 큰 검정 통계량이므로 귀무 가설을 기각할 수 없습니다. 즉, '전체 몸무게 평균은 65kg이다'는 가설을 지지합니다(전체 몸무게 평균은 65kg이라는 의미입니다).

다른 예시를 살펴보겠습니다.

```
test2 <- c(89, 70, 83, 60, 75, 60, 92, 84, 80, 80)    # 표본 집단
t.test(test2, mu = 65)                                 # t-test


        One Sample t-test


data:  test2
t = 3.5149, df = 9, p-value = 0.006568 ⸱⸱⸱⸱⸱ 유의 확률 0.0065(0.65%)
alternative hypothesis: true mean is not equal to 65
95 percent confidence interval:
 69.38389 85.21611
sample estimates:
mean of x
     77.3 ⸱⸱⸱⸱⸱ 평균 77.3
```

표본 집단의 평균은 77.3kg이고, 검정을 실시한 결과 유의 확률은 0.65%(0.0065)가 나왔습니다. t검정 결과, 유의 수준 5%보다 작은 검정 통계량이므로 귀무 가설을 기각할 수 있습니다. 즉, '몸무게 평균은 65kg이다'는 가설을 기각하게 됩니다. 65kg이 아닌 다른 값이 평균 몸무게라는 의미입니다.

---

6   유의 수준은 연구자가 목적에 따라 임의로 설정할 수 있다고 했습니다.

8. 기술 통계와 가설 검정

추론 통계로 가설이 유의미한지 따지는 방법이 있지만, 통계적 유의함을 확인하는 데 많은 노력과 시간이 필요합니다. 급박하게 확인과 실행이 요구되는 비즈니스 환경에는 적합하지 않을 수 있습니다. 상대적으로 간단하지만 현상을 빠르게 확인할 수 있는 방법도 있는데, 기술 통계만으로도 확인할 수 있게 가설을 세우고 검정하는 방법입니다.

예를 들어 다음과 같습니다.

- A 상품이 많이 팔리면 B 상품도 많이 팔릴 것이다.
- A 상품은 젊은 연령층이 주로 구매할 것이다.
- 성별에 따라 월급에 차이가 있을 것이다.
- 상품을 연속으로 구매한 고객이 충성도도 높을 것이다.

이렇게 가설을 세우고, 추론 통계처럼 굳이 귀무 가설과 대립 가설을 검정하지 않고 빠르게 기술 통계 결과만으로 현상을 확인하는 방법입니다.[7]

이 책에서는 가설을 기반으로 하는 기술 통계를 주로 하되, 적절히 추론 통계와 데이터 마이닝 기법을 혼합해서 사용하겠습니다.

7　통계 책에서는 잘 언급하지 않는 방식이지만, 실제 실무 환경에서는 빈번하게 사용합니다.

더 맛있는 요리하기:
멤버십 기획 프로젝트

앞 장들을 학습하면서 간단한 요리를 할 수 있게 되었습니다.
하지만 늘 간단한 요리만 할 수는 없겠지요? 초보 요리사가
아닌 특급 요리사로 발돋움하고자 9장에서는 좀 더 고급 요리를
만들어 보겠습니다. 이 장에서 할 고급 요리는
멤버십 프로그램을 기획하는 프로젝트입니다.

UNIT 01

김아루 과장과 함께 멤버십 기획 프로젝트 시작

R DATA ANALYSIS FOR EVERYONE

오늘도 평소처럼 열심히 업무 중이던 김아루 과장의 휴대 전화 벨소리가 울립니다. 김힘찬 부장입니다.

> "김아루 과장? A 회의실에서 잠깐 볼까요?"
>
> "아, 네. 급한 일이신가요?"
>
> "중요한 일입니다."
>
> "네, 바로 가겠습니다."

무슨 일로 나를 부를까? 김아루 과장은 사뭇 긴장됩니다. 긴 복도를 지나 맨 끝에 있는 A 회의실 앞에서 창문으로 안을 들여다보니, 김힘찬 부장과 마케팅 팀 최분석 과장이 앉아 있습니다.

> '똑똑'
>
> "오, 김아루 과장. 어서 오게."
>
> "아 네, 안녕하세요. 부장님, 무슨 일로 부르셨나요?"
>
> "최분석[1] 과장이 설명할 걸세."

김힘찬 부장 옆에 있던 최분석 과장이 상기된 표정으로 설명을 시작합니다.

> "아 네, 김아루 과장님도 아시다시피 우리 회사는 전통적으로 오프라인 매장 영업에 강점을 보였습니다. 얼마 전 저희 마케팅 팀 주도로 온라인에서 회사 사업 가능성을 확인하고자 온라인 전용 상품인 스페셜 세트 메뉴를 기획해서 출시하여 폭발적인 반응을 이끌어 냈습니다. 데이터 분석은 SQL을 사용해서 진행했고요. 오프라인 매장뿐만 아니라 온라인에서 비즈니스 확장 가능성을 확인한 것이지요. 마케팅 팀에서는 이런 좋은 결과를 바탕으로 스페셜 세트 메뉴의 판매 촉진 안에 대해 상품 기획 팀과 함께 프로젝트를 진행 중입니다."

---

1 〈모두의 SQL〉(길벗, 2018) 속 주인공 최분석 과장입니다.

최분석 과장은 계속 말을 이어 갔습니다.

"온라인에서는 의도한 스페셜 세트 메뉴뿐만 아니라 스테이크 메뉴도 비슷한 매출 양상을 보였습니다. 메뉴 아이템 판매에 대해 여러 가능성이 있다는 말이지요. 김힘찬 부장님도 이런 결과를 확인하시고, 스페셜 세트 메뉴 상품 외에 강점을 지닌 상품을 기반으로 멤버십 프로그램을 기획해서 체계적인 고객 관리와 공격적인 마케팅을 하면 좋겠다는 의견을 주셨습니다. 다만……"

"다만?"

"저는 스페셜 세트 메뉴 상품 판촉 기획안에 역량을 집중하고 있어 다른 프로젝트에는 손을 쓸 여력이 없군요. 죄송하지만 고객 전략 팀 김아루 과장님이 도와주시면 좋겠는데, 괜찮을까요?"

김힘찬 부장이 근엄하게 목소리에 힘을 주며 말합니다.

"김아루 과장, 분석 과장이 설명했듯이 앞선 분석으로 의미 있는 결과들을 도출했네. 이번 결과를 바탕으로 고객 전략 팀에서 기존 데이터를 추가로 분석하고, 멤버십 프로그램을 기획해 주었으면 하네. 멤버십 목표는 매출 증대와 고객 충성도 확보네. 최근 발굴한 스페셜 세트 메뉴 외 상품에 대해 좀 더 집중해 주게. 듣기로는 자네가 고객 전략뿐만 아니라 R 프로그램 전문가라고 하던데? 내 판단에는 이번 분석을 통해 멤버십 프로그램이 론칭한다면 우리 씨퀄에프엔비 비즈니스에 일대 변혁을 일으킬 수 있을 것 같네만. 언제 할 수 있겠나?"

김아루 과장은 생각했습니다.

'멤버십 프로그램 기획 프로젝트라……. 하기는 씨퀄에프엔비가 그동안 고객 관리와 CRM 마케팅에 소홀했던 것은 사실이지. 최분석 과장이 SQL 분석을 바탕으로 앞장서서 기존 틀을 깨고 온라인 비즈니스에 발을 디딘 것처럼, 나도 먼가 해낼 수 있을 것 같아. 좋아, 해 보자!'

"네, 부장님, 과장님. 그렇다면 저도 R을 이용해서 의미 있는 분석을 진행하고 멤버십 프로그램을 기획해 보겠습니다."

"좋아, 그럼 진행해 봅시다!"

실습을 하기 전 사전 작업

7~8장과 마찬가지로 1. 새 프로젝트를 만들고 2. 실습용 데이터셋 파일을 네 개(customer_r.xlsx, reservation_r.xlsx, order_info_r.xlsx, item_r.xlsx) 가져옵니다. 그리고 다음 코드를 활용하여 대문자를 소문자로 변경하는 것도 잊지 마세요! 자세한 내용은 224쪽 '필독! 7~9장 비즈니스 데이터 실습을 하기 전 사전 작업'을 참고하세요.

```
# 조작 편의성을 위해 열 이름을 소문자로 변환(결과 출력하지 않음)
colnames(customer_r) <- tolower(colnames(customer_r))

colnames(reservation_r) <- tolower(colnames(reservation_r))

colnames(order_info_r) <- tolower(colnames(order_info_r))

colnames(item_r) <- tolower(colnames(item_r))


# 열 이름이 소문자로 변환되었는지 확인(결과 출력)
head(customer_r)
```

지금부터 앞서 배운 지식을 총동원하여 멤버십 프로그램을 기획하는 프로젝트를 진행하겠습니다. 이미 7~8장에서도 사용한 실습 데이터는 프랜차이즈 레스토랑의 온라인 웹 사이트에 있는 고객 정보, 예약 정보, 주문 정보, 메뉴 정보 데이터입니다. 여러분은 이 데이터를 가지고, 기업 매출 증대와 고객 충성도 확보를 위한 멤버십 프로그램을 기획해야 합니다. 데이터 분석 과정에 빗대면 다음 그림과 같습니다.

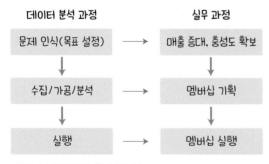

그림 9-1 | 데이터 분석 과정과 실무 과정

먼저 멤버십 기획 프로젝트의 목표는 다음과 같습니다.

- 매출 증대 및 고객 충성도 확보

우리가 사용할 실습용 데이터셋은 2019년 6월 1일부터 2019년 12월 31일까지 프랜차이즈 레스토랑인 '씨퀄에프엔비'의 온라인 예약과 주문 데이터입니다. 비록 7개월 동안 쌓인 데이터이지만, 1년(year) 동안 데이터라고 가정하고 실습을 진행하겠습니다. 여러분은 실습용 데이터셋을 분석하여 멤버십을 기획하게 됩니다. 각 데이터셋은 키로(주황색 표시 열) 서로 연결할 수 있습니다.[2]

자세한 내용은 다음 그림과 같습니다.

customer_r 테이블(고객 정보)

열 이름	설명
customer_id	고객 번호
customer_name	고객 이름
phone_number	전화 번호
email	이메일 주소
first_reg_date	최초 등록일
sex_code	성별
birth	생일
job	직업
zip_code	주소

reservation_r 테이블(예약 정보)

열 이름	설명
reserv_no*	예약 번호
reserv_date	예약 날짜
reserv_time	예약 시간
customer_id	고객 번호
branch	예약 부서
visitor_cnt	방문 고객 수
cancel	취소 여부

* 본래의 역할은 예약 번호이지만 주문이 완료된 경우 주문 번호의 역할도 하는 데이터 값이므로 상황에 따라 '예약 번호' 또는 '주문 예약 번호'로 칭하겠습니다.

order_info_r 테이블(주문 정보)

열 이름	설명
order_no	주문 번호
item_id	메뉴 번호
reserv_no	예약 번호
quantity	수량

item_r 테이블(메뉴 정보)

열 이름	설명
item_id	메뉴 번호
product_name	메뉴 이름
product_desc	메뉴 설명
category_id	메뉴 분류

그림 9-2 | 실습용 데이터셋 내용 설명

---

2 7장에서 설명한 조인 기법으로도 연결할 수 있습니다.

각 데이터셋의 관계를 살펴보면 다음 그림과 같습니다.

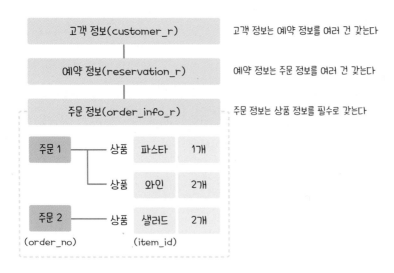

그림 9-3 | 실습용 데이터셋의 관계

고객 정보(customer_r)는 예약 정보를 갖고, 예약 정보는 주문 정보(order_info_r)를 가질 수 있습니다. 단 예약이 취소되었다면(cancel 열이 Y) 주문 정보도 없습니다. 주문 정보(order_info_r)의 주문 번호(order_no)는 중복 없는 상품 번호(item_id)(상품)를 여러 개 갖습니다. 즉, reservation_r 테이블에는 날짜 등 예약에 관한 정보, order_info_r 테이블에는 매출 등 주문 결과에 관한 정보가 담겨 있으므로 이 두 테이블을 중심으로 어떻게 조인하느냐에 따라 원하는 결과를 출력할 수 있다고 생각하면 이해가 빠를 것입니다. 모든 실습은 dplyr과 ggplot2 패키지를 설치하고 로드한 상태에서 진행합니다.

```
library(dplyr)      # dplyr 패키지 로딩
library(ggplot2)    # ggplot2 패키지 로딩
```

현장감을 위해 프랜차이즈 레스토랑 기업인 씨퀄에프엔비 고객 전략 팀에서 근무하는 가상의 인물 '김아루 과장'과 함께 데이터 분석을 진행하겠습니다. 여러분도 주인공인 김아루 과장의 입장에서 어떻게 문제를 해결할지 함께 고민해 보기 바랍니다.

UNIT 02 빈도 분석: 지점별 예약 건수와 매출은 어떻게 될까?

R DATA ANALYSIS FOR EVERYONE

"이제 멤버십 기획 프로젝트가 시작되는구나! 먼저 어떤 분석을 해 볼까? 매출 증대와 고객 충성도를 확보하려면 우리 회사의 매출과 판매 기본 상태를 알아 두면 좋을 것 같아. 먼저 전체 지점을 분석해 보고, 결과에 따라 주요 지점만 따로 분석해 보자. 빈도 분석을 통해 개략적인 현황부터 알아보면 좋을 것 같아."

매출 증대와 고객 충성도를 확보할 수 있는 멤버십을 기획하려면, 먼저 고객들이 어떤 소비 패턴을 보이는지 확인하는 것이 중요합니다. 7~8장에서 우리는 다음과 같이 몇 가지 주요 분석 결과를 확인했습니다.

- 전체 매출은 연말로 갈수록 높아집니다.
- 전체 매출 중 스테이크와 스페셜 세트 메뉴의 매출 비중이 과반수입니다.
- 전체 매출 중 스테이크와 스페셜 세트 메뉴의 매출 최댓값이 가장 큽니다.
- 전체 매장 중 강남 지점의 매출이 가장 높습니다.

좀 더 자세히 알아보고자 주어진 데이터를 기반으로 '빈도 분석'을 진행해 보겠습니다. 빈도 분석(frequency analysis)이란 데이터 빈도나 분포 등 대략적인 특성을 알아보는 분석 방법입니다. 원천 데이터(raw data)의 특성을 빠르게 파악할 수 있는 분석 방법이라고 할 수 있습니다. 빈도 분석을 위해서는 빈도표를 만들어 확인하면 좋습니다.

1 빈도표 만들기: table() 함수

table( ) 함수는 기준이 될 데이터에 대해 빈도표(도수 분포표)나 교차 빈도표를 만듭니다.

주문 테이블의 지점을 기준으로 예약 빈도표를 만들어 보겠습니다. 9장에서 할 실습 역시 RStudio의 소스 창을 이용합니다.

```
# 지점별 예약 건수 빈도표        기준이 되는 열
table(reservation_r$branch)
                                        가장 숫자가 큰 지점

  강남   강동   강북   강서   관악   광진   구로   금천   노원   도봉  동대문  동작   마포
서대문   서초   성동   성북   송파   양천  영등포  용산   은평   종로   중구   중랑
  49     18     12     22     15      8     14     10     10      6     20     21     22
         20     22     13      4     17     10     17     19     10     13     18      6
```

예약 건수 역시 강남 지점이 가장 높다는 것을 알 수 있습니다. 그다음으로 강서, 마포, 서초 지점의 예약 건수가 많습니다.

주문이 취소되지 않은 예약 건만 다시 확인해 보겠습니다.

가설: 전체 예약 건과 예약 완료 건 비율이 유사할 것이다.

```
# 주문 취소되지 않은 경우만 선택
no_cancel_data <- reservation_r %>% filter(cancel == "N")

# 주문 취소되지 않은 예약 건의 부서별 빈도표
table(no_cancel_data$branch)

  강남   강동   강북   강서   관악   광진   구로   금천   노원   도봉  동대문  동작   마포
서대문   서초   성동   성북   송파   양천  영등포  용산   은평   종로   중구   중랑
  41     17     12     19     15      8     11      7     10      5     14     18     20
         18     17     12      4     15      8     16     18      8      7     15      4
```

결과가 조금 달라지기는 했지만 거의 유사합니다.

빈도표를 근거로 이번에는 대표적인 매출 지점인 강남, 마포, 서초 지점의 아이템 판매 비중을 확인해 보겠습니다.

가설: 주요 지점들의 메뉴 아이템 매출 구성은 비슷할 것이다.

다음 코드들은 숫자 번호에 따라 차례대로 실행합니다.

① 테이블 조인하기

```
# 데이터 분석을 위해 원천 데이터 가공(전처리)
# reserv_no를 키로 예약, 주문 테이블 연결
df_f_join_1 <- inner_join(reservation_r, order_info_r, by = "reserv_no")

# item_id를 키로 df_f_join_1, 메뉴 정보 테이블 연결
df_f_join_2 <- inner_join(df_f_join_1, item_r, by = "item_id")

head(df_f_join_2)      # 테이블 세 개가 이너 조인된 것을 확인

# A tibble: 6 x 15
  reserv_no reserv_date reserv_time customer_id branch visitor_cnt cancel
order_no item_id quantity  sales product_name
  <chr>    <chr>      <chr>      <chr>       <chr>       <dbl> <chr>
<chr>    <chr>      <dbl> <dbl> <chr>
1 20190827~ 20190827   1800        W1340914    마포           2 N
1908275~ M0001          2  48000 SPECIAL_SET
2 20190826~ 20190826   1200        W341658     동작           5 N
1908261~ M0010          5  30000 JUICE
3 20190826~ 20190826   1800        W1328993    강북           4 N
1908261~ M0005          4 140000 STEAK
4 20190825~ 20190825   1800        W1340463    용산           2 N
1908251~ M0008          2  20000 SANDWICH
5 20190824~ 20190824   1200        W1344912    강동           3 N
1908241~ M0006          3  75000 SALAD_BAR
6 20190823~ 20190823   1800        W1344753    영등포          2 N
1908231~ M0004          1  25000 SEA_FOOD
# ... with 3 more variables: product_desc <chr>, category_id <chr>, price <dbl>
```

분석을 위해 원천 데이터인 예약 정보, 주문 정보, 메뉴 정보 테이블을 이너 조인해서 합칩니다. head( ) 함수를 사용하여 데이터를 제대로 합쳤는지 확인하는 것도 잊지 마세요.

② 데이터 처리하기

```
# 강남, 마포, 서초 지점만 선택
df_branch_sales <- df_f_join_2 %>%
    filter(branch == "강남" | branch == "마포" | branch == "서초") %>%
    group_by(branch, product_name) %>%        # 부서 이름과 메뉴 이름으로 그룹화
    summarise(sales_amt = sum(sales) / 1000)   # 매출 합산
```

입력한 코드를 실행하면 다시 그룹핑했다는 메시지가 나오는데 참고만 하고 넘어갑니다.

```
`summarise()` regrouping output by 'branch' (override with `.groups` argument)
```

filter( ) 함수로 주요 지점인 강남, 마포, 서초 지점만 선택하고, group_by( ) 함수로 지점별로 그룹핑하여 summarise( ) 함수 내 sum( ) 함수를 사용해서 매출을 합산합니다. 정리된 결과는 df_branch_sales 변수에 담습니다.

③ 데이터 그리기

```
# 누적 막대 그래프 그리기
ggplot(df_branch_sales, aes(x = "", y = sales_amt, fill = product_name)) +
    facet_grid(facets = . ~ branch) +       # 면 분할 함수 branch 기준으로 분할
    geom_bar(stat = "identity")
                                    '.', '~' 기준이 되는 방법으로,
                                    다양한 형태가 있다는 정도만 알아 둡니다.
```

코드를 실행하면 다음 그림과 같이 누적 막대 그래프를 그립니다.

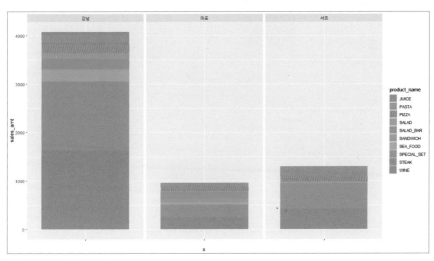

그림 9-4 | 주요 지점의 메뉴 아이템 매출 누적 막대 그래프

누적 막대 그래프를 파이 차트로 그려 보겠습니다.

```
# 파이 차트로 그리기
ggplot(df_branch_sales, aes(x = "", y = sales_amt, fill = product_name)) +
    facet_grid(facets = . ~ branch) +
    geom_bar(stat = "identity") +
    coord_polar("y", start = 0)      # 파이 차트 그리기
```

코드를 실행하면 주요 지점의 메뉴 아이템별 매출 비중 파이 차트가 그려집니다.

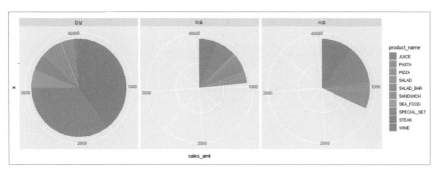

그림 9-5 | 주요 지점의 메뉴 아이템별 매출 비중

코드 풀이

df_branch_sales 데이터셋을 누적 막대 그래프로 그린 후 다시 파이 차트로 변환해서 그립니다.

분석 결과

앞의 과정을 거쳐 매출이 가장 큰 곳은 역시 강남 지점(파이 차트가 가장 큰 것에 주목)이며, 각 지점마다 비중은 조금 다르지만 스테이크와 스페셜 세트 메뉴가 매출의 대부분을 차지하는 것을 알 수 있습니다. 이것으로 씨퀄에프엔비의 주력 제품은 스테이크와 스페셜 세트 메뉴라고 생각해 볼 수 있습니다. "주요 지점들의 메뉴 아이템 매출 구성은 비슷할 것이다."라는 가설에 힘을 싣는 결과입니다.

UNIT 03 교차 빈도 분석: 지점별 메뉴 아이템 주문 비율은?

R DATA ANALYSIS FOR EVERYONE

"빈도표를 만들어 그래프를 그려 보니 확실히 각 지점의 매출 규모와 구성을 알기 쉬웠어. 메뉴 아이템들의 주문 건수를 상대 비율로 하면 좀 더 보기 편할 것 같아. 교차 빈도표를 만들어 아이템 주문 건수 비율 누적 막대 그래프를 그려 보자."

table( ) 함수는 팩터 구조로 받아들이는 데이터가 하나이면 빈도표를 만들고, 두 개 이상이면 교차 빈도표를 만듭니다. table( ) 함수 내에서 첫 번째 인자 데이터는 행이 되고 두 번째 인자 데이터는 열이 됩니다. 앞에서는 데이터 하나만 사용하여 주요 지점들의 메뉴 아이템별 매출을 확인했습니다. 이번에는 데이터 두 개를 받아 주요 지점별 메뉴 아이템 주문 현황을 확인해 보겠습니다.

```
# reserv_no를 키로 예약, 주문 테이블 연결
df_f_join_1 <- inner_join(reservation_r, order_info_r, by = "reserv_no")

# item_id를 키로 df_f_join_1, 메뉴 정보 테이블 연결
df_f_join_2 <- inner_join(df_f_join_1, item_r, by = "item_id")

# 주요 지점만 선택
df_branch_items <- df_f_join_2 %>% filter(branch == "강남" | branch == "마포"
| branch == "서초")

# 교차 빈도표 생성
table(df_branch_items$branch, df_branch_items$product_name)
```

코드를 차례대로 실행하면 결과는 다음과 같습니다.

	JUICE	PASTA	PIZZA	SALAD	SALAD_BAR	SANDWICH	SEA_FOOD	SPECIAL_SET	STEAK	WINE
강남	2	4	5	2	3	2	4	13	12	5
마포	1	2	4	0	3	3	1	4	3	0
서초	1	5	2	1	2	1	0	2	5	0

부서를 행으로 하고 메뉴 아이템을 열로 하여 주문 빈도를 세는 교차 빈도표가 만들어졌습니다. 이 표로 전체 메뉴 아이템의 판매 개수와 현황을 파악할 수 있습니다. 역시 스테이크와 스페셜 세트 메뉴가 많이 판매된 것을 알 수 있습니다. 다만 교차 빈도표의 결과로도 현황을 알 수 있지만 한눈에 파악하기는 조금 어렵습니다.

이제 앞서 그린 교차 빈도표를 더 직관적으로 확인하고자 '지점별 메뉴 아이템의 주문 비율 누적 막대 그래프'를 그려 보겠습니다. 비율 누적 막대 그래프는 비교하고자 하는 대상 값을 전체 100으로 두고 구성 요소가 얼마큼 비율을 차지하는지 확인합니다. 상대적인 크기의 차이를 확인하기 좋은 그래프입니다.

① 데이터 처리하기

```
# 데이터 프레임 형태로 구조형 변환
df_branch_items_table <- as.data.frame(table(df_branch_items$branch, df_branch_items$product_name))

# 데이터 분석을 위해 데이터 가공
df_branch_items_percent <- df_branch_items_table %>%
    group_by(df_branch_items_table$Var1) %>%
    mutate(percent_items = Freq/sum(Freq) * 100) # 주문 비율을 계산해서 열 생성

head(df_branch_items_percent)                    # percent_items 열이 생성된 것을 확인
```

데이터 테이블로 변환하면 branch는 Var1, product_name은 Var2, 빈도는 Freq로 열 이름이 설정됩니다.

코드를 차례대로 실행하면 결과는 다음과 같습니다.

	Var1	Var2	Freq	`df_branch_items_table$Var1`	percent_items
	\<fct>	\<fct>	\<int>	\<fct>	\<dbl>
1	강남	JUICE	2	강남	3.85
2	마포	JUICE	1	마포	4.76
3	서초	JUICE	1	서초	5.26
4	강남	PASTA	4	강남	7.69
5	마포	PASTA	2	마포	9.52
6	서초	PASTA	5	서초	26.3

코드 풀이

비율 누적 막대 그래프를 그리기 위해 빈도 교차표를 데이터 프레임 형태로 변환합니다. group_by( ) 함수를 사용해서 아이템별로 그룹핑했고, mutate( ) 함수로 메뉴 아이템이 전체에서 차지하는 비율을 계산한 percent_items 열을 추가한 df_branch_items_percent를 생성했습니다.

② 데이터 그리기

```
# 누적 막대 그래프를 그려 gg 변수에 담음
gg <- ggplot(df_branch_items_percent, aes(x = Var1, y = percent_items,
group = Var1, fill = Var2)) +
    geom_bar(stat = "identity")

# 제목과 범례 이름 지정
gg <- gg +
    labs(title = "지점별 주문 건수 그래프", x = "지점", y = "메뉴 아이템 판매비
율", fill = "메뉴 아이템")
gg
```

코드를 차례대로 실행하면 지점별 아이템 주문 건수 비율 누적 막대 그래프가 그려집니다.

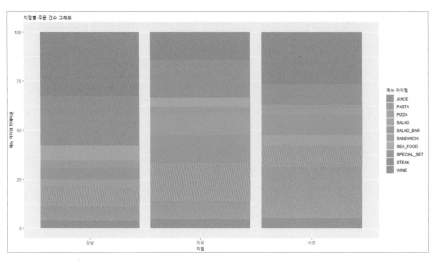

그림 9-6 | 지점별 아이템 주문 건수 비율 누적 막대 그래프

코드 풀이

막대 그래프를 만들어 gg 변수에 담은 후 타이틀과 축 제목, 범례를 붙여서 그래프를 그렸습니다.

분석 결과

결과를 확인해 보면 앞과는 다르게 강남, 마포, 서초 지점을 동일한 100% 비율로 놓고, 각 메뉴 아이템의 주문 비율을 확인하는 '지점별 메뉴 아이템 주문 건수 비율 누적 막대 그래프'가 그려진 것을 확인할 수 있습니다. 지점별 메뉴 아이템 주문 건수는 지점별로 구성 비율이 조금씩 다르지만, 역시 스테이크와 스페셜 세트 메뉴 아이템이 다수를 차지하고 있는 것을 알 수 있습니다.[3] 강남 지점에서는 와인의 주문 건수도 확인됩니다.

---

3   교차 빈도표를 응용하면 카이 제곱 검정 등 분석 기법을 사용하여 특정 항목 간 상관관계도 분석할 수 있습니다.

UNIT 04

RFM 분석: 우리 회사의 고객 현황은 어떨까?

R DATA ANALYSIS FOR EVERYONE

"지점별 매출과 메뉴 아이템 주문 현황을 파악했으니, 우리 회사의 고객 현황도 알아보아야겠지? 우리 회사는 오래된 기업이기 때문에 아마도 자주 방문하는 고객이 많을 것이고, 자주 방문하는 고객이 다수의 매출을 일으킬 것 같아. 다만 생각만으로 판단하는 것은 금물이니까 데이터로 확인해 보아야겠어. 어떤 분석 기법을 이용해야 할까? 그렇지, CRM 마케팅에서 많이 알려진 RFM 기법을 이용하면 될 것 같아."

RFM은 고객을 분류하고 관리하는 기법으로 CRM 마케팅에서 많이 활용합니다. RFM은 구매 최근성(Recency), 구매 빈도(Frequency), 구매 금액(Monetary)의 약어입니다. RFM으로 고객을 분류하면 다음 그림과 같이 큐브 형태의 프레임이 만들어집니다.

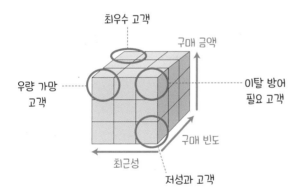

그림 9-7 | RFM 모형

예를 들어 최근성(R), 구매 금액(M), 구매 빈도(F)가 낮으면 저성과 고객으로 분류할 수 있습니다. 또 구매 금액은 높지만 최근성과 구매 빈도가 낮다면 이탈 방어 필요 고객으로 분류할 수 있습니다. 이처럼 RFM은 데이터를 분류하여 특징을 파악할 수 있는 기법입니다. 간단하면서도 직관적으로 고객을 분류할 수 있는 기법이기 때문에 CRM이나 고객 관리, 마케팅에서 많이 사용합니다.

우리도 멤버십을 기획할 수 있게 RFM 기법을 이용하여 고객 특성을 파악하고 분류해 보겠습니다. 이 책에서는 데이터 분석 편의를 위해 RFM 중 '방문 횟수' F(frequency=구매 빈도)와 '매출' M(monetary=구매 금액)만 이용해서 분석하겠습니다. 먼저 전체 고객의 F와 M을 확인해 보겠습니다.

가설: 우리 레스토랑은 여러 번 방문하는 고객이 다수이며 이들이 많은 매출을 일으킬 것이다.

```
# 테이블 조인
# reserv_no를 키로 예약, 주문 테이블 연결
df_rfm_join_1 <- inner_join(reservation_r, order_info_r, by = "reserv_no")

head(df_rfm_join_1)     # 조인된 테이블 확인

# A tibble: 6 x 11
  reserv_no  reserv_date reserv_time customer_id branch visitor_cnt cancel
order_no           item_id quantity  sales
  <chr>      <chr>       <chr>       <chr>       <chr>        <dbl> <chr>
<chr>              <chr>      <dbl>  <dbl>
1 2019082701 20190827    1800        W1340914    마포            2 N
190827547272110010 M0001         2  48000
2 2019082602 20190826    1200        W341658     동작            5 N
190826137302710010 M0010         5  30000
3 2019082601 20190826    1800        W1328993    강북            4 N
190826137192910010 M0005         4  140000
4 2019082501 20190825    1800        W1340463    용산            2 N
190825107839310010 M0008         2  20000
5 2019082401 20190824    1200        W1344912    강동            3 N
190824137844710010 M0006         3  75000
6 2019082301 20190823    1800        W1344753    영등포          2 N
190823107844510010 M0004         1  25000
```

고객 번호별로 방문 횟수(F)와 매출(M)을 정리해 보겠습니다.

```
# 고객 번호별 방문 횟수(F)와 매출(M) 정리
df_rfm_data <- df_rfm_join_1 %>%
    group_by(customer_id) %>%
    summarise(visit_sum = n_distinct(reserv_no), sales_sum = sum(sales) / 1000) %>%
    arrange(customer_id)


df_rfm_data       # 데이터 확인


# A tibble: 170 x 3
   customer_id visit_sum sales_sum
   <chr>           <int>     <dbl>
 1 W1327595            2       188
 2 W1327803            2       210
 3 W1328432            3       246
 4 W1328505            5       287
 5 W1328786            1        10
 6 W1328985            2       178
 7 W1328993            1       140
 8 W1329560            1        24
 9 W1329954            1        48
10 W1329962            2        48
# ... with 160 more rows


df_rfm_data       # 데이터 확인
# A tibble: 170 x 3
   customer_id visit_sum sales_sum
   <chr>           <int>     <dbl>
 1 W1327595            2       188
 2 W1327803            2       210
 3 W1328432            3       246
 4 W1328505            5       287
 5 W1328786            1        10
```

```
 6 W1328985              2      178
 7 W1328993              1      140
 8 W1329560              1       24
 9 W1329954              1       48
10 W1329962              2       48
# ... with 160 more rows
```

정리된 고객 번호별 RFM 데이터(df_rfm_data)의 요약 통계 값을 확인해 보겠습니다.

```
summary(df_rfm_data)      # df_rfm_data 요약 통계 값 확인


    customer_id        visit_sum          sales_sum
 Length:170         Min.   :1.000      Min.   :   6.00
 Class :character   1st Qu.:1.000      1st Qu.:  40.75
 Mode  :character   Median :1.000      Median :  100.00
                    Mean   :1.982      Mean   :  146.81
                    3rd Qu.:3.000      3rd Qu.:  192.00
                    Max.   :8.000      Max.   : 1006.00
```

데이터 구조상 예약 및 주문 완료 횟수가 방문 횟수(F, visit_sum)라고 생각할 수 있습니다. 방문 횟수(F, visit_sum)의 평균(mean)은 1.98이지만 중앙값(median)은 1인 것으로 확인됩니다. 즉, 한 번만 방문한 고객이 다수이며, 많이 방문한 고객은 상대적으로 소수임을 알 수 있습니다. 매출(M, sales_sum)의 평균은 146이고 중앙값은 100인 것도 확인할 수 있습니다. 역시 소액 매출 고객이 다수이며 고액 매출 고객은 상대적으로 소수인 것을 짐작할 수 있습니다. 매출 기준으로 좀 더 살펴보면 25%에 위치하는 1사분위수는 40.75이고 75%에 위치하는 3사분위수는 192인 것이 확인되며, 이상치도 다소 존재함을 확인할 수 있습니다. 정리해 보면 다음과 같습니다.

- 방문 횟수(F)는 한 번 방문 고객이 다수입니다. 전체 평균 방문은 2회(1.98회)입니다.
- 매출(M)은 소액 고객이 다수입니다. 전체 평균 매출은 14만 6000원입니다.

결과를 보니 여러 번 방문한 고객은 소수인 것으로 확인되어 가설이 맞지 않음을 알 수 있습니다. 내용을 상자 그림으로 그려 보겠습니다. 다음 코드를 실행하면 방문 횟수 상자 그림이 그려집니다.

```
# 상자 그림 그리기
ggplot(df_rfm_data, aes(x = "", y = visit_sum)) +
    geom_boxplot(width = 0.8, outlier.size = 2, outlier.colour = "red") +
    labs(title = "방문 횟수 상자그림", x = "빈도", y = "방문횟수")
```

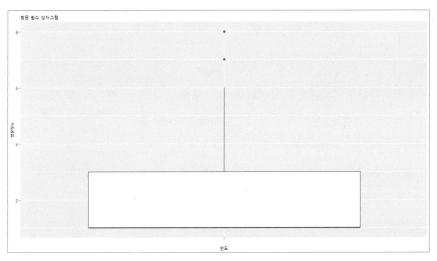

그림 9-8 | 방문 횟수 상자 그림

다음 코드를 실행하면 매출 상자 그림이 그려집니다.

```
ggplot(df_rfm_data, aes(x = "", y = sales_sum)) +
    geom_boxplot(width = 0.8, outlier.size = 2, outlier.colour = "red") +
    labs(title = "매출 상자그림", x = "매출", y = "금액")
```

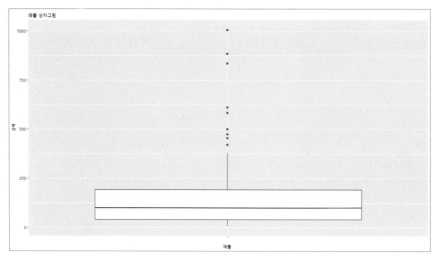

그림 9-9 | 매출 상자 그림

지금까지 현재 고객들의 F, M 현황을 확인했습니다. 멤버십 운영을 위해서는 현재 고객 현황을 분류해서 등급으로 나누는 것도 중요합니다. 멤버십 등급을 다양한 방법으로 나눌 수 있지만, 우리는 간단하게 100% 중 60%를 일반 고객, 30%를 우수 고객, 10%를 VIP 고객으로 분류하겠습니다.

이를 위해 60% 위치 값과 90% 위치 값을 알아야 합니다. 분위수 위치를 찾아내려면 quantile() 함수를 사용합니다. 방문 횟수의 60%와 90%에 해당하는 값을 찾아보겠습니다.

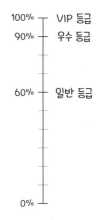

그림 9-10 | 멤버십 등급 구간 설정

```
# 방문 횟수 60%와 90%에 해당하는 분위수 찾기

quantile(df_rfm_data$visit_sum, probs = c(0.6, 0.9))


60% 90%
  2    4
```

매출의 60%와 90%에 해당하는 값도 찾아보겠습니다.

```
# 매출 60%와 90%에 해당하는 분위수 찾기
quantile(df_rfm_data$sales_sum, probs = c(0.6, 0.9))


  60%    90%
135.0 304.1
```

정리하면 다음 그림과 같습니다.

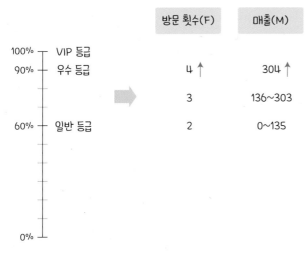

그림 9-11 | 멤버십 등급 구간과 구간 기준 데이터 값

만들어진 등급을 기준으로 우수 고객이 전체에서 차지하는 방문 횟수와 매출을 확인해 보겠습니다.

```
# 총 방문 횟수와 총 매출 합
total_sum_data <- df_rfm_data %>%
    summarise(t_visit_sum = sum(visit_sum), t_sales_sum = sum(sales_sum))
```

```
# 우수 고객 이상의 방문 횟수와 매출 합
loyalty_sum_data <- df_rfm_data %>%
    summarise(l_visit_sum = sum(ifelse(visit_sum > 2, visit_sum, 0)), l_
sales_sum = sum(ifelse(sales_sum > 135, sales_sum, 0)))
```

우수 등급 이상 기준인 방문
2초과이면 방문 횟수를 합니다.

우수 등급 이상 기준인 매출 135초과이면 매출을 합니다.

```
# 차지하는 비율 확인
loyalty_sum_data / total_sum_data
```

우수 등급 합 / 전체 등급 합

코드를 실행하면 다음과 같습니다.

```
  l_visit_sum l_sales_sum
1   0.5163205   0.7496093
```

코드 풀이

- 총 방문 횟수와 총 매출 합을 구한 total_sum_data를 만듭니다.
- 우수 고객이 전체에서 차지하는 비율을 구하기 위해 loyalty_sum_data를 만듭니다.
- (우수 고객 / 전체 고객) 식을 이용하여 우수 고객이 전체 고객 중에 차지하는 비율을 구합니다.

분석 결과

우수 등급 이상이 전체에서 차지하는 비중은 방문 횟수가 약 52%, 매출이 약 75%인 것을 알 수 있습니다. 즉, 상위의 소수 고객이 전체 비중에서 다수의 방문 횟수와 매출을 차지하고 있다는 것을 확인할 수 있습니다. 이것으로 우수 등급 이상의 고객이 중요하며 특별한 관리가 필요하다고 생각할 수 있습니다.

이로써 고객 등급 분류를 완료했습니다. 방문 횟수와 매출을 각각 세 등급으로 나누었기에 3×3 총 아홉 개로 분류해서 고객을 관리하거나 마케팅 활동, 멤버십 프로그램도 기획할 수 있습니다.

상관 분석: 스테이크와 와인은 관계가 있을까?

"크, 고객 다수가 자주 방문하고 그들이 다수의 매출을 일으킨다는 가설은 틀리고 말았어. 상위 매출의 소수 고객이 전체에서 다수의 방문 횟수와 매출을 차지하고 있다니, 상위 고객이 대단히 중요하잖아? 오히려 좋은 인사이트를 발굴한 것 같군! 멤버십 프로그램 기획에도 참고해야겠어. 상품적인 측면에서는 어떤 점을 알 수 있을까? 스테이크가 우리 회사의 주력 상품인 것은 확실히 알겠고……. 아 참! 강남 지점에서 스테이크 판매와 함께 와인 매출의 비중이 좀 있었지? 스테이크와 와인이라? 왠지 느낌이 오는데. 두 상품 간 상관관계를 확인해 보자."

상관 분석이란 A, B 두 비교 집단 간에 어떤 상관관계가 있는지 통계 기법으로 분석하는 방법입니다. 예를 들어 키와 몸무게의 관계, 학습 시간과 성적의 관계 등을 상관 분석으로 알아낼 수 있습니다. 상관관계는 크게 양의 상관관계, 음의 상관관계가 있습니다. 양의 상관관계는 A가 증가할 때 B도 증가하는 관계를 의미합니다. 예를 들어 '기온이 높아지면 아이스크림이 많이 팔린다'는 양의 상관관계입니다. 음의 상관관계는 A가 증가할 때 B는 감소하는 관계를 의미합니다. 예를 들어 자동차 무게가 무거울수록 연비가 감소하는 것은 음의 상관관계입니다.

상관관계에서 중요한 것이 상관 계수입니다. 상관 계수는 r로 표현하는데 A, B 간에 어떤 관계가 있는지 나타내는 수치입니다. 상관 계수는 −1에서 +1 사이의 값을 가지며, 0일 경우에는 A, B 간에 선형 상관관계가 없다는 의미입니다. 상관 계수는 0을 기준으로 −1로 갈수록 음의 상관관계가 많고 +1로 갈수록 양의 상관관계가 많다고 표현합니다. A, B 간 상관관계를 그림으로 그리면 다음과 같습니다.

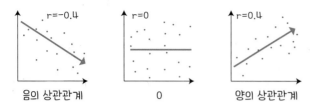

그림 9-12 | 양과 음의 상관관계

상관 계수에 대해 ±0.9 이상은 매우 높은 상관관계, ±0.7~±0.9 미만은 높은 상관관계, ±0.4~±0.7 미만은 다소 높은 상관관계, ±0.2~±0.4 미만은 낮은 상관관계, ±0.2 미만은 상관관계가 거의 없다고 해석합니다. 그림으로 그리면 다음과 같습니다.

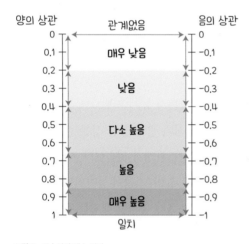

그림 9-13 | 상관 계수 의미

우리는 앞서 스테이크가 씨퀄에프엔비의 주력 메뉴 아이템인 것을 확인했습니다. 따라서 멤버십에 스테이크를 주력으로 하는 혜택과 프로모션이나 다른 상품을 끼워 팔거나 교차 판매(cross selling)하는 전략이 주효하다고 생각할 수 있습니다. 따라서 스테이크만큼 주력 제품은 아니지만 함께 판매할 수 있는 메뉴 아이템을 선정하여 멤버십 혜택에 넣는 것도 좋은 전략이 될 수 있습니다. 그중 하나로 와인(M0009)을 선정해서 스테이크와 와인의 매출에 대한 상관 분석을 진행해 보겠습니다. 스테이크와 와인을 동시에 주문한 경우 두 메뉴 아이템의 관계가 어떤지 알아보는 상관 분석입니다. 가설은 다음과 같습니다.[4]

---

4 귀무 가설과 대립 가설은 341쪽 '기초 통계 이론과 통계적 가설 검정'에서 자세히 설명했습니다.

- **귀무 가설(사실이라고 가정하는 상황, H0)**: 스테이크와 와인의 매출은 상관관계가 없다.
- **대립 가설(우리가 새로 검증하고 싶은 상황, H1)**: 스테이크와 와인의 매출은 상관관계가 있다.

①-1 데이터 처리하기: 동시 주문 건 찾기

먼저 스테이크와 와인을 동시 주문한 예약 번호만 찾아보겠습니다.

```r
# reserv_no를 키로 예약, 주문 테이블 연결
df_f_join_1 <- inner_join(reservation_r, order_info_r, by = "reserv_no")

# item_id를 키로 df_f_join_1, 메뉴 정보 테이블 연결
df_f_join_2 <- inner_join(df_f_join_1, item_r, by = "item_id")

target_item <- c("M0005", "M0009")                  # 스테이크와 와인

# 스테이크와 메뉴 아이템 동시 주문 여부 확인          item_id가 target_item 스테이크와 와인을 포함하는 경우
df_stime_order <- df_f_join_2 %>%
    filter((item_id %in% target_item)) %>%          # 스테이크나 와인을 주문한 경우 선택
    group_by(reserv_no) %>%                         # 예약 번호로 그룹화
    mutate(order_cnt = n()) %>%                     # 그룹화된 행 세기
    distinct(branch, reserv_no, order_cnt) %>%      # 중복 예약 번호는 하나만 출력
    filter(order_cnt == 2) %>%          # 2인 경우 선택(스테이크와 와인을 동시 주문한 경우)
    arrange(branch)

# 동시 주문인 경우의 예약 번호 데이터셋(12건)
df_stime_order
```

코드를 실행하면 다음과 같습니다.

```
                  ┌····· 동시 주문 건이 총 12개 확인됩니다.
# A tibble: 12 x 3
# Groups:   reserv_no [12]
   branch reserv_no   order_cnt
   <chr>  <chr>           <int>
 1 강남    2019123107         2 ····· 스테이크와 와인을 동시 주문한 경우는 2로 셉니다.
 2 강남    2019122901         2        단일 주문일 경우 1로 셉니다.
 3 강남    2019122801         2
 4 강동    2019122810         2
 5 광진    2019122804         2
 6 노원    2019112101         2
 7 동대문  2019091201         2
 8 동대문  2019122703         2
 9 동작    2019112102         2
10 양천    2019123006         2
11 영등포  2019122702         2
12 종로    2019120202         2
```

코드 풀이

스테이크와 와인을 동시 주문한 예약 번호만 찾아내는 코드입니다. 상관 분석하려는 메뉴 아이템은 스테이크와 와인이기 때문에 해당 건을 동시 주문한 경우만 찾아냅니다. %in% 연산자를 사용해서 스테이크(M0005)와 와인(M0009)을 주문한 예약 번호를 찾아낸 후 예약 번호로 그룹화하여 n() 함수로 행을 카운팅했습니다. 한 예약 번호에는 한 가지 메뉴 아이템만 포함되기에 동시 주문하지 않았다면 스테이크나 와인 중 1행만 카운팅될 것입니다. 동시에 주문했다면 스테이크와 와인 2행이 카운팅됩니다. 동시 주문한 예약 번호는 총 12건이 확인됩니다.

①-2 데이터 처리하기: 메뉴 아이템별 매출 계산

동시 주문한 예약 번호에 대해 메뉴 아이템별 매출을 계산해 보겠습니다.

```
# 동시 주문한 예약 번호만 담는 stime_order 변수 생성
stime_order_rsv_no <- df_stime_order$reserv_no ----- 예약 번호만 선택

# 동시 주문 예약 번호이면서 스테이크와 와인일 경우만 선택
df_stime_sales <- df_f_join_2 %>%
    filter((reserv_no %in% stime_order_rsv_no) & (item_id %in% target_item)) %>%
    group_by(reserv_no, product_name) %>%          # 예약 번호와 메뉴 아이템으로 그룹화
    summarise(sales_amt = sum(sales) / 1000) %>%    # 매출 합계 요약 계산
    arrange(product_name, reserv_no)                # 메뉴 아이템, 예약 번호 기준으로 정렬

# 동시 주문 12건이므로 매출 합계 24개 생성(스테이크+와인)
df_stime_sales
```

코드를 실행하면 다음과 같습니다.

```
# A tibble: 24 x 3
# Groups:   reserv_no [12]
   reserv_no    product_name sales_amt
   <chr>        <chr>            <dbl>
 1 2019091201   STEAK               70
 2 2019112101   STEAK              280
 3 2019112102   STEAK              280
 4 2019120202   STEAK              420
 5 2019122702   STEAK               70
 6 2019122703   STEAK               70
 7 2019122801   STEAK              175
 8 2019122804   STEAK               70
 9 2019122810   STEAK               70
10 2019122901   STEAK              140
# ... with 14 more rows
```

결과가 출력되었습니다. 만들어진 동시 주문 df_stime_sales 데이터셋을 상관 분석에 적합하게 steak와 wine 변수에 나누어 담아 보겠습니다.

```
steak <- df_stime_sales %>% filter(product_name == "STEAK")    # 스테이크 정보만 담음
wine <- df_stime_sales %>% filter(product_name == "WINE")     # 와인 정보만 담음
```

코드 풀이

동시 주문 건의 각 아이템별 매출 금액을 계산한 코드입니다. 찾아낸 동시 주문 예약 번호 stime_order 변수를 사용해서 예약 번호와 메뉴 아이템별로 매출 금액을 구합니다. 상관 분석을 위해 데이터 값도 오름차순으로 정렬합니다. steak와 wine 데이터셋이 만들어지고, steak$sales_amt, wine$sales_amt는 예약 번호별, 상품별 매출 금액 값이 요약됩니다. 동시 주문 12건은 다음 표와 같이 정리된다고 생각할 수 있습니다.

표 9-1 | 동시 주문 12건

순번	reserv_no	steak$sales_amt	wine$sales_amt
1	2019091201	70	16
2	2019112101	280	128
3	2019112102	280	64
4	2019120202	420	176
5	2019122702	70	16
6	2019122703	70	16
7	2019122801	175	40
8	2019122804	70	16
9	2019122810	70	16
10	2019122901	140	32
11	2019123006	35	8
12	2019123107	140	32

② 데이터 그리기

스테이크와 와인의 매출 상관도를 그려 보겠습니다.

```
plot(steak$sales_amt, wine$sales_amt)    # 스테이크와 와인의 매출 상관도 그리기
```

코드를 실행하면 다음 그림과 같은 그래프가 그려집니다.

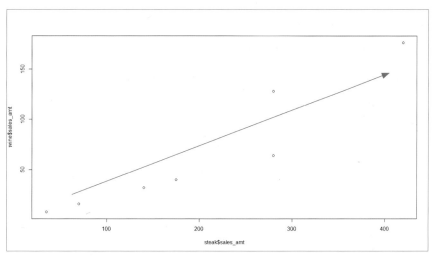

그림 9-14 | 스테이크와 와인의 매출 상관도

스테이크 매출이 증가하면 와인 매출도 증가하는 양의 상관관계를 갖는 산점도가 그려졌습니다(화살표는 양의 상관관계를 쉽게 알아볼 수 있도록 표시한 것입니다). 이렇게 그래프를 그려 봄으로써 전체 현황을 이해하고 분석 방향을 잡아 나갈 수 있습니다.

③ 상관 분석하기

이제 정리한 데이터를 사용하여 상관 분석을 할 차례입니다. 상관 분석에는 cor.test( ) 함수를 사용합니다.

```
cor.test(steak$sales_amt, wine$sales_amt)        # 상관관계 확인

Pearson's product-moment correlation

data:  steak$sales_amt and wine$sales_amt
t = 9.5423, df = 10, p-value = 2.438e-06 ----- 유의 확률 0.000002438
alternative hypothesis: true correlation is not equal to 0
95 percent confidence interval:
 0.8244838 0.9859970
sample estimates:
     cor
0.9492339 ----- 상관 계수 0.949
```

코드 풀이

cor.test( ) 함수를 사용해서 상관 분석을 실시합니다. p-value = 2.438e-06(2.438×10^{-6}, 0.000002438)으로 유의 확률이 유의 수준 5%보다 작으므로 '스테이크와 와인 매출은 상관 관계가 없다'는 귀무 가설을 기각하고 '스테이크와 와인 매출은 상관관계가 있다'는 대립 가설을 채택합니다.

분석 결과

상관 분석 결과, 상관 계수는 0.949로 스테이크 매출과 와인 매출은 매우 높은 양의 상관관계가 있다는 것을 확인했습니다. 즉, '스테이크 판매가 증가할 때 와인 판매도 증가했다'고 해석할 수 있습니다. 이로써 주력 제품인 스테이크를 판매할 때 비주력이지만 높은 매출 상관도를 지닌 와인을 멤버십 혜택이나 프로모션으로 포함하는 것을 생각해 볼 수 있습니다.

상관 분석과 UNIT 06에서 다룰 의사 결정 나무는 기술 통계와 추론 통계를 모두 포함하므로 다소 어렵게 느껴질 수 있습니다. 어쩌면 당연한 것으로 한 번에 이해하지 못해도 괜찮습니다. 여러 번 진행하고 생각하면 '아, 그렇구나' 하고 감이 올 것입니다. 여기까지 따라온 것만으로도 여러분은 이미 데이터 분석의 많은 부분을 습득한 것입니다. 자, 이제 마지막으로 달려가겠습니다. "고진감래(苦盡甘來)"랬죠. 미리 말해 두지만 앞보다 조금은 더 복잡할 것입니다. 하지만 좀 더 의미 있는 것들을 찾아낼 수 있을 것입니다.

UNIT 06 의사 결정 나무: 어떤 고객이 스테이크를 주문할까?

R DATA ANALYSIS FOR EVERYONE

"역시! 스테이크와 와인은 높은 상관관계가 있었어. 지금까지 스테이크를 판매할 때 와인을 같이 판매할 생각을 왜 못했을까? 멤버십 프로그램에 포함하는 것을 고민해 보아야겠군. 스테이크가 중요한 메뉴 아이템이니까 스테이크를 어떤 고객들이 주문하는지 확인해야겠다. 하지만 스테이크를 주문하는 고객의 경우의 수를 모두 나열해서 분류하는 일은 너무 힘든 작업일 것 같아. 어떻게 해야 할까? 옳지! 의사 결정 항목을 통계적으로 분류해 주는 의사 결정 나무를 이용해서 어떤 고객들이 주문하는지 알아보자."

의사 결정 나무란 분류 및 예측을 위한 대표적인 데이터 마이닝 기법입니다. 의사 결정 과정이 마치 나뭇가지 구조와 비슷한 형태이기 때문에 의사 결정 나무라고 합니다. 의사 결정 나무는 다음 그림과 같이 마치 스무고개하듯이 데이터를 분류한다는 점에서 유사합니다(카드 발급 심사 예시).

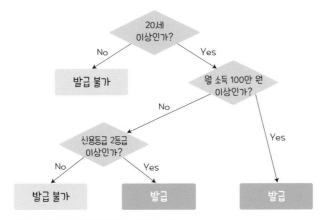

그림 9-15 | 카드 발급 예시의 의사 결정 나무 원리

의사 결정 나무는 이미 정해진 의사 결정 규칙(decision rule)을 적용하기보다는 주어진 데이터를 사용해서 의사 결정 규칙을 나무 형태(분기, 노드(node))로 분류해 나간다는 차이가 있습니다. 즉, 데이터를 최적의 형태로 분류해 주는 것이 의사 결정 나무입니다. 의사 결정 나무는 구조가 간단하고 직관적이며 이해하기 쉽기 때문에 대표적인 지도 학습[5] 데이터 마이닝 기법으로 자리 잡았습니다.

의사 결정 나무를 사용하려면 의사 결정을 판단할 데이터와 결과 데이터가 있어야 합니다. 전자를 종속 변수의 원인이 되는 '독립 변수'라고 하며, 후자를 독립 변수로 결정된 '종속 변수'라고 합니다.[6] 쉽게 말하면 이미 일어난 일들을 정리해서 독립 변수와 종속 변수로 구분하고, 이에 대해 의사 결정 나무 분석 기법을 적용해서 어떤 독립 변수가 얼마큼의 영향력(분류)으로 종속 변수에 영향을 주었는지 확인하는 기법입니다. 예를 들어 어떤 회사 고객의 이탈 분류 모델에서 독립 변수와 종속 변수는 다음 그림과 같이 사용할 수 있습니다.

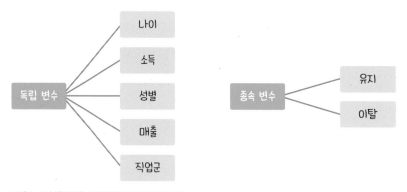

그림 9-16 | 이탈 분류 모델에서 독립 변수와 종속 변수

독립 변수인 나이, 소득, 성별, 매출, 직업군이 종속 변수인 유지와 이탈에 얼마큼 영향을 주었는지 알고자 할 때 사용할 수 있는 예시입니다.

UNIT 06에서는 의사 결정 나무 기법을 이용하여 어떤 고객들이 스테이크를 구입하는지 알아보겠습니다. 독립 변수로 고객의 남녀 성별 정보, 방문 횟수, 총 방문객 수, 매출을 사용하고 종속 변수로 스테이크 주문 여부를 사용하겠습니다. 즉, 독립 변수들이 스테이크 주문에 얼마큼 영향을 주는지 알아보는 분석입니다. 종속 변수와 독립 변수 데이터셋을 따로 만든

---

5 데이터 학습을 이용하여 추론하는 모델을 얻는 기법을 의미합니다.
6 독립 변수와 종속 변수를 설명 변수와 반응 변수라고도 합니다.

후, 하나의 데이터셋으로 합쳐서 의사 결정 나무 기법을 적용하기 위한 최종 데이터셋으로 사용하겠습니다. 지금부터는 그 과정입니다.

①-1 데이터 처리하기: 고객별 스테이크 주문 여부(종속 변수 생성)

종속 변수를 만들어 보겠습니다.

```
# 고객별 스테이크 주문 여부 확인
# (A) 모든 고객의 예약 번호 데이터셋 생성
df_rsv_customer <- reservation_r %>%
select(customer_id, reserv_no) %>%      # 고객별 모든 예약 번호 선택
    arrange(customer_id, reserv_no)

head(df_rsv_customer)                    # 고객별 예약 번호 확인
```

코드를 실행하면 다음과 같습니다.

```
# A tibble: 6 x 2
# Groups:    customer_id [3]
  customer_id reserv_no
  <chr>       <chr>
1 W1327595    2019061801
2 W1327595    2019071801
3 W1327803    2019060301
4 W1327803    2019091506
5 W1328432    2019060601
6 W1328432    2019060701
```

고객별로 예약 번호를 그룹화

고객별 예약 번호가 생성된 것을 확인할 수 있습니다.[7] 다음은 스테이크를 주문한 예약 번호 데이터셋을 만들어 보겠습니다.

---

7   총 182명에 대해 생성됩니다.

```
# (B) 스테이크 주문 예약 번호 데이터셋 생성
df_steak_order_rsv_no <- order_info_r %>%
    filter(item_id == "M0005") %>%          # 스테이크 주문이면
    mutate(steak_order = "Y") %>%           # steak_order 열 데이터를 'Y'로 만듦
    arrange(reserv_no)

head(df_steak_order_rsv_no)                 # 데이터셋 확인
```

코드를 실행하면 다음과 같습니다.

```
                                    주문 예약 번호가 스테이크(M0005)인 경우
                                    'Y' 값을 갖는 steak_order 열을 생성
# A tibble: 6 x 6
  order_no            item_id reserv_no  quantity  sales  steak_order
  <chr>               <chr>   <chr>         <dbl>  <dbl>  <chr>
1 190603578341100100  M0005   2019060301        4 140000 Y
2 190606607189610010  M0005   2019060601        4 140000 Y
3 190616137200510010  M0005   2019061601        3 105000 Y
4 190708517202310010  M0005   2019070801        2  70000 Y
5 190710578348100100  M0005   2019071002        3 105000 Y
6 190718107186310010  M0005   2019071801        4 140000 Y
# ... with 1 more variable: steak_order <chr>
```

이제 예약 번호에 스테이크 주문 여부를 붙일 차례입니다.

```
# 고객의 모든 예약 번호(A)에 대해 스테이크 주문한 예약 번호(B)를 레프트 조인
df_steak_order_1 <- left_join(df_rsv_customer, df_steak_order_rsv_no, by =
"reserv_no") %>%                            ifelse(조건식, TRUE일 때 값, FALSE일 때 값)
    group_by(customer_id) %>%               # 고객 번호로 그룹화하여(182명)
    mutate(steak_order = ifelse(is.na(steak_order), "N", "Y")) %>%
                                            steak_order가 NA인지 여부,
    # 주문 여부가 NA이면 N, Y이면 Y로 바꿈       NA이면 TRUE를 반환하고 아니면 FALSE를 반환
    summarise(steak_order = max(steak_order)) %>%   # 최댓값만 취함
                            최댓값을 구하는 함수
```

```
        arrange(customer_id)

# 최종 정리된 고객별 스테이크 주문 여부
df_dpd_var <- df_steak_order_1

# 종속 변수, 최종 고객 182명의 스테이크 주문 여부 결과 확인
df_dpd_var
```

정리된 종속 변수 내용은 다음과 같습니다.

```
# A tibble: 182 x 2
   customer_id steak_order
   <chr>       <chr>
 1 W1327595    Y
 2 W1327803    Y
 3 W1328432    Y
 4 W1328505    N
 5 W1328786    N
 6 W1328985    Y
 7 W1328993    Y
 8 W1329560    N
 9 W1329954    N
10 W1329962    N
# ... with 172 more rows
```

코드 풀이

- 모든 주문 고객의 예약 번호 데이터셋을 생성해서 df_rsv_customer 변수에 담습니다. (A)

- 스테이크 주문 예약 번호 데이터셋을 생성해서 df_steak_order_rsv_no 변수에 담습니다. (B)

- 고객의 모든 예약 번호(A)에 대해 스테이크를 주문한 예약 번호(B)를 레프트 조인합니

다. 왼쪽 데이터셋을 기준으로 모두 출력하는 레프트 조인을 했기 때문에 예약 번호(A)에 대해 reserv_no로 조인되지 않으면 steak_order는 'NA'로 출력됩니다. 즉, 스테이크를 주문한 주문 예약 번호는 steak_order 항목이 'Y'가 되고, 주문하지 않은 주문 예약 번호는 steak_order가 'NA'가 됩니다. 이후 steak_order가 NA라면 ifelse()와 is.na() 함수를 사용하여 'N'으로 바꿉니다. 우리가 알고자 하는 것은 고객별로 한 번이라도 스테이크를 주문했는지 여부이기에 max() 함수를 사용해서 steak_order에 Y가 있다면 Y만 선택하고, 아니라면 N 하나만 선택합니다. 최종적으로 결과를 종속 변수로 사용하는 df_dpd_var 변수에 담습니다.

df_rsv_customer

customer_id	reserv_no
W1327595	2019061801
W1327595	2019071801
W1327803	2019060301
W1327803	2019091506
W1328432	2019060601
W1328432	2019060701
W1328432	2019070702
W1328505	2019062201

df_steak_order_rsv_no

reserv_no	quantity	sales	steak_order
			NA
			NA
2019060301	4	140000	Y
2019060601	4	140000	Y
2019061601	3	105000	Y
2019070801	2	70000	Y
2019071002	3	105000	Y
2019071801	4	140000	Y

조인 대상이 없기 때문에 steak_order는 'NA'가 됩니다. 최종적으로는 N으로 처리됩니다.

그림 9-17 | 고객의 모든 예약 번호(A)에 대해 스테이크 주문한 예약 번호(B)를 레프트 조인

①-2 데이터 처리하기: 고객의 성별, 방문 횟수, 방문객 수, 매출 요약하기(독립 변수 생성)

이제 독립 변수를 만들어 보겠습니다.

```
# 결측치 제거
df_customer <- customer_r %>% filter(!is.na(sex_code))
# 성별이 없으면(NA) 고객 번호 제거          ......성별 정보(sex_code)가 NA가 아니라면(!)
```

```
# 고객 테이블과 예약 테이블 customer_id를 키로 이너 조인
df_table_join_1 <- inner_join(df_customer, reservation_r, by = "customer_id")

# df_table_join_1과 주문 테이블의 reserv_no를 키로 이너 조인
df_table_join_2 <- inner_join(df_table_join_1, order_info_r, by = "reserv_no")

str(df_table_join_2)        # df_table_join_2 테이블 구조 확인
```

코드를 실행하면 다음과 같습니다.

```
tibble [322 x 19] (S3: tbl_df/tbl/data.frame)
 $ customer_id  : chr [1:322] "W1346506" "W1347648" "W1347756" "W1347984" ...
 $ customer_name : chr [1:322] "고객71" "고객72" "고객73" "고객74" ...
 $ phone_number  : chr [1:322] "010-1111-1181" "010-1111-1182" "010-1111-1183"
 "010-1111-1184" ...
 $ email         : chr [1:322] "scust71@sfnb.co.kr" "scust72@sfnb.co.kr"
 "scust73@sfnb.co.kr" "scust74@sfnb.co.kr" ...
 $ first_reg_date: chr [1:322] "19/09/01" "19/09/04" "19/09/05" "19/09/06" ...
 ... 생략 ...
```

테이블이 잘 조인된 것을 확인할 수 있습니다. 이제 고객별 성별, 방문 횟수, 방문객 수, 매출 값을 담은 독립 변수를 만들 차례입니다.

```
                                          분석에 필요한 열만 그룹핑해서 정리합니다.
# 고객 정보, 성별 정보와 방문 횟수, 방문객 수, 매출 합을 요약(코드 풀이에서 자세히 설명)
df_table_join_3 <- df_table_join_2 %>%
    group_by(customer_id, sex_code, reserv_no, visitor_cnt) %>%   # ⓐ
    summarise(sales_sum = sum(sales)) %>%
    group_by(customer_id, sex_code) %>%                           # ⓑ
```

```
    summarise(visit_sum = n_distinct(reserv_no), visitor_sum = sum(visitor_
cnt), sales_sum = sum(sales_sum) / 1000) %>%                      # ⓒ
    arrange(customer_id)
```

⌙┄┄┄ 중복이 아닌 값을 카운팅하는 함수입니다.
여기에서는 중복이 아닌 주문 예약 번호를 셉니다.
즉, 방문 횟수라고 생각할 수 있습니다.

```
df_idp_var <- df_table_join_3      # 독립 변수


df_idp_var                         # 독립 변수 확인(142행)
```

정리된 독립 변수 내용은 다음과 같습니다.

```
# A tibble: 142 x 5
# Groups:   customer_id [142]
   customer_id sex_code visit_sum visitor_sum sales_sum
   <chr>       <chr>        <int>       <dbl>     <dbl>
 1 W1327595    M                2           6       188
 2 W1327803    M                2           6       210
 3 W1328432    M                3          12       246
 4 W1328505    F                5          15       287
 5 W1328786    M                1           1        10
 6 W1328985    M                2           6       178
 7 W1328993    F                1           4       140
 8 W1329560    M                1           2        24
 9 W1329954    M                1           2        48
10 W1329962    M                2           4        48
# ... with 132 more rows
```

코드 풀이

- 고객 정보 테이블(customer_r)에서 성별 결측치, 즉 성별이 없는 경우를 제거한 df_
  customer를 만듭니다.[8]

---

8 데이터 분석을 할 경우 결측치는 지금처럼 제거할 수도 있고, 평균값이나 중앙값으로 대체하기도 합니다.

- df_customer와 예약 테이블, 주문 테이블을 이너 조인합니다.
- 고객별 성별, 방문 횟수, 방문객 수, 매출 값을 담은 df_table_join_3 데이터셋을 만듭니다. 최종적으로 독립 변수로 사용할 df_idp_var 변수에 담습니다. df_idp_var 변수를 만드는 과정을 자세히 살펴보면 다음과 같습니다.

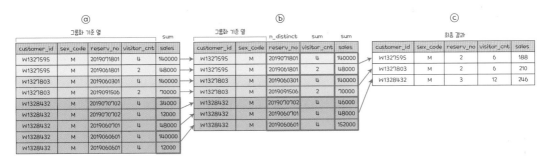

그림 9-18 | 고객 번호별 성별 정보, 방문 횟수, 방문객 수, 매출 합을 요약

①-3 데이터 처리하기: 최종 정리

이제 독립 변수와 종속 변수를 합쳐서 최종 정리해 보겠습니다.

```
# 독립 변수 데이터셋(①-2)에 종속 변수 데이터셋(①-1) 이너 조인
df_final_data <- inner_join(df_idp_var, df_dpd_var, by = "customer_id")


# 의사 결정 나무 함수를 사용하려고 열 구조를 팩터형으로 바꿈
df_final_data$sex_code <- as.factor(df_final_data$sex_code)
df_final_data$steak_order <- as.factor(df_final_data$steak_order)


df_final_data <- df_final_data[, c(2:6)]      # 의사 결정 나무에 필요한 열만 선택
df_final_data                                 # 최종 분석용 데이터셋 확인
```

입력한 코드 전체를 블록으로 선택하고 Ctrl + Enter 를 눌러 실행합니다.

```
# A tibble: 142 x 5
   sex_code visit_sum visitor_sum sales_sum steak_order
   <fct>        <int>       <dbl>     <dbl> <fct>
 1 M                2           6       188 Y
 2 M                2           6       210 Y
 3 M                3          12       246 Y
 4 F                5          15       287 N
 5 M                1           1        10 N
 6 M                2           6       178 Y
 7 F                1           4       140 Y
 8 M                1           2        24 N
 9 M                1           2        48 N
10 M                2           4        48 N
# ... with 132 more rows
```

코드 풀이

- df_idp_var과 스테이크 주문 데이터셋인 df_dpd_var을 customer_id를 키로 이너 조인합니다. 그리고 df_final_data 변수에 담습니다.
- 의사 결정 나무 분석을 위해 명목형 값을 갖는 sex_code 열과 steak_order 열을 팩터형 데이터 구조로 변환하고 분석에 사용할 2~6열만 선택합니다.
- 최종적으로 의사 결정 나무 분석을 위한 df_final_data 데이터셋이 만들어집니다.

의사 결정 나무 분석을 위한 데이터가 준비되었습니다.

② 의사 결정 나무 분석

먼저 의사 결정 나무 분석에 사용할 패키지와 함수를 알아보겠습니다. 정리하면 다음 표와 같습니다.

표 9-2 | 의사 결정 나무 분석을 하는 데 필요한 설치 패키지들

패키지	함수	설명
caret		예측 모델과 머신 러닝을 위한 다양한 함수를 제공하는 패키지
	createDataPartition()	훈련과 실험 등으로 데이터셋을 나누는 함수
	confusionMatrix()	예측 통계를 사용하여 관측 값들의 교차표를 생성하고 모델 정확도와 각종 지표를 계산하는 함수
e1071		R에서 SVM(Support Vector Machine)을 사용하기 위한 패키지
rpart		의사 결정 나무를 만드는 패키지
rattle		데이터 마이닝 패키지, GUI 환경 제공
	fancyRpartPlot()	rpart 의사 결정 나무를 깔끔하고 풍부하게 그리는 함수
stat	predict()	모델을 예측하는 함수

이 패키지들을 사용해서 의사 결정 나무 분석을 진행하겠습니다.

필요한 패키지를 설치하고 데이터 분석을 위한 코딩을 시작할 것입니다. 패키지를 총 세 개 추가로 설치합니다(각 패키지가 어떤 역할을 하는지는 표 9-2를 참고하세요).

```
install.packages("rpart")      # rpart 패키지 설치

WARNING: Rtools is required to build R packages but is not currently in-
stalled. Please download and install the appropriate version of Rtools
before proceeding:
... 생략 ...

library(rpart)                 # 패키지 로딩

install.packages("caret")      # caret 패키지 설치

WARNING: Rtools is required to build R packages but is not currently in-
stalled. Please download and install the appropriate version of Rtools
before proceeding:
... 생략 ...
```

```
library(caret)                    # 패키지 로딩
install.packages("e1071")         # 패키지 설치
WARNING: Rtools is required to build R packages but is not currently in-
stalled. Please download and install the appropriate version of Rtools
before proceeding:
... 생략 ...


library(e1071)                    # 패키지 로딩
```

패키지를 모두 설치하고 로드했다면 이제 다음 코드를 입력합니다.

```
# 난수를 생성할 때 계속 무작위수를 생성하지 않고 1만 번대 값을 고정으로 가져옴
set.seed(10000)
```
데이터 나누기 함수입니다. df_final_data의 steak_order
열을 기준으로 80%의 행 데이터를 나눕니다.
list = FALSE는 리스트 구조로 출력하지 않겠다는 의미입니다.

```
# 80% 데이터는 train을 위해 준비하고, 20% 데이터는 test를 위해 준비함
train_data <- createDataPartition(y = df_final_data$steak_order, p = 0.8,
list = FALSE)
train <- df_final_data[train_data, ]
test <- df_final_data[-train_data, ]
```
훈련 데이터셋을 제외한 데이터입니다.
즉, 80% 외 20%를 의미합니다.

```
# rpart를 사용해서 의사 결정 나무 생성
decision_tree <- rpart(steak_order~., data = train)


# decision_tree 내용 확인
decision_tree
```

코드를 실행하면 다음과 같습니다.

```
      n = 115 ······ 훈련 데이터는 142개 중 115개(약 80%)


node), split, n, loss, yval, (yprob)
      * denotes terminal node
                    ······ 1번 노드, 115개 중에서 N 값이라면 44개를 설명할 수 없음(즉, Y가 44개)
 1) root 115 44 N (0.61739130 0.38260870)
   2) sales_sum< 55.5 37  2 N (0.94594595 0.05405405) *
  3) sales_sum>=55.5 78 36 Y (0.46153846 0.53846154)
     6) sales_sum< 173 45 18 N (0.60000000 0.40000000)
      12) visitor_sum>=5.5 19  1 N (0.94736842 0.05263158) *
      13) visitor_sum< 5.5 26  9 Y (0.34615385 0.65384615) *
     7) sales_sum>=173 33  9 Y (0.27272727 0.72727273)
      14) visit_sum< 1.5 9  4 N (0.55555556 0.44444444) *
      15) visit_sum>=1.5 24  4 Y (0.16666667 0.83333333) *
 3번 노드, sales_sum이 55.5 이상인 것이 78개 있고 Y일 때 이 중에 설명할 수 없는 것은 36개(N)
 2번 노드, sales_sum이 55.5보다 작은 것이 37개 있고 N일 때 이 중에 설명할 수 없는 것은 2개(Y)
```

의사 결정 모델이 만들어졌습니다.[9] 만들어진 모델의 정확도를 확인해 보겠습니다.

```
                  ······ 모델 예측 함수
predicted <- predict(decision_tree, test, type = 'class')
confusionMatrix(predicted, test$steak_order)
        ······ 모델 교차표와 정확도를 확인하는 함수
```

코드를 실행하면 다음과 같이 나옵니다.

---

9 이 의사 결정 나무 모델은 뒤에서 좀 더 쉽게 이해할 수 있도록 다시 그림으로 그리므로 이해가 어렵다면 넘어가도 좋습니다.

```
Confusion Matrix and Statistics

          Reference
Prediction  N  Y
         N 14  1
         Y  3  9

              Accuracy : 0.8519 ······ 분류 정확도 85%
                95% CI : (0.6627, 0.9581)
   No Information Rate : 0.6296
   P-Value [Acc > NIR] : 0.01066

                 Kappa : 0.6949

Mcnemar's Test P-Value : 0.61708

           Sensitivity : 0.8235
           Specificity : 0.9000
        Pos Pred Value : 0.9333
        Neg Pred Value : 0.7500
            Prevalence : 0.6296
        Detection Rate : 0.5185
  Detection Prevalence : 0.5556
     Balanced Accuracy : 0.8618

      'Positive' Class : N
```

의사 결정 나무 모델의 정확도는 85%로 계산되었습니다.[10]

---

10 의사 결정 나무 모델은 정교화를 위해 가지치기(pruning) 작업이란 것을 수행해야 하지만 이 책에서는 생략합니다.

지금까지 과정을 정리하면 다음 그림과 같습니다.

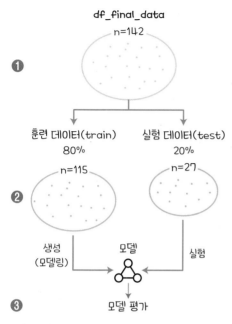

그림 9-19 | 의사 결정 나무 모델의 과정

❶ 의사 결정 나무 분석을 위해 독립 변수와 종속 변수를 포함하는 df_final_data 데이터셋을 만들었습니다.

❷ df_final_data에서 훈련 데이터 80%로 의사 분석 나무 모델을 만들었습니다.

❸ 실험 데이터 20%로 모델을 평가했고, 정확도는 85%로 계산되었습니다.

그럼 이번에는 만들어진 의사 결정 나무 decision_tree의 내용을 그려 보겠습니다.

```
plot(decision_tree, margin = 0.1)    # 의사 결정 나무 그리기
text(decision_tree)                  # 의사 결정 나무 텍스트 쓰기
```

코드를 실행하면 다음 그림과 같은 나무 그래프가 그려집니다.

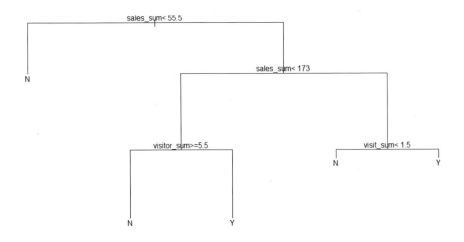

decision_tree 의사 결정 나무가 그려졌습니다. sales_sum < 55.5를 설명하면 다음과 같습니다. sales_sum < 55.5를 기준으로 N으로 나뉘는 노드(node)(분기)와 sales_sum < 173 로 다시 나누는 노드가 있다는 의미입니다. 그려진 그림은 decision_tree 결과를 시각적으로 확인할 수 있어 좀 더 알아보기 쉽지만, 그림이 투박하고 정보량이 풍부하지 못해 여전히 이해하기가 쉽지 않습니다. rattle 패키지를 이용해서 decision_tree 모델을 좀 더 깔끔하고 직관적으로 그려 보겠습니다. rattle 패키지를 설치하세요.

```
install.packages("rattle")      # 패키지 설치

WARNING: Rtools is required to build R packages but is not currently in-
stalled. Please download and install the appropriate version of Rtools
before proceeding:
... 생략 ...

library(rattle)                 # 패키지 로딩
```

그래프를 그릴 때는 rattle 패키지의 fancyRpartPlot( ) 함수를 사용합니다.

```
fancyRpartPlot(decision_tree)      # 의사 결정 나무 깔끔하게 그리기
```

코드를 실행하면 깔끔한 의사 결정 나무 그래프가 그려집니다.

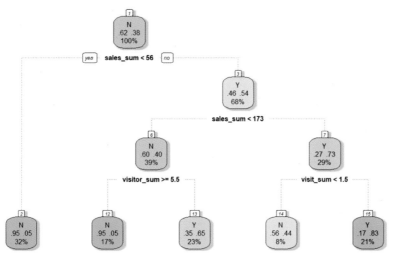

그림 9-21 | 좀 더 깔끔한 의사 결정 나무 그래프

앞서 살펴본 decision_tree 내용이 훨씬 보기 좋게 그려졌습니다. 마치 나뭇가지와 같은 모양입니다. 1번 노드를 중심으로 자세히 확인해 보겠습니다.

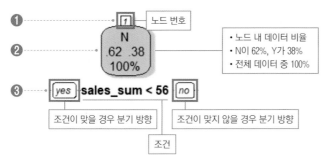

그림 9-22 | 1번 노드 모습

❶ 노드 번호입니다. 분기가 있을 때마다 생성됩니다. 1번 노드는 루트(root) 노드라고도 합니다.

❷ 노드 성질입니다. 노드 데이터에 N이 과반수(62%)이기 때문에 1번 노드는 N으로 표현됩니다. 100%는 전체 데이터에서 해당 노드가 차지하는 비율을 가리킵니다. 1번 노드는 최상위 노드이기 때문에 100%입니다.

❸ 분기 조건입니다. 조건이 주어지고 yes 분기 방향과 no 분기 방향으로 이동해서 또 다른 노드가 만들어집니다.

분류 결과에 따라 각 노드의 색상이 짙어지거나 옅어지는 것도 확인할 수 있습니다.

분석 결과

우리가 확인하고자 하는 것은 스테이크를 구매한 고객들의 특성입니다. 스테이크 구매는 Y이기 때문에 Y 노드를 확인해 보겠습니다.

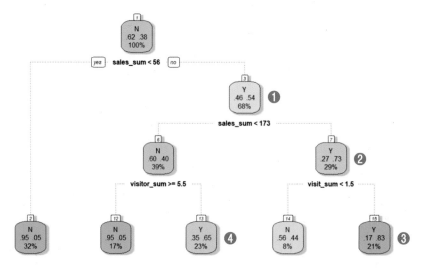

그림 9-23 | Y 노드 확인

❶ 3번 노드는 sales_sum < 56가 no일 때, 즉 매출이 5만 6000보다 클 때 분기됩니다. 스테이크를 주문한 고객의 매출 정도를 알 수 있습니다. 노드는 sales_sum < 173 조건으로 다시 나뉩니다(추가로 2번 노드를 확인해 보면 매출이 5만 6000 미만 고객은 스테이크 주문이 많이 없었던 것을 알 수 있습니다).

❷ 7번 노드는 sales_sum < 173가 no일 때, 즉 매출이 17만 3000 이상일 때 분기됩니다. **스테이크를 주문한 고객은 RFM 분석을 할 때 확인한 전체 고객의 평균 매출 146과 비교했을 경우, 평균보다 높은 매출의 고객들임을 알 수 있습니다.** 스테이크 가격이 다소 높기 때문에 어느 정도 소비력이 있는 고객들일 가능성을 생각할 수 있습니다.

❸ 15번 노드는 visit_sum < 1.5가 no일 때 분기됩니다. 즉, 방문 횟수가 1.5 이상이라는 의미입니다. **스테이크를 주문한 고객은 RFM 분석을 할 때 확인한 전체 고객의 평균 방문 횟수 1.98과 비교했을 경우, 평균 방문 횟수보다 낮은 방문 횟수의 고객들임을 알 수 있습니다.** 음식 특성상 데일리 푸드라기보다는 이벤트 데이 푸드였을 가능성이 있습니다.

❹ 13번 노드는 sales_sum < 173가 yes이지만, visitor_sum >= 5.5는 no인 고객, 즉 매출 합은 17만 3000보다 적고 방문객 수는 5.5 미만입니다. **매출이 어느 정도의 구간에 들지만 동반 방문객이 많지 않을 때 스테이크를 주문한 경우가 있었습니다.** 가격에 민감한 이벤트성 주문이었을 가능성도 생각해 볼 수 있습니다.

UNIT 07

분석 결론:
최종 멤버십 프로그램 결정

R DATA ANALYSIS FOR EVERYONE

첫 멤버십 론칭 미팅 후 몇 주가 지나 A 회의실에 김힘찬 부장과 최분석 과장, 김아루 과장이 함께 모였습니다. 김아루 과장이 먼저 입을 뗍니다.

"지금까지 분석한 결과와 멤버십 프로그램을 말씀 드리고자 합니다."

"오, 말해 보게. 기대되는데!"

김아루 과장이 자신 있게 말합니다.

"지금까지 분석 결과를 정리하면 다음 표와 같습니다."

표 9-3 | 최종 분석 결과

분석 방법	분석 결과
탐색적 데이터 분석 (7~8장)	전체 매출은 연말로 갈수록 높아진다.
	전체 매출 중 스테이크와 스페셜 세트 메뉴의 매출 비중이 과반수다.
	전체 매출 중 스테이크와 스페셜 세트 메뉴의 매출 최댓값이 가장 높다.
	전체 매장 중 강남 지점의 매출이 가장 높다.
빈도 분석, 교차 분석	전체 예약 건과 예약 완료 건 비율이 유사하다.
	주요 지점들의 메뉴 아이템 매출 구성이 비슷하다.
RFM 분석	한 번 방문한 고객이 다수고, 우수 등급 이상 고객의 방문 및 매출 기여도가 높다.
상관 분석	스테이크와 와인은 높은 양의 상관관계가 있다.
의사 결정 나무 분석	스테이크를 주문한 고객은 전체 평균 매출보다 높은 매출의 고객이다.
	스테이크를 주문한 고객의 방문 횟수는 오히려 전체 평균 방문 횟수보다 낮다.

- 7장과 8장 데이터 분석으로 씨퀄에프엔비의 주력 상품은 스테이크와 스페셜 세트 메뉴인 것을 알 수 있었습니다. 연말로 갈수록 매출이 높아진다는 것은 계절성을 지닌 상품일 수 있습니다(7장과 8장처럼 데이터 방향성을 잡기 위해 분석하는 것을 탐색적 데이터 분석이라고 합니다).
  → 해당 상품들을 주력으로 하는 멤버십이면 좋을 것입니다. 크리스마스, 연말 프로모션도 주효할 것입니다.

- 교차 분석과 빈도 분석으로 주요 지점들의 매출 구성과 패턴이 유사한 것을 알 수 있었습니다.
  → 특수 현상이 아니라고 생각할 수 있습니다. 주요 지점의 현황을 기준으로 하는 멤버십을 구성하는 것도 크게 무리가 없을 듯합니다.

- RFM 분석으로 상위 등급의 우수 고객이 중요한 고객이라는 것을 확인했습니다.
  → 우수 고객에게 좋은 혜택을 주면 충성도와 매출 기여도가 높아질 것입니다. 전체 방문 횟수가 낮으므로 방문 횟수를 높일 수 있는 멤버십이면 좋을 것입니다.

- 상관 분석으로 주력 제품인 스테이크와 와인은 밀접한 상관관계가 있다는 것을 알 수 있었습니다.
  → 스테이크를 판매할 때 와인도 세트 상품이나 할인 상품으로 묶어서 판매하면 좋을 것입니다.

- 스테이크를 주문한 고객은 높은 매출을 올리는 고객이지만 오히려 방문 횟수는 낮았습니다.
  → 계절과 이벤트, 일시적 성향이 있습니다. 특별한 날에 대한 혜택, 단체 고객에 대한 혜택을 주어서 방문 횟수와 매출을 높이는 전략이 주효할 것입니다.

김힘찬 부장이 눈빛을 반짝이며 이야기합니다.

"좋아! 의미 있는 결과를 찾아냈군! 그럼 멤버십 프로그램은 어떻게 정리했나?"

"다음은 분석 결과를 토대로 정리한 멤버십 프로그램입니다."

표 9-4 | 멤버십 프로그램 정리

구분	일반 고객	우수 고객	VIP 고객
등급 요건	20만 원 미만 구매 고객	20만 원 이상 구매 고객	35만 원 이상 구매 고객
혜택	스테이크, 스페셜 세트 메뉴 10% 할인권 한 장	스테이크, 스페셜 세트 메뉴 10% 할인권 두 장	스테이크, 스페셜 세트 메뉴 10% 할인권 세 장
	스테이크 주문 시 와인 10% 할인	스테이크 주문 시 와인 15% 할인	스테이크 주문 시 와인 한 잔 무료
	6인 이상 방문 시 15% 할인권 한 장	6인 이상 방문 시 15% 할인권 한 장	스테이크 주문 시 와인 20% 할인
	구매 금액 1% 적립	구매 금액 2% 적립	6인 이상 방문 시 15% 할인권 두 장
		4회 이상 방문 시 음료 한 잔 무료	구매 금액 4% 적립
		연말, 특별한 날 초대/할인권 증정	4회 이상 방문 시 음료 한 잔 무료
			연말, 특별한 날 초대/할인권 증정

김힘찬 부장이 감탄하며 말합니다.

"김아루 과장, 수고했네! 지난 분석을 통해 스테이크가 중요한 메뉴 아이템이란 것을 확인했지만, 이 정도일 줄은 몰랐네. 데이터 분석을 매출/예약 관점과 고객 관점으로 구분해서 분석한 것이 좋았어. 이것으로 주력 제품의 패턴과 우리 고객들이 한 번만 방문하는 고객이라는 사실, 상위 고객이 중요하다는 사실을 알아낸 것도 좋았고. 특히 의사 결정 나무를 사용하여 스테이크 주문 고객이 어떤 고객인지 확인한 것은 정말 탁월했어! 스테이크와 와인의 상관관계를 확인하고 두 제품을 멤버십 프로그램에 적용한 것은 두말할 필요가 없구먼!"

최분석 과장이 옆에서 거듭니다.

"부장님, 분석으로 인사이트를 찾아내기가 쉽지 않은데. 김아루 과장님은 적절히 기술 통계와 추론 통계, 데이터 마이닝 기법을 사용해서 의미 있는 인사이트를 찾아냈습니다. 게다가 그냥 데이터만 확인할 때보다 그래프로 정리해서 설명해 주시니 듣기만 해도 쏙쏙 이해할 수 있겠네요!"

"김아루 과장, 그리고 최분석 과장! 정말 수고했네. 자네들 때문에 내가 아주 든든하네. 지금까지 분석한 결과를 바탕으로 멤버십 프로그램 론칭을 추진하겠네! 자네들, 연말을 기대해도 좋을 거야!"

"감사합니다, 수고하셨습니다!"

모든 과정이 마무리되었습니다. 지금까지 데이터 분석 과정을 다시 한번 요리에 빗대어 설명하겠습니다. 먼저 어떤 요리를 할지 결정해야 합니다(문제 인식, 목표 설정 및 가설 설정). 만들 요리를 결정했으면 좋은 재료를 엄선해야 합니다. 재료가 아무리 많다고 해도 내가 하려는 요리에 적합한 재료가 아니면 소용없을 것입니다. 또 선택한 재료가 신선한 재료인지 그렇지 않은지도 판단해야 합니다(데이터 수집). 재료를 준비했으면 그것을 어떻게 가공해야 목표한 요리를 만들 수 있을지 고민한 후 진행합니다(가공, 처리, 분석). 요리를 완성했으면 맛있는 요리를 손님에게 대접합니다(시각화, 커뮤니케이션, 실행).

독자 여러분도 눈치챘는지 모르겠지만, 지금까지 진행한 많은 데이터 분석 작업은 '처리하고 그려 보며 이해한다'는 이 책에서 제시한 순서를 지켰습니다. 이 과정에서 데이터를 수집하고 정리하고 변형하고 시각화하고 모델링하고 의사소통하는 과정을 경험했습니다. 1장에서 언급한 데이터 분석 과정을 모두 체험했다는 이야기입니다. 이것이 데이터 분석 과정의 거의 대부분을 포함한다고 해도 틀리지 않습니다. 책처럼 데이터 분석 과정을 거쳐 명쾌한 답을 도출할 때도 있지만, 사실 그렇지 않은 경우도 많습니다. 끊임없이 가설을 세우고 고민하고 실험하고 분석해야 하는 것이 데이터 분석입니다. 이것으로 알게 된 사실 혹은 방향성을 우리는 인사이트(insight)라고 합니다. 데이터 분석가는 인사이트를 얻고자 계속해서 데이터를 다룹니다.

이 책 마지막에서야 고백하지만, 사실 데이터 분석은 쉽지 않습니다. IT, 프로그래밍, 데이터베이스, 통계, 커뮤니케이션 방법까지 모든 개념적이고 기술적인 요소가 하나로 합쳐 있고, 이를 잘 활용해야 하는 것이 데이터 분석입니다. 쉽지 않을 수밖에 없습니다. 그래서 어떤 책은 정말 겉핥기식으로 기본만 나열하고, 또 어떤 책은 불친절하게 어려운 공식만 나열하고 있습니다. 데이터 분석의 전 과정을 담되, '가장 쉽게 핵심만'이라는 생각으로 이 책을 엮었습니다. 어떤 독자들은 조금 어려웠을지도 모르겠습니다. 어려워도 좋습니다. 이 책 내용을 어렴풋이라도 이해할 수 있다면, 이미 한 단계 성장한 것입니다. 마지막 실습 장의 '김아루' 과장 역시 처음에는 아무것도 몰랐던 시절이 있었습니다. 다만 포기하지 않고 자기 업무에 맞추어 계속 학습하고 실험하고 시행착오를 겪다 보니, 김힘찬 부장이 말한 대로 데이터 분석 전문가가 된 것입니다. 여러분도 다르지 않습니다. 계속해서 학습하고 분석하다 보면 어느새 성장해 있는 자신을 볼 수 있을 것입니다.

이제 맛있는 요리하기 과정을 모두 마무리했습니다. 여러분은 체득한 요리법을 기반으로 다양한 요리를 응용해서 만들 수 있는 소양을 갖추었습니다. 멋진 데이터 셰프가 될 소양을 갖추었다는 이야기입니다. 이 책이 데이터 분석의 레시피 가이드가 되어, 여러분이 성장하는 데 조금이나마 도움이 될 수 있길 기대합니다.

수고했습니다. 미래의 데이터 셰프!

찾 아 보 기